JN017979

実践 スタートアップ・ファイナンス

STARTUP FINANCE

資本政策の感想戦

山岡佑

TASUKU YAMAOKA

はじめに

　本書は新規株式公開したスタートアップ6社を題材として、会社設立から上場するまでに行った企業活動を、「資本政策」を軸に時系列に分析したものです。これから上場をめざす起業家や起業家を支援する立場のベンチャーキャピタル（ＶＣ）や投資家、各種専門家など起業に直接関わる人たち、将来起業を考えている学生やビジネスパーソン、スタートアップに興味を持つ人たちなど、起業環境に関わる人たちに向けて書いています。

　起業環境に関わる人たちに届けたい内容は2点です。１つは、新規株式公開した企業が、上場に至るまでにどのように企業を、サービスを成長させていったかについてのストーリーです。従業員数の推移、サービスに関するKPIの推移など、企業の成長過程を理解しやすいように説明しています。

　もう１つは、「資本政策」を検討する際のケーススタディ（事例研究）としての教材です。資本政策は、株式や新株予約権（まとめて「エクイティ」）という株式会社に用意された手段を最適に活用するための計画を指します。エクイティは資金調達に用いられますし、権利関係を示すもの、従業員に対する期待値を示すものになります。エクイティは多様な側面を有するため、それを活用する計画である資本政策は一筋縄では作れません。

　「資本政策は重要だ」「資本政策は後戻りができない」と、その重要性について叫ばれてきました。それに対応するように、2010年代後半から資本政策に関する良書が出版され、新規株式公開経験者による勉強会が開催されるなど、資本政策に関するノウハウが入手しやすい環境になったように見えます。

　私はスタートアップの支援を生業としており、起業家と一緒に資本政策を検討する立場にあります。企業にとっての資本政策を立案するとき、あるいは支援する企業の過去の資本取引を評価するとき、学んだノウハウや経験だけでなく、他社の実例が参考にできれば

もっと精度が高い立案ができるのに、という思いがありました。それが本書執筆の動機です。企業が設立からどのように成長しながら新規株式公開に至ったかのストーリーを頭に浮かべながら、本書の各種資本取引についての解説を読むと、資本政策を立案する際の引き出しが増えるはずです。読者の一助になれば幸いです。

　なお、実在のスタートアップ6社を取り上げて資本政策を解説していますが、客観的な視点から調査・検討を行っています。各種資本取引については、外部には知り得ない固有の事情によって行われるものもあるため、本書で取り上げられていない、資本政策に影響した事項も数多く存在するでしょう。資本取引における悪い点や改善すべき点についても踏み込んで書いていますが、各社がこれまで成し遂げたことを否定するものではありません。6社は、起業家が目標とすべき成功事例であることは疑いようがないからです。

　本書は、note株式会社が運営する「note」上で配信した有料記事を大幅に加筆修正したものです。note記事の読者にはここで厚く御礼を申し上げます。本書執筆に際し協力してくれた弊社スタッフと、『ビジョナリー・カンパニー』などの翻訳家だった亡父山岡洋一の担当編集者でもあり、本書の編集を担当していただいた日経BPの黒沢正俊氏にも厚く御礼申し上げます。

2021年9月

山岡佑

実践スタートアップ・ファイナンス　資本政策の感想戦
目次

序　章

上場した企業の資本政策から何を学ぶか

資本政策の感想戦とは

　上場をめざすスタートアップは、どのような資本政策を採用すればいいのだろうか。多くの企業に共通する「落とし穴」はあっても、すべての企業に共通する唯一の「資本政策の成功パターン」というものは存在しない。

　企業が展開するサービスの内容・サービスの状況・人員構成・組織文化・外部の調達環境など直面する前提条件が異なるため、企業ごとに最適な資本政策は異なって当然だ。

　起業家が自社の資本政策を立案する際、前提条件が類似している他のスタートアップの資本政策は参考になる。しかし、非公開企業の資本政策を確認する手段は極めて限定的だ。この点、新規株式公開（IPO）を果たした企業を調べてみれば、その企業の資本取引に関する情報は、新規株式公開に伴い作成した「新規上場申請のための有価証券報告書」（以下「Ｉの部」という）に掲載されている。その情報を読み解くことで、その企業が上場までの直近期間においてどのような資本取引を行ってきたかを知ることができる。

　本書の第１部では、「資本政策の感想戦」と銘打ち、企業が創業からIPOに至るまでに行った資本取引を将棋の棋士が行う感想戦のように１手１手振り返る。当該企業が直面していた状況と照らして資本取引を検討することで、その背後で動いていた資本政策上の意図を考察し、資本政策に関する学びを得ることを目的とする。

具体的な検討方法
‖ 資本取引の特定と推定

　まず、検討対象企業が設立から上場までに行った資本取引について１取引ずつ特定と推定を行う。上場時の株主構成は、株主の情報（氏名・住所・所

有株式数など）付きで「第3　株主の状況」に掲載されている。設立時の株主構成から設立以降に行った資本取引を重ねた結果が、上場時の株主構成と言える。したがって、設立以降に行われた資本取引を特定できれば、上場時の株主構成から逆算することで直接的な開示事項ではない設立時の株主構成を特定することができる。

　上場直前に行われた資本取引について、Ⅰの部「第四部　株式公開情報」に詳細な情報が開示されている。第四部内の、「第1　特別利害関係者等の株式移動状況」および「第2　第三者割当等の概況」に、上場直前々期以降上場までに生じた資本取引の詳細が表示されている。

　記載されている上場直前々期以降の資本取引の詳細情報と、上場時の株主構成を組み合わせて利用することで、上場直前々期首の株主構成を逆算して求めることができる。

X9年12月期にIPOした企業における開示範囲

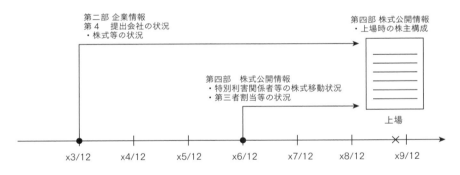

　上場直前々期首より前の資本取引について、取引内容の詳細情報はⅠの部に記載されていないが、取引内容の一部が記載されている。「第二部　企業情報 第4　提出会社の状況」内に、上場申請期含む6事業年度内における発行済株式総数・資本金等の推移が記載されている。第三者割当増資における割当先情報や発行価額が記されており、この情報から、上場直前期より前の期間における資本取引の内容がある程度推測可能になっている。

　上場申請期を含む6事業年度より前の時期に行われた資本取引について、Ⅰの部内に情報が記載されていない。この期間内にどのような資本取引が行

われたかについて、登記簿謄本や外部情報を組み合わせることでどのような資本取引が行われたか推定することになる。

　これらの手順で資本取引の推定を行っているため、設立から3事業年度以内にスピード上場した企業は、開示が充実している期間ですべての資本取引を行っていることから設立以降の資本取引が概ねすべて特定可能となる。逆に、設立から6事業年度超経過してから上場する企業については、設立時や設立直後の資本取引について内容が推定できないことが多い。

資本取引の検証

　設立時から上場時までの資本取引を特定・推定した後に、各資本取引について検証を行う。①資本取引で採用された手法それ自体を取り上げて、取引内容がどのようなものだったのか、②取引前後の企業の状況を踏まえて、何故その取引がされたのか、について焦点を当てた検証を行う。

　調達を行う、新株予約権を発行する、株式分割するなど、各種資本取引を行うに際して、企業が採用可能な選択肢は複数ある。取引手法を確認し、その手法はどのような内容なのか、他に取り得る手段はなかったのか解説する。

　本書における検討では、設立から上場するまでの期間を何個かに区分して（多くの場合は事業年度ごと）、その期間内において企業が直面していた状況を確認する。各資本取引について、取引の背景にあった状況と前後の資本取引内容を踏まえて、何故その取引が行われたのかについて解説する。

検討対象企業について

　本書では6社を取り上げ、資本政策の感想戦を行っている。検討した企業について、主に（1）設立から上場まで期間、（2）創業者の人数、（3）その会社が展開するサービスの種類に着目して選定している。

設立から上場まで期間に着目した選定

　設立から短期間で上場した、スピード上場を果たした企業として、株式会社Gunosy、ニューラルポケット株式会社の2社を取り上げる。Gunosyとニューラルポケットは設立第3期で上場している。これらの企業は、創業から上場に至るまでの期間がⅠの部上で詳細に開示される対象期間に入ってい

ることから、設立から上場時までの資本取引について仔細に分析可能だ。スピード上場するには、設立直後から上場を意識して動く必要がある。早期上場を視野に入れて起業を考えている人にとって、これらの企業の具体的な動きは参考になる。

これに対して、設立から10年近く経過してから上場した企業として、株式会社プレイドとSansan株式会社の2社を取り上げる。プレイドは設立第9期にあたる2020年9月期が終了した直後の同年11月に上場承認された。Sansanは設立第12期にあたる2019年5月期中に上場承認されている。両社とも上場を意識してから、ある程度の年数を経て上場している。この2社は早期にサービスの顧客や知名度を獲得しており、最短最速の上場をめざしていれば、より早く上場したものと思われる。上場に至るまでの時期に、どのようにサービスを成長させていったか、資本政策と共に振り返る。

||| 創業者の人数

本書で取り上げた6社のうち5社が複数の人間で創業した企業である。複数で共同創業をする場合、創業時の持分比率の決定方法や会社やサービスの成長とともに変わる共同創業者間の関係性など、資本政策の観点でも複数で運営するコミュニティとしての観点でも、代表を務める創業者を悩ませる点は多い。本書では、複数人で創業した会社が、どのように新規株式公開まで辿り着くのかについて多数のケースを取り上げた。

複数人で起業して、上場時まで共同創業者間の関係性を保った企業として、Sansanと株式会社スペースマーケットを取り上げる。Sansanには代表を務める寺田氏を含む5人の共同創業者がいたが、上場まで4人がそのまま取締役として在籍した。スペースマーケットはCEOとCTOの2人により創業された企業であり、上場時にもその2人は変わらず事業を運営している。

複数の人間で起業したが、当初の共同創業者が途中で退職した企業として、ニューラルポケットとプレイドを取り上げる。ニューラルポケットは共同創業したエンジニアが、プレイドは共同創業したマーケターが、それぞれ創業直後に会社を去っている。その後、会社を成長させるキーマンとなる者がいつ入社したのか、その者に対してどのようにエクイティ・インセンティブを付与したのか、同様の状況にある起業家にとって参考になるだろう。

設立時の持分比率を共同創業者間で全く同じにして創業した会社として、Gunosy を取り上げる。Gunosy は 3 人で 33.3% ずつの持分を持って設立された会社となる。会社設立時から上場時まで、当然に当事者間の関係性は常に変化する。持分比率がどのように変化したのかについて同社のケースをみて確認する。

‖ その会社が展開するサービスの種類

本書は、これから起業を検討する人や、起業を支援する人に参考にしてもらうために執筆した。資金調達の必要性が比較的高い、IT 系スタートアップと呼ばれる企業を中心として、今後も起業されることが見込まれる分野の企業を取り上げる。

まず、B to B の SaaS (Software as a Service) を開発・運営する会社としてプレイドと Sansan を取り上げた。SaaS 企業は、ソフトウェアの開発に関するコストや顧客獲得コストなどのコストが先行して支払われる、先行投資型のビジネスだ。資本政策と合わせて、これらの企業がどのように発展したかについても確認する。

プラットフォームサービスを開発・運営する会社としてスペースマーケットを取り上げている。同社は、シェアリングエコノミーという分野に早期に着目した企業の 1 つだ。消費者・事業者の考え方の変化をいち早く捉えた企業が、どのようにサービスを発展させたのかについて確認する。

インフルエンサーのタレントマネジメントを行う会社として UUUM 株式会社を取り上げた。YouTube で活躍する YouTuber のマネジメントを行う同社は、動画や画像投稿プラットフォーム上で活躍する個人（インフルエンサー）のマネジメント事業の必要性に早期に気がついた企業の 1 つだ。各種プラットフォームがユーザーを集めるに従い TikToker や Instagramer など、注目を集める個人が誕生する。彼ら・彼女らをマネジメントする会社を立ち上げる起業家にとって、同社の動向は参考になるだろう。

本書の構成

第 1 部「資本政策の感想戦」では、各章において 1 企業ごとに分析を行っている。会社が公表した I の部並びに登記簿謄本を主な情報源として記載し

ており、公表された情報を元とした客観的に推測可能な枠内で各回の資本取引内容について記述を行う。一部の取引内容については推定を交えて考察しているが、推定した旨、明記することを心がけた。

　実名の取り扱い方について補足する。ストックオプションを付与されたケースなどにおいてＩの部内に従業員名が記されている。本書では、役員（取締役・監査役）経験者と、各社ホームページ上に名前が掲載される役職者（主として、執行役員）のみ実名を記載している。その他の従業員については匿名にしている。

　第２部「資本政策の定跡」では、資本政策で取り上げた企業の行動を類型化して、「資本政策の定跡」と呼べるものがないのかどうか検証する。「資本政策の定跡」では、企業が選んだ選択肢をパターン化し、各選択肢を選択した場合に生じる影響を理解することを目的としている。検討する内容は、外部投資家やサービスの状況など外部要因・個社要因が相対的に資本政策の意思決定に及ぼしにくい、社内へのインセンティブ設計に関する事柄を中心としている。

　第７章では、複数人で共同創業した場合において、共同創業者に対する持分の渡し方についてパターン化を行っている。主に、共同創業者間で等量に持分比率を分けるパターンと、差をつけて分けるパターンについて比較検討している。

　第８章は、設立後の入社した事業を成長させるキーマンに対して、どのようにインセンティブを付与しているかについて検討している。入社したキーマンに対して、入社直後から上場直前まで、どのタイミングで付与を行ったのかについて焦点を当てて解説した。

　第９章では、従業員全体に対するインセンティブ設計について解説している。本書で取り上げた６社の情報の他、2019年、2020年に東証マザーズに上場した企業の統計情報を交えながら解説を行う。

図表の見方

　本書は各章ごとに１社ずつスタートアップを取り上げ、各社が設立から上場に至るまでに行った全資本取引について解説している。解説では、取引内容を２つの表を用いて示している。１つは「資本取引の影響」。創業者、そ

の他役員・従業員、外部投資家などカテゴリー別に株式数・割合を示した。取引前後で各カテゴリーにおける持分比率がどのように変化したのか、取引がどのカテゴリーに最も影響を与えたのかを確認する狙いだ。

　もう1つは、各株主の持分の増減を示す表だ（「増加株式数内訳」）。取引時点で保有する株式数と、その取引で取得（もしくは譲渡）した株式や新株予約権を示した。取引対象となった個人が、これまでどのような種類・量の株式等を保有していたかを確認するためだ。

　表では、新株予約権における潜在株式数を含めた計数はカッコ書きで表示している。また、新株予約権数は、上場時まで在籍した人に対するものだけ記載しており、付与から上場時までに退職した人の新株予約権は対象外となっている（下表は第1章32ページから）。

資本取引の影響

株主	取引前株式数	増加株式数	取引後株式数	取引後割合	割合変化
創業者　合計	19,631	—	19,631	57.8%	△ 1.8%
	(19,802)	—	(19,802)	(53.0%)	—
その他役員・従業員　合計	369	—	369	1.1%	△ 0.0%
	(3,589)	—	(3,589)	(9.6%)	—
外部投資家　合計	12,979	+1,009	13,988	41.2%	+ 1.8%
	(13,988)	—	(13,988)	(37.4%)	—

増加株式数内訳

株主名	種類	増加数	取引後株式数	取引後割合
フェムトグロースキャピタル投資事業有限責任組合（フェムトパートナーズ株式会社）	A種優先株式	—	4,463	14.9%(13.6%)
	B種優先株式	+100	605	
	第2回新株予約権	△ 100	0	
JAPAN VENTURES I L.P.（Eight Roads Ventures Japan）	B種優先株式	+909	5,451	18.5%(16.8%)
	第2回新株予約権	△ 909	0	
	C種優先株式	—	829	
合計	B種優先株式	+1,009		
	第2回新株予約権	△ 1,009		

カッコ内は、新株予約権による潜在株式数を含めた計数
新株予約権数は、上場時まで在籍した者に対するもののみ記載している

第 1 部

資本政策の感想戦

第 1 章
プレイド――
種類株式を活用して Google などから外部調達

　本章では、2020 年 11 月 12 日に上場承認され、2020 年 12 月 17 日に上場した株式会社プレイドを題材として、同社の資本政策の意図について考察する。同社は、楽天出身の倉橋健太氏と石黒潤氏（2012 年 8 月退社）の 2 人による共同創業により設立された。CX（顧客体験）プラットフォーム「KARTE」を開発・運営する企業として知られている。創業から上場するまでに行った資本取引について、事業や組織状況などの背景を踏まえて 1 取引ずつ振り返る。

　プレイドの資本政策の考察を通して、
- ・種類株式を活用してエクイティの力を最大限活用した調達、
- ・事業上のステージに応じた調達手段の変更、

を確認できる。

資本政策の解説にあたって

　上場時におけるプレイドのメインプロダクトは、CX プラットフォーム「KARTE」だ。創業当初は KARTE が担う Web 接客の分野には着手しておらず、同社最初のプロダクトであるグルメガイドアプリ「foodstoQ（フードストック）」を開発・運営していた。foodstoQ は 2012 年にクローズしており、クローズを期に一度創業時の経営陣が解散している。「KARTE」はその後、再度チームを組成した後に設計されたプロダクトであり、言い換えれば、第 2 創業期に開発されたプロダクトだ。

　プレイドの資本政策を振り返る際、「創業から創業時チームの解散」、「KARTE の開発から上場時」まで区分して解説する。また、KARTE について、同社のサービス展開の仕方に応じて期間を区分して解説する。KARTE はローンチ当初は「Web 接客ツール」と銘打たれており、中小企業・小規模事業者でも利用可能なプロダクトとして位置づけられていた。それに対し

て、上場時にはエンタープライズ向けの「CX（顧客体験）プラットフォーム」と、プロダクトを再定義している。

KARTE の開発から上場時までを解説する際、「KARTE の開発から、同社が KARTE を Web 接客ツールとして位置づけていた時期まで」（2013 年から 2017 年まで）と「KARTE を CX（顧客体験）プラットフォームとして位置づけてから上場までの時期」（2018 年から 2020 年まで）を区分する。

創業から foodstoQ のクローズまで（2011 年〜 2013 年）の資本政策

‖ 会社の状況
プレイドは 2011 年 10 月、楽天出身の倉橋氏と石黒潤氏（2012 年 8 月退社）の 2 人の共同創業者により設立された。『「Play」楽しいことや面白いことを、「Aid」さらに楽しいものにしたい』コンセプトから、「PLAID」という社名が付けられている。KARTE の開発を開始する第 2 創業期に至るまでの、創業当時の状況について振り返る。

‖ サービスの状況：foodstoQ のローンチとクローズ
創業者の倉橋氏は、楽天で Web ディレクション・サイト戦略の立案業務を担っていた。創業当初、倉橋氏は EC のコンサルティングをしながら、自社サービスの開発を行っていた。創業から 4 カ月経過した 2012 年 1 月 30 日、プレイドの最初のプロダクトである foodstoQ をローンチしている。

foodstoQ は、行きたい飲食店のエリア・ジャンル等の条件を設定してアプリ上に質問を投げかけることで、他のユーザーから店舗情報を貰う「ソーシャル Q ＆ A」という形式で飲食店情報を交換するサービスだ。このアプリを通じて、ユーザー動向を分析し、店舗側に提供することを目論んでいた。

ローンチして 2 カ月後の 3 月 30 日に行われたピッチイベントである「第 4 回 SFNewTech Japan Night」の国内最終予選に出場して予選を突破しており、4 月 26 日、サンフランシスコで開催された本戦に出場している。ところが、ピッチイベントに出場した数カ月後の同年夏頃、倉橋氏は突如 foodstoQ をクローズすることを決めた（Web ページは 2014 年までクローズ

が告知されることなく残存していた）。

||| 組織・機関の状況：設立時メンバーについて

創業時メンバーは、共同創業者である倉橋氏と石黒氏と、2人の楽天同期（2005年4月新卒入社）の高柳慶太郎氏、エンジニアである佐久川剛氏の4人。全員、創業時に取締役として登記されている。

石黒氏は「foodstoQ」のクローズが決まった時期にあたる2012年8月31日、佐久川氏は2013年3月29日にそれぞれ辞任しており、創業時の経営陣は解散している。

資本取引（全2回）の解説

表 1-1　株式数の情報・調達金額・Valuation の情報

解説 No.	日付	取引種類	発行済株式総数	新規発行株数	調達額 （千円）	株価 （円／株）	Post- Value （千円）	資本金 （千円）
01	2011/10/03	設立登記	100	100	5,000	50,000	5,000	5,000
02	時期不明	株式譲渡	100	—	—	詳細不明		5,000
累計					5,000			

||| この期間における資本取引の概要

全2回（設立登記、株式譲渡）

2011年10月3日に設立（取引 No.01）。foodstoQ のローンチからクローズまでの期間において、外部調達や内部向けの新株や新株予約権の発行は行っていない。経営陣の解散に伴い、旧経営陣の間で株式譲渡を行った可能性はあるだろう（取引 No.2）。

資本取引の影響

株主	取引前株式数	増加株式数	取引後株式数	取引後割合	割合変化
創業者　合計	―	+100	100	100.0%	+ 100.0%
その他役員・従業員　合計	―	―	―	―	―
外部投資家　合計	―	―	―	―	―

増加株式数内訳

株主名	取引日役職	上場時役職	種類	増加数	取引後株式数	取引後割合
倉橋健太	代表取締役	同左	普通株式			不明
石黒潤	取締役	2012 年 8 月退職	普通株式			不明
高柳慶太郎	社外取締役	取締役	普通株式			不明
佐久川剛	社外取締役	2013 年 3 月退職	普通株式			不明
不明分			普通株式	合計 +100	100	
合計			普通株式	+100		

取引概要

手法　設立出資

発行株式数　100 株

株価　50,000 円 / 株

調達額　500 万円

株主（推定）　設立時取締役 4 名

||| 取引の解説

　本書では、創業時役員 4 人による設立出資と推定した。設立時における各人の出資株数を示唆する外部情報は公表されていない。共同創業者である倉橋氏と石黒氏のみ出資を行い、社外取締役であった高柳氏と佐久川氏は出資しなかった可能性もある。1 株 5 万円で 100 株発行する形で、1 株 5 万円の条件で 500 万円を出資している。

　後々の資本政策を考えると、1 株 5 万円から株価を下げて発行株式数を増やしておいた方が良かっただろう。100 株を発行した状態から新株を発行する場合、1 株を付与された人の持分比率は約 1％になる。すなわち、1％の粒度で持分比率を調整することになる。1％の粒度で持分比率を検討するこ

とが望ましい場合（少人数での運営を徹底する会社であれば許容できる）を除き、最低でも 0.01％の粒度で持分比率が検討可能な、10,000 株程度発行して会社設立することを検討したい。

No.02　時期不明（2013 年 3 月 31 日まで）—株式譲渡

資本取引の影響

株主		取引前株式数	増加株式数	取引後株式数	取引後割合	割合変化
創業者　合計		100	—	100	100.0%	—
その他役員・従業員　合計		—	—	—	—	—
外部投資家　合計		—	—	—	—	—

譲渡取引内容

株主名	取引日役職	上場時役職	種類	増減数	取引後株式数	取引後割合
倉橋健太	代表取締役	同左	普通株式	不明	99	99.0%
高柳慶太郎	社外取締役	取締役	普通株式	不明	1	1.0%
その他株主			普通株式	不明	0	—
合計			普通株式	± 0		

‖‖取引の解説

　2012 年中に創業後にリリースした最初のサービスである「foodstoQ」をクローズし、4 人いた設立時取締役のうち 2 人が退任した。共同創業者である石黒潤氏と創業時取締役であった佐久川剛氏が、それぞれ 2012 年 8 月 31 日と 2013 年 3 月 29 日に退任している。

　退任した両人に対して創業時に株式を割当てていた場合、このタイミングで株式を回収したものと推定される。上場時に高柳氏が 1 株分（分割により上場時に 100,000 株になっている）普通株式を保有していることから、回収後の株主構成について、倉橋氏 99 株、高柳氏 1 株と推定した。

資本政策のまとめ

　プレイドは創業時取締役 4 人で創業した。創業時における出資比率を推定できる外部情報はない。退任した取締役は上場時に株式を保有していなかったため、以下のいずれかの状況あったことが推測される。

①そもそも当初から出資していなかった

②出資したとしても、退社と同時に回収できた

　創業時株主兼創業時取締役が、役員退任後も株式を保有するケースは存在する。そのようなケースに陥ったことにより、その後の資本政策の立案に苦心することも起こり得る。仮に②であれば、創業者間で（組織に残る創業者にとって）良い合意形成ができたと言えるだろう。

第2創業からKARTEの製品化の時期（2013年〜2017年）の資本政策

||| 会社の状況

　第1創業期のチームが解散したあとのプレイドが、次に開発したプロダクトが「KARTE」だ。2012年8月、創業者としてプレイドに残った倉橋氏と、共同創業者と言われることになる柴山直樹氏が出会ったことで、プレイドは第2創業期に進むことになる。

　この項では、KARTEの開発のためのチーム組成から、初の外部資金調達を経過し、「Web接客」の分野でKARTEが代表的なプロダクトとして知られるまでの過程に行った資本政策について、会社の状況を踏まえて解説する。

||| サービスの状況：KARTEの開発

（1）開発状況

　「foodstoQ」のクローズを決めた2012年8月、創業者の倉橋氏が、東京大学の博士課程で機械学習に取り組んでいた柴山氏の紹介を受けた。柴山氏の専門性と、倉橋氏の楽天で経験を積んだEC分野・データ分析への理解が合わさり、2012年末には新しいプロダクトの方向性が決まった。

　新しいプロダクトは、リアル店舗のような接客体験をWeb上で行えるようにする「Web接客」をめざしたものになった。2013年にはプロダクトの名称を「Indi-visual」と仮置き、開発に着手した。

　開発に着手した2013年当時、「Web接客」の分野に関して海外製のプロダクトは日本において積極的に展開されておらず、日本製のプロダクトも主だったものが存在しなかった。この時期から「Web接客」に着目した企業

が徐々に現れており、プレイドに先駆けて、株式会社 Socket が開発した Web 接客ツール「Flipdesk」が 2014 年 9 月にローンチされている。

　プレイドが開発している Web 接客ツールは、名称を Karte（2014 年中に KARTE に変更）と改め、2013 年末からクローズド β の提供を開始した。2014 年中はクローズド β によるテストを重ね、2015 年 3 月に KARTE の正式版がリリースされた。

　KARTE はリリース当初から順当にユーザー数を獲得した。リリース当初は、クローズド β 版に参加していた 50 社が、製品版を導入している。リリース 1 年後の 2016 年 2 月末時点では、導入企業社数は 845 社に達している。公表情報を整理すると、概ね導入企業社数が 1300 社に達した 2016 年 9 月まで、導入社数がほぼ同じペースで増加していたことが伺える（図 1-1）。

図1-1 「KARTE」ローンチ後の導入社数推移（2017 年 2 月まで）

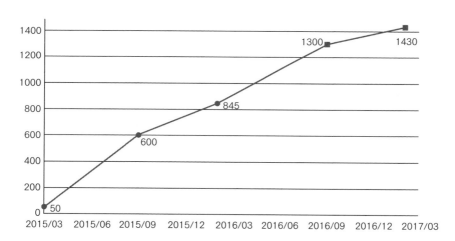

（2）顧客選定と価格設計

　KARTE がターゲットとしていた顧客と、用意していた料金体系について振り返る。

　KARTE を製品版として発表した当初は、中小企業や地方の商店など、ユーザー数が少ないサイトであっても導入できるプロダクトをめざしていた。「サイト構築したら、まず KARTE を入れる」ことをめざした課金モデル

を用意しており、ベーシックプランは、基本料金月額 5000 円に接客回数に応じた従量課金を課す料金形態だった。月額ユニークユーザー数 100,000 以上のサイトに対しては、プロフェッショナルプラン・エンタープライズプランの 2 つのプランを用意していた。

　ローンチから 1 年経過した 2016 年から、KARTE は徐々にエンタープライズ向けのプロダクトにシフトしていく。このことは、2016 年中の KARTE の価格設計の変化について追うと、知ることができる。

　ローンチ当初設けていたプロフェッショナルプランは 2016 年初頭に、ベーシックプランは 2016 年 6 月付近にそれぞれ申し込みができなくなっている。一方で 2016 年 9 月には、月額 9 万 8000 円からの料金体系を発表しており、利用に際しての最低利用額を引き上げている。

（3）プロモーション・マーケティングについて

　KARTE の β 版を提供していた 2014 年 7 月、1.5 億円の資金調達を発表した（No.05）。発表に伴い、KARTE のコンセプトが公になった。

　2014 年 12 月 4 月、プレゼンテーション・イベント「インフィニティ・ベンチャーズ・サミット 2014 Fall Kyoto Launch Pad」に登壇し、KARTE について発表し、入賞している。

　2015 年の正式版ローンチ以降、ピッチコンテストには出場していない。2017 年まではオンライン広告も本格的に出稿しておらず、イベントや展示会への出店を通じて顧客にアプローチをしていた。

‖ 組織・機関の状況

　組織状況について確認する。2014 年 5 月の資金調達（No.05）後に速やかに採用をすすめており、2015 年 3 月時点で従業員は 17 人になっている。従業員数は安定的に増加しており、2016 年 2 月に 30 人、2017 年 3 月には 60 人に達している。

　創業当初は津京都港区南青山にオフィスを構えていたが、2014 年 5 月の資金調達後、同年 8 月から渋谷区恵比寿に、2015 年 7 月の資金調達（No.08）後の同年 10 月、品川区五反田にそれぞれ移転している。この時期は積極的に広告に対して資金を投下しておらず、人材、そして人材が働く場としての

オフィスに調達資金を投下したことが伺える。

役員の状況も確認しよう。2013年4月1日に柴山直樹氏が取締役CTOに就任した。2014年5月の資金調達に伴い、出資したフェムトパートナーズの磯崎哲也氏が取締役に就任している。磯崎氏はスタートアップにおける資金調達のバイブル『起業のファイナンス　増補改訂版』（日本実業出版）の著者として知られている。2015年7月に行ったSeries Bラウンド後には、出資したEight Roads Ventures Japanのデービット・ミルスタイン氏が取締役に就任している。創業時取締役であった高柳氏が2016年4月に取締役を辞任している（2018年に再度取締役に就任している）。

2017年9月（第6期末）から取締役会設置会社・監査役設置会社に移行しており、従業員であった鳥場氏が監査役に登用されている。

資本取引（全6回）の解説

表1-2　株式数の情報・調達金額・Valuation の情報

解説No.	日付	取引種類	発行済株式総数	新規発行株数	調達額（千円）	株価（円/株）	Post-Value（千円）	資本金（千円）
02まで			100		5,000		—	5,000
03	2013/06/14	第三者割当増資	200	100	5,000	50,000	10,000	10,000
04	2014/05/26	株式分割	20,000	19,800	—	500	10,000	10,000
05	2014/05/29	第三者割当増資	24,616	4,616	150,020	32,500	800,020	85,010
06	時期不明	株式譲渡	24,616	—	—	不明		85,010
07	2015/06/30	第1回新株予約権付与	24,616(25,168)	—(552)	—	32,500	817,960	85,010
08−1	2015/07/28	第三者割当増資	29,663(30,215)	5,047	500,076	99,084	2,993,823	335,048
08−2	2015/07/28	第2回新株予約権付与	29,663(31,224)	—(1,009)	—	99,084	3,093,798	335,048
累計					660,096			

カッコ内は、新株予約権による潜在株式数を含めた株式数。
新株予約権による潜在株式数は、上場時まで在籍した者に対するもの。
Valuation は潜在株式数を含めて計算している。

この期間における資本取引の概要

全6回（第三者割当増資3回、株式分割1回、新株予約権付与2回）

　KARTE の開発に合わせて、期間中に2回資金調達を行っている。クローズド β 版を開発していた 2014 年 5 月、プレイドとして最初の資金調達である Series A ラウンドの資金調達を行った（No.05）。この資金調達は、売上はなく製品も開発途中の状況の中、種類株式を上手く活用したものだ。

　KARTE を正式にローンチした直後の 2015 年 7 月、再度資金調達を実施している（No.08）。プロダクトの状況が変わったことで、種類株式の活用方法にも変化が見て取れる。

　内部向け発行について確認する。まず、柴山氏の参画に伴い、主に柴山氏に対して割当を行うことを目的として 2013 年 6 月に第三者割当増資を行っている（No.03）。社員向けのインセンティブ付与として、一部従業員に対する株式譲渡（No.06）と、従業員ほぼ全員に対する新株予約権の発行（No.07）を実施している。

No.03　2013 年 6 月 14 日―第三者割当増資

資本取引の影響

株主	取引前株式数	増加株式数	取引後株式数	取引後割合	割合変化
創業者　合計	100	+100	200	100.0%	+ 100.0%
その他役員・従業員　合計	—	—	—	—	—
外部投資家　合計	—	—	—	—	—

増加株式数内訳

株主名	取引日役職	上場時役職	種類	増加数	取引後株式数	取引後割合
倉橋健太	代表取締役	同左	普通株式	+20	119	59.5%
柴山直樹	取締役 CTO	取締役 CPO	普通株式	+80	80	40.0%
合計			普通株式	+ 100		

取引概要

手法　第三者割当増資

発行株式数　100 株

株価　50,000 円 / 株

調達額　500 万円

株主（推定）　創業者 2 名

その他留意事項　調達額は全額資本金に充当している

▌取引の解説

　創業から約 2 年経過した 2013 年 6 月 14 日、創業時と同一の株価、同一の株数で新株を発行している。条件を考えると、内部向けの発行と考えられる。プレイドの主軸となる KARTE の設計に携わる柴山氏が 2013 年 4 月に取締役に就任しており、この取引は柴山氏入社直後に行われたことになる。内部向け発行条件と考えられること、柴山氏が入社したことから、この取引で柴山氏に一定程度の割合を付与したことが推定される。

　本書では、この取引以降上場時まで両者間での持分比率の調整は行われなかったと仮定して、上場時の持分から逆算することで、本取引で柴山氏 80 株・倉橋氏 20 株に割り当てたものと推定した。

No.04　2014 年 5 月 26 日—株式分割

資本取引の影響

株主	取引前株式数	増加株式数	取引後株式数	取引後割合	割合変化
創業者　合計	200	+19,800	20,000	100.0%	—
その他役員・従業員　合計	—	—	—	—	—
外部投資家　合計	—	—	—	—	—

増加株式数内訳

株主名	取引日役職	上場時役職	種類	増加数	取引後株式数	取引後割合
倉橋健太	代表取締役	同左	普通株式	+11,781	11,900	59.5%
柴山直樹	取締役 CTO	取締役 CPO	普通株式	+7,920	8,000	40.0%
髙栁慶太郎	社外取締役	取締役	普通株式	+99	100	0.5%
合計			普通株式	+19,800		

取引概要

手法　株式分割

割合　1：100

||| 取引の解説

　3日後に行われた第三者割当増資に先立ち、株式分割を行っている。100倍の分割を実施したことで、発行済株式総数は 20,000 株となった。すでにこの時点で上場を視野に入れていたなら、倍率 100 倍は中途半端な設定にも見える。2019 年 4 月、再度、1000 倍の株式分割が実施されている。

No.05　2014 年 5 月 29 日―A 種優先株式の発行

資本取引の影響

株主	取引前株式数	増加株式数	取引後株式数	取引後割合	割合変化
創業者　合計	20,000	—	20,000	81.2%	△ 18.8%
その他役員・従業員　合計	—	—	—	—	—
外部投資家　合計	—	+4,616	4,616	18.8%	+ 18.8%

増加株式数内訳

株主名	種類	増加数	取引後株式数	取引後割合
フェムトグロースキャピタル投資事業有限責任組合 （フェムトパートナーズ株式会社）	A 種優先株式	+4,463	4,463	18.1%
有限責任事業組合フェムト・スタートアップ （フェムトパートナーズ株式会社系列のベンチャー支援組織）	A 種優先株式	+153	153	0.6%
合計	A 種優先株式	+ 4616		

取引概要

手法　第三者割当増資

発行株式数　4,616 株

株式種類　A 種優先株式

株価　32,500 円 / 株

調達額　1 億 5002 万円

時価総額　Pre 6 億 5000 万円 / Post 8 億 2 万円
株主　VC とそのグループ会社

優先株式の設計について
　第三者割当増資に伴い設計された A 種優先株式の設計について確認する。

（1）A 種優先株式の設計サマリー
　1. 優先配当
　　　対象取引　吸収分割・新設分割において配当実施時（分割型分割）
　　　配当方法　× 1.0 倍優先配当, その後は普通株と同順位
　2. 優先残余財産分配権
　　　取得価格の 1.0 倍まで　普通株式より優先して分配
　　　取得価格の 2.0 倍まで　普通株式と同順位で、普通株式の 4 倍で分配
　　　それ以降　普通株式と同順位で、普通株式の 1.0 倍で分配
　3. 金銭と引き換えにする取得請求権
　　　行使条件　事業譲渡又は会社分割時
　　　行使金額　優先残余財産分配権と同様
　4. 普通株式への転換請求権：× 1.0 倍
　5. ラチェット条項：ナローベース
　6. 普通株式への強制転換：× 1.0 倍、上場申請決議時

（2）残余財産分配権について
　優先残余財産分配権の設計が、特徴的な点の 1 つだ。取得価格の 1.0 倍まで、普通株主より優先して A 種優先株主に残余財産を分配し、その分配後取得価格の 2.0 倍まで普通株主と同順位で普通株主の 4 倍の金額を A 種優先株主に分配する。その後は、A 種優先株主と普通株主に同順位・同倍率で分配する設計になっている。
　調達する際に優先株（種類株式）が用いられる場合、一般的な条件は、取得価格の 1.0 倍までは普通株主より優先して優先株主に対して残余財産を分配し、その後は普通株式と同順位・同倍率で分配するものだ（本書では「× 1.0 倍の参加型」と呼んでいる）。

図1-2 優先残余財産分配権

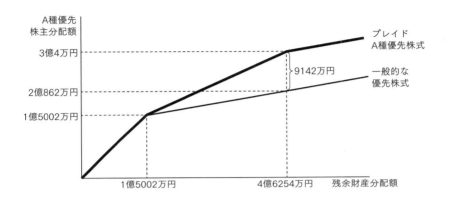

一般的な優先株式である「× 1.0 倍の参加型」とプレイドが用いたA種優先株式における残余財産分配額を比較すれば、プレイドのA種優先株式が投資家有利の条件であることが確認できる（図1-2）。一般的な優先株式を用いたときと比較して、残余財産が最大9142万円多くA種優先株主に分配される設計となっている。

（3）みなし清算条項について

A種優先株式の設計の2つ目の特徴は、M&Aにより事業売却（もしくは会社売却）を行った場合における、みなし清算規定だ。

会社が譲渡対価を受け取る取引である事業譲渡や会社分割を実施した際、その効力発生日を初日として30日間A種優先株式と引き換えに金銭を請求する「金銭と引き換えにする取得請求権」がA種優先株主には認められている（株主が対価を受け取る場合については、株主間契約に定められていると推定される）。

効力発生日に会社が解散したとみなし、その時点での残余財産を優先残余財産分配権の分配方法に準じて分配することで請求金額が決まる。

A種優先株式の設計上、事業譲渡・会社分割を行った後のみなし清算額が6億8262万円以下の場合、その半分以上がA種優先株主に支払われることになる（図1-3）。事業不調によりM&AによるExitを選択しようとした場合、

図1-3 A種優先株式　みなし清算条項

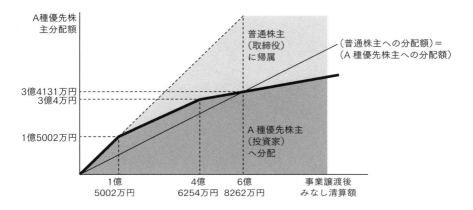

投資家により多く分配される設計になっている。

‖‖ 取引の解説

　初の外部調達である Series A ラウンドとして、Post-Money Valuation 8億円で、1.5 億円を調達している。

　この時点で KARTE のプロダクトは完成しておらず、クローズドベータ版として開発を進めている状況だった。加えて、2014 年の秋口に出す予定だった製品版のリリースが、最終的に 2015 年 3 月 12 日となったことから、投資を受けた時点では製品版が完成する目処が立っていなかったように見える。

　開発状況に加えて、「Web 接客」の概念が日本に定着する可能性の有無、KARTE の開発チームが一度チームが解散した後に組成されたことなど、投資家のリスクが低い状況とは言えなかっただろう。

　この点、優先株式を明確に投資家有利な条件にすることで、投資家のリスクを軽減する形で 1.5 億円を調達している点を評価したい。プレイドが資本政策上、投資家のリスク軽減を優先株式の設計と結びつけていることは、次回以降のラウンドによって明らかになる。

　投資家のリスクを低減する方法は他にもある。製品版の完成の目処がつくまで調達を先延ばしにすることや、調達金額の減額も検討できただろう。プ

レイドは、この調達後に速やかに人材拡充を実施している。調達前から人材を探していたことを明らかにしているが、優先株式を用いて早期に多額を調達した利点を活かし、迅速なチーム組成に成功している。

No.06　時期不明（2015年6月30日まで）―株式譲渡

資本取引の影響

株主	取引前株式数	増加株式数	取引後株式数	取引後割合	割合変化
創業者　合計	20,000	△ 369	19,631	79.7%	△ 1.5%
その他役員・従業員　合計	―	+369	369	1.5%	+ 1.5%
外部投資家　合計	4,616	―	4,616	18.8%	―

増加株式数内訳

株主名	取引日役職	上場時役職	種類	増加数	取引後株式数	取引後割合
倉橋健太	代表取締役	同左	普通株式	△ 185	11,715	47.6%
柴山直樹	取締役 CTO	取締役 CPO	普通株式	△ 184	7,816	31.8%
牧野祐己	―	執行役員 CTO	普通株式	+123	123	0.5%
従業員（新規）2名			普通株式	+123	246	1.0%
合計			普通株式	± 0		

取引概要

手法　株式譲渡

譲渡時の条件や、具体的な取引結果について不明

‖ 取引の解説

　上場時の資本構成から逆算すると、創業期に発行された株式20,000株（分割後）は、表に記載された5人に対して遅くとも2016年までに割当・譲渡されていたと推定される。

　2015年6月30日には従業員向けの新株予約権の発行を開始しており、それまでに当該取引がすべて実施されていると推定した。

　これまで推定した倉橋氏、柴山氏、高柳氏の持株数を正しいと仮定して、株式譲渡が行われた株式数を推定した。SeriesAラウンド後の発行済株式総数の0.5%に当たる123株が、上場時にCTOを務める牧野祐己氏を含む従

業員3人に譲渡されている。譲渡は、倉橋氏、柴山氏の持分から等分して、それぞれ185株、184株を拠出して行ったものと推定した。

　内部メンバーで保有する20,000株のうち、創業者である倉橋氏が6割弱にあたる11,715株を、CTO（上場時CPO）である柴山氏が4割弱にあたる7,816株を保有している。

　柴山氏は創業後2年経過してから参画した。柴山氏はKARTEの開発に深く携わっていることから、共同創業者として紹介されることもあるが、持分比率についても言行一致で共同創業者に対する割当として違和感ない比率となっている。

No.07　2015年6月30日─第1回新株予約権

資本取引の影響

株主	取引前株式数	増加株式数	取引後株式数	取引後割合	割合変化
創業者　合計	19,631 (19,631)	—	19,631 (19,631)	79.7% (78.0%)	— （△1.7%）
その他役員・従業員　合計	369 (369)	— (+552)	369 (921)	1.5% (3.7%)	— (+2.2%)
外部投資家　合計	4,616 (4,616)	— —	4,616 (4,616)	18.8% (18.3%)	— （△0.4%）

増加株式数内訳

株主名	取引日役職	上場時役職	種類	増加数	取引後株式数	取引後割合
牧野祐己	—	執行役員 CTO	普通株式	—	123	0.5% (0.7%)
			第1回新株予約権	+63	63	
清水博之	—	執行役員	第1回新株予約権	+63	63	— (0.3%)
後藤圭史	従業員	監査役	第1回新株予約権	+46	46	— (0.2%)
従業員（持分保有者）　2名			普通株式	—	246	1.0% (1.5%)
			第1回新株予約権	+126	126	
従業員（新規）　7名			第1回新株予約権	+254	254	— (1.0%)
合計			第1回新株予約権	+552		

カッコ内は、新株予約権による潜在株式数を含めた計数。
新株予約権数は、上場時まで在籍した者に対するもののみ記載している。

取引概要

発行新株予約権　第1回新株予約権

手法　無償税制適格ストックオプション

取得者　従業員14名（うち上場までに1名分失効）

発行価額　無償

発行株数　普通株式　615株（上場時までに1名63株分が失効）

行使価格　32,500円/株

行使期間　2015年7月1日から2025年6月30日

主な行使条件

　　a) 権利行使時において、プレイドまたはプレイド子会社の取締役・使用人または社外協力者の地位にあること

　　b)　証券取引所に上場した場合

‖‖ 取引の解説

（1）従業員に対する付与割合について

　2015年6月末、従業員14人に対して新株予約権の割当を開始している。2015年9月末時点の従業員数16人から推定すると、この時点で組織にいた人員の（ほぼ）全員に対して新株予約権を付与したことが推定される。

　対象株式数は63株（0.250％に相当）、46株（同0.183％）、27株（同0.107%）の3階層で、概ね職位順に階層化して付与を行っている。階層間の株式のバラツキはそれほど顕著ではなく、広く社員全員に付与しようとする姿勢が見える。

（2）設計について

　無償ストックオプションを発行している。行使価格として設定された35,000円/株はSeriesAにより発行したA種優先株式と同額となっている。この設定は、新株予約権の行使価額を、発行時点における株式の価額（＝時価）以上にしようとする税制適格要件を意識したものとなる。

　税制適格とするためには、行使期間について「付与決議日後、2年を経過した日から10年を経過する日まで」と定める必要があるが、プレイドが発

行した第1回新株予約権の設計上この税制適格要件を満たしていない。新株予約権に関する割当契約書上で行使時期を別途定めることで税制適格要件を満たすことを主張できるが、登記上の設計を税制適格とならない設計としたことについて合理的な理由が見当たらない。従業員向けに発行された、第3回以降の新株予約権についてはこの点修正されているため、意図なく設計してしまった可能性が高いだろう。

No.08 2015年7月28日—第三者割当増資・第2回新株予約権

資本取引の影響

株主	取引前株式数	増加株式数	取引後株式数	取引後割合	割合変化
創業者　合計	19,631	—	19,631	66.2%	△13.6%
	(19,631)	—	(19,631)	(62.9%)	(△15.1%)
その他役員・従業員　合計	369	—	369	1.2%	△0.3%
	(921)	—	(921)	(2.9%)	(△0.7%)
外部投資家　合計	4,616	+5,047	9,663	32.6%	+13.8%
	(4,616)	(+6,056)	(10,672)	(34.2%)	(+15.8%)

増加株式数内訳

株主名	種類	増加数	取引後株式数	取引後割合
フェムトグロースキャピタル投資事業有限責任組合（フェムトパートナーズ株式会社）	A種優先株式	—	4,463	16.7%(16.2%)
	B種優先株式	+505	505	
	第2回新株予約権	+100	100	
JAPAN VENTURES I L.P.（Eight Roads Ventures Japan）	B種優先株式	+4,542	4,542	15.3%(17.5%)
	第2回新株予約権	+909	909	
合計	B種優先株式	+5,047		
	第2回新株予約権	+1,009		

カッコ内は、新株予約権による潜在株式数を含めた計数。
新株予約権数は、上場時まで在籍した者に対するもののみ記載している。

取引概要

（1）第三者割当増資

発行株式数　5,047株

株式種類　B種優先株式

株価　99,084円／株

調達額　5億7万6948円

時価総額　Pre 24億9998万8404円 / Post 30億6万5352円

株主　外部投資家（VC）2社

（2）第2回新株予約権

手法　無償ストックオプション

取得者　外部投資家2社

発行価格　無償

発行株数　1009株

行使価格　B種優先株式　99,084円 / 株

行使請求期間　新株予約権の割当日から5年を経過する日まで

主な行使条件　上場について金融商品取引所が承認した場合には、承認日以降行使することができない。

||| 優先株式の設計について

　第三者割当増資に伴い設計されたB種優先株式の設計について確認する。B種優先株式の発行に伴い、A種優先株式の設計も変更されているため、それも確認しよう。

（1）優先株式の設計サマリー

1. 優先残余財産分配権

　step1. B種優先株主に対して　取得価額の×1.5倍優先分配

　step2. A種優先株式に対して　取得価額の×1.5倍優先分配

　step3. 普通株式と同順位で、普通株式の1.0倍で各優先株主に分配

2. 金銭と引き換えにする取得請求権

　　　行使条件　事業譲渡又は会社分割時

　　　行使金額　優先残余財産分配権と同様

3. 普通株式への転換請求権：×1.0倍

4. ラチェット条項：ナローベース

5. 普通株式への強制転換：×1.0倍、上場申請決議時

6. 取締役選任権

　　　・A種種類株主総会において取締役1名を選任可能

・B種種類株主総会において取締役1名を選任可能
・その他の取締役はA・B・普通株主の共同で行う種類株式総会で
選任

　前回ラウンドで発行したA種優先株式の設計に対して、①残余財産分配
権に関する優先分配権の変更、②優先配当条項の削除、③取締役選任権の追
加を行っている。

　残余財産分配権の優先分配権の変更が、今回の設計上最も大きな特徴とな
る。ここで定められた分配方法がM&A時におけるみなし清算条項にも適用
されており、影響範囲も大きい。

図1-4　B種優先株式の設計

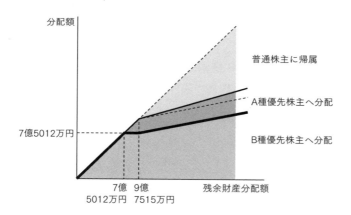

　図1-4で、B種優先株式発行直後における残余財産分配額と優先株式への
分配額の関係性を示している。

　A種優先株式の設計では、優先株への分配額が取得価額の1倍および2倍
に達するごとに分配方法を変更するやや複雑な設計だった。それに対して、
B種優先株式発行後の残余財産分配権の設計は、シンプルだ。A種優先株
式・B種優先株式について、取得価額の×1.5倍までB種＞A種の順番に
優先分配し、その後普通株式と同順位で分配を行う設計となっている。

　投資前後の、A種優先株式に対する残余財産分配額の変化に着目したい。

投資前の A 種優先株式の設計は、M&A による Exit を会社が行った際に投資額の回収と、投資額の２倍までのリターンを得やすい投資家有利な設計であった。IPO までたどり着かなかいケースに備えた、投資のリスクを強く軽減した設計だ。

　B 種優先株式の発行に伴い、A 種優先株主が得やすいリターンは投資額の 1.5 倍まで抑えられている。加えて、B 種優先株式より劣後して分配される設計になっている（図 1-5）。これらの変更は、前回投資時点より A 種優先株主のリスク低減する設計を少し緩めた格好になる。

図 1-5　A 種優先株式の設計変更

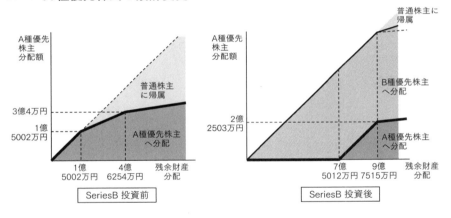

||| 取引の解説

　KARTE の製品版を 2015 年 3 月 12 日にローンチしており、本ラウンド（Series B ラウンド）は、その 4 カ月後の 2015 年 7 月に実施している。Post-Money Valuation30 億円で 5 億円を調達している。製品版を公開した時点で導入企業数は 50 社ほどだったのに対して、2015 年中に導入社数は 600社まで成長しており、サービス開始後の初速が順調だったことを投資家に示した上での調達となっている。

　種類株式の設計について振り返った通り、Series A ラウンドに設計した種類株式の投資家にとって有利となっていた設計を Series B ラウンドで緩和した形になっている。これはサービスの状況の変化により投資のリスクが低

減されたことに合わせて、種類株式の内容を変えたことを表している。

　ただし、2015年9月期の売上高3794万円と比較すると（サービスローンチ後、半年経過したばかりという状況を考慮しても）Post-Money Valuation 30億円というプライシングは、割高とも言われかねない水準となっている。

　一般的な優先株式である「×1.0倍の参加型」から、投資家有利な「×1.5倍の参加型」に設計することに加え、このラウンドの投資家に対して上場時までいつでも同一株価で出資額の20％の追加出資の権利を与える新株予約権（第2回新株予約権）を発行することで、投資家に対してリスクの軽減・リターンの増加を図っている。

資本政策のまとめ

　プレイドが「KARTE」を製品化した時期に行われた資本取引を振り返ると、外部投資家からの資金調達と、従業員向けのインセンティブ設計の2つを開始している。外部からの資金調達に際して、事業の進捗状況と比較して相対的に高いValuationで多額の資金調達を実現している。資金調達に際して種類株式の設計によって投資家のリスクを軽減し、そのリスクが低減したタイミングで種類株式の内容を標準的な条件に変更している。種類株式を上手に活用した事例といえるだろう。

　従業員向けのインセンティブ設計について、従業員の（おそらく）全員を対象とした無償新株予約権を発行している。税制適格となることを意識した設計だが、定款上の記載だけを確認すると、行使期間について税制適格に該当しなくなる設計となっていることに留意したい。

「KARTEのCXプラットフォーム化時期から上場まで」（2018年以降）の資本政策

||| 会社の状況

　これまでKARTEについて、開発開始からWeb接客のためのツールとして、ユーザーを獲得していった過程について確認した。順当に成長していたと言っていいKARTEだが、2018年4月17日にサービスに関する方針転換を発表している。これまでのWeb接客としての位置づけから、CX（顧客体験）

プラットフォームへサービスの位置づけへと再定義したことを発表した。

この章では、「CX プラットフォーム」を掲げたプレイドが上場に至るまでの過程で実施した資本取引について確認する。

||| サービスの状況

（1）KARTE の方針転換とサービス状況の確認

2018 年 4 月 17 日、プレイドは KARTE を「CX（顧客体験）プラットフォーム」として再定義すると発表した。発表に合わせ、Web サイトを訪れた顧客をより理解するための新機能を 5 つ実装することを公表している。

KARTE に標準的に実装される機能をより充実させるこの方針は、より一層、エンタープライズ（大企業）向けの製品になったことを示唆する。

Ⅰの部に公表されたサービスの数字を確認しよう。KARTE の導入社数は 2018 年末時点で 357 社と発表されている。これに対して、2017 年 2 月末時点では、ベーシックプランを契約している企業を入れて 1400 社が KARTE を導入していることが発表されていた。

KARTE はローンチ時に月額 5000 円から利用できるベーシックプランを用意していたが、このプランは 2016 年 6 月には申し込みができなくなっていた。ユーザー数の変化から推測すると、2017 年から 2018 年までにかけてベーシックプランのユーザー向けの提供を終了したことが推定される。

ベーシックプランを打ち切り、エンタープライズプランのみにサービス提供を絞るだけでなく、同じエンタープライズプラン内でも、より大企業・大規模サイト向けにシフトしていることが伺える。各四半期の売上高も公表されているため、各期間における 1 企業あたりの MRR（月次継続収益）が推定できる。

1 企業当たりの推定 MRR を図 1-6（39 ページ）の通り算定した。2018 年から 2020 年までの 2 年の間に MRR が 52 万円 / 月から 77 万円 / 月に増加している。

エンタープライズプランの料金について、2016 年から最低月額 9 万 8000 円から提供すると案内していた。この最低月額料金は、2018 年中頃からその記載もサイト上から消えている。ベーシックプランの提供終了に加え、提供に際する最低価格も上げることで、より大企業向けにサービスを集中して

提供している。

（2）マーケティング方法の変化

KARTE を「CX（顧客体験）プラットフォーム」として再定義してから、マーケティング方法についても変化が生じている。2017 年までは主にイベントや展示会への出店により顧客へリーチしていた。

2018 年から顧客獲得方法を拡大しており、2018 年には Web 広告を本格的に開始した。2019 年 5 月 6 日にはプレイド初となる TVCM を公開している。Web 接客のツールとしてサービス提供していた時とくらべ、機能が拡充するにつれて KARTE の価値を短時間で伝えることが困難になったため、CM を含めた動画による広告宣伝活動が増加した。

広告宣伝活動の変化に伴い、上場前の広告宣伝費が増加している。上場申請直前々期に該当する 2018 年 9 月期における広告宣伝費は 2 億 552 万円だが、2020 年 9 月期にはその約 4 倍にあたる 8 億 3125 万円が計上されている。

┊┊┊機関の状況

この時期に、上場に備えた機関の整備が行われている。第 7 期（2018 年 9 月期）の定時株主総会に際して、監査役会設置会社に移行している。それに伴い、社外監査役を 2 人（中町氏、山並氏）増員している。

2019 年中に一度種類株式の普通株式への転換を行っていることから（No.14）、同年中に一度上場申請を行おうとしていたことが伺える。上場申請に向けて 2019 年 3 月、有限責任あずさ監査法人が会計監査人に就任し、マッキンゼー日本支社長およびカーライル・グループ日本共同代表を歴任した平野正雄氏が社外取締役に就任している。

┊┊┊組織の状況

従業員数は、2017 年以降も増員している。2018 年 9 月に 85 人だった従業員は、2019 年 9 月時点で 122 人に増えている。

SeriesA ラウンド・SeriesB ラウンド実施時に、資金調達後にオフィスを移転して組織を拡張する姿勢を打ち出していた。KARTE を「CX（顧客体験）プラットフォーム」へ再定義する発表と同時に公表した SeriesC ラウンドの調達後に、当時開業から 1 年経過したばかりの大型複合施設「GINZA

図1-6 「KARTE」の導入社数（左軸）と推定平均 MRR（右軸）

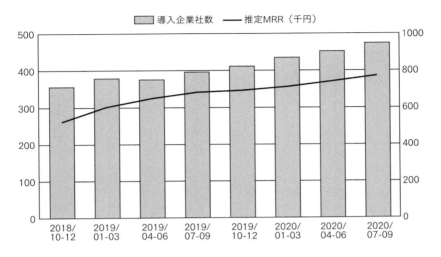

SIX」に、オフィスを移転することを発表した。

資本取引（全13回）の解説

‖ この期間における資本取引の概要

全13回（第三者割当増資2回、新株予約権付与4回、新株予約権行使1回、株式分割1回、減資1回、株式譲渡1回、上場申請に伴う種類株式の転換2回、上場申請中止に伴う普通株式からの転換1回）

2018年から2020年の上場までの3年間で、資本取引が頻繁に行われている。

2018年5月、SeriesC ラウンドとしてエクイティで20億円を調達している（No.10）。2019年11月、SeriesD ラウンドとして、Google から16億円の出資を受けている（No.18）。2017年以前の外部調達と異なり、いずれの調達に関しても、シンプルな種類株式を用いての調達を実施している。

上場時期が迫るにつれて頻繁に内部向けの新株予約権発行を行っており、従業員向けとして3回（No.09、No.12、No.19）、社外監査役・社外取締役向けに1回（No.14）発行している。すべての回において、付与対象者が取

締役・従業員である限り税制適格となる、シンプルな設計の無償新株予約権だった。

実際に上場した1年前に、一度上場を試みた形跡があることが1つの特徴で、これまで発行した種類株式を一度普通株式に転換し、その後再度種類株式に戻している（No.15、No.17）。

表1-3 株式数の情報・調達額・Valuation の情報

解説 No.	日付	取引種類	発行済株式総数	新規発行株数	調達額（千円）	株価（円/株）	Post-Value（千円）	資本金（千円）
08 まで			29,663 (31,224)		660,096	99,084	3,093,798	335,048
09	2018/02/28	第3回新株予約権付与	29,663 (32,974)	— (1,750)	—	99,084	3,267,195	335,048
10	2018/05/01	第三者割当増資	32,979 (36,290)	3,316 (3,316)	1,999,279	602,919	21,879,930	1,334,688
11	2018/08/15	減資	32,979 (36,290)	—	—	602,919	21,879,930	100,000
12	2019/01/12	第4回新株予約権付与	32,979 (37,379)	— (1,089)	—	602,919	22,536,509	100,000
13	2019/02/27	第2回新株予約権行使	33,988 (37,379)	1,009 (—)	99,975	99,084	3,703,660	149,987
14	2019/03/19	第5回新株予約権付与	33,988 (37,469)	— (90)	—	602,919	22,590,772	149,987
15	2019/03/20	上場申請1回目に伴う転換	33,988 (37,469)	—	—	602,919	22,590,772	149,987
16	2019/04/04	株式分割	33,988,000 (37,469,000)	33,954,012 (37,431,531)	—	603	22,590,772	149,987
17	2019/07/01	上場申請1回目に伴う再転換	33,988,000 (37,469,000)	—	—	603	22,590,772	149,987
18	2019/11/07	第三者割当増資	35,408,900 (38,889,900)	1,420,900 (1,420,900)	1,622,667	1,142	44,412,265	961,321
19	2020/08/12	第6回新株予約権発行	35,408,900 (39,513,900)	— (624,000)	—	1,142	45,124,873	961,321
20	2020/10/02	上場申請2回目に伴う転換	35,408,900 (39,513,900)	—	—	1,142	45,124,873	961,321
21	2020/10/21	株式譲渡	35,408,900 (39,513,900)	—	—	1,142	45,124,873	961,321
累計					4,382,019			

カッコ内は、新株予約権による潜在株式数を含めた株式数。
新株予約権による潜在株式数は、上場時まで在籍した者に対するもの。
Valuation は潜在株式数を含めて計算している。

資本取引の影響

株主	取引前株式数	増加株式数	取引後株式数	取引後割合	割合変化
創業者　合計	19,631 (19,631)	─	19,631 (19,631)	66.2% (59.5%)	─ (△3.3%)
その他役員・従業員　合計	369 (921)	─ (+1,750)	369 (2,671)	1.2% (8.1%)	─ (+5.2%)
外部投資家　合計	9,663 (10,672)	─	9,663 (10,672)	32.6% (32.4%)	─ (△1.8%)

増加株式数内訳

株主名	取引日 役職	上場時役職	種類	増加数	取引後株式数	取引後割合
牧野祐己	─	執行役員 CTO	普通株式	─	123	0.4% (1.8%)
			第 1 回新株予約権	─	63	
			第 3 回新株予約権	+414	414	
清水博之	─	執行役員	第 1 回新株予約権	─	63	─ (1.8%)
			第 3 回新株予約権	+537	537	
後藤圭史	─	監査役	第 1 回新株予約権	─	66	─ (0.3%)
			第 3 回新株予約権	+20	20	
従業員（持分保有者）2 名			普通株式	─	246	0.8% (1.2%)
			第 1 回新株予約権	─	126	
			第 3 回新株予約権	+40	40	
従業員（新規）50 名			第 3 回新株予約権	+739	739	─ (2.2%)
合計			第 3 回新株予約権	+1,750		

カッコ内は、新株予約権による潜在株式数を含めた計数。
新株予約権数は、上場時まで在籍した者に対するもののみ記載している。

取引概要

発行新株予約権　第 3 回新株予約権

手法　無償税制適格ストックオプション

取得者　監査役 1 名、従業員 63 名（うち上場までに 9 名分失効）

発行株数　普通株式 1,885 株（うち上場まで 135 株失効）

行使価額　99,084 円 / 株

行使期間　2020 年 2 月 24 日から 2028 年 2 月 23 日

取引の解説

2018年2月末日、従業員・監査役向けに無償新株予約権を発行している。対象となった従業員は63人。Ⅰの部に記載されている2017年9月末日時点の従業員数は53人、2018年9月末日時点で85人となっている。記載の従業員数と比較すると、付与時点で組織に所属した人ほぼ全員に新株予約権を付与したように見える。

設計は、第1回新株予約権同様に税制適格となるように設計されている（コメントで指摘した行使期間について第3回では修正されている）。行使価額は前回ラウンド（Series Bラウンド）で調達した価額と同一の、99,084円/株となっている。2カ月後にSeries Cラウンドで、株価を上げて外部調達をしており、当該資金調達前に内部向けのインセンティブ付与を行ったものと考えられる。

キーマン向けのインセンティブ付与が行われている。カスタマー・サクセスを担当する清水氏（上場時執行役員）に537株分、データ分析エンジンの研究開発をする牧野氏（上場時執行役員CTO）に414株分の新株予約権を付与しており、発行した新株予約権の5割強をこの2人に対して割り当てている。全員向けの幅広く行う付与と、キーマン向けの付与の2つの性質の新株予約権発行を、1つの新株予約権で担っている。

この点、新株予約権の性格に合わせて2つ発行することも検討の余地があっただろう。

税制適格とするための条件である、年間1200万円まで行使可能という行使価額の制限を踏まえると、両人は年間121株分しか行使することができない。この場合、牧野氏は4年、清水氏は5年かけて行使することになる。意図しての設計か不明だが、実質的に上場後4〜5年の間、1年ずつ行使可能であるベスティング条件を付与するのと同様の設計になっている。

また、従業員の立場から監査役に就任した鳥場氏（2020年3月退任）にも新株予約権を付与している。監査役に対して付与した新株予約権は税制適格とならない。牧野氏、清水氏、鳥場氏に対する新株予約権について、本人たちが行使時に経済的利益を享受しやすい、有償新株予約権を別途発行することも選択肢としてあっただろう。

資本取引の影響

株主	取引前株式数	増加株式数	取引後株式数	取引後割合	割合変化
創業者　合計	19,631	―	19,631	59.5%	△ 6.7%
	(19,631)	―	(19,631)	(54.1%)	(△ 5.4%)
その他役員・従業員　合計	369	―	369	1.1%	△ 0.1%
	(2,671)	―	(2,671)	(7.4%)	(△ 0.7%)
外部投資家　合計	9,663	+3,316	12,979	39.4%	+ 6.8%
	(10,672)	(+3,316)	(13,988)	(38.5%)	(+6.2%)

増加株式数内訳

株主名	種類	増加数	取引後株式数	取引後割合
フェムトグロースファンド 2.0 投資事業有限責任組合（フェムトパートナーズ株式会社）	C 種優先株式	+1,162	1,162	3.5% (3.2%)
JAPAN VENTURES I L.P.（Eight Roads Ventures Japan）	B 種優先株式	―	4,542	16.3% (17.3%)
	第 2 回新株予約権	―	909	
	C 種優先株式	+829	829	
MSIVC2018V 投資事業有限責任組合（三井住友海上キャピタル）	C 種優先株式	+498	498	1.5% (1.4%)
SMBC ベンチャーキャピタル 4 号投資事業有限責任組合（SMBC ベンチャーキャピタル）	C 種優先株式	+165	165	0.5% (0.5%)
みずほ成長支援第 2 号投資事業有限責任組合（みずほキャピタル）	C 種優先株式	+82	82	0.2% (0.2%)
三井物産株式会社	C 種優先株式	+498	498	1.5% (1.4%)
三菱 UFJ キャピタル 6 号投資事業有限責任組合（三菱 UFJ キャピタル）	C 種優先株式	+82	82	0.2% (0.2%)
合計	C 種優先株式	+ 3,316		

カッコ内は、新株予約権による潜在株式数を含めた計数。
新株予約権数は、上場時まで在籍した者に対するもののみ記載している。

取引概要

手法　第三者割当増資

発行株式数　3,316 株

株式種類　C種優先株式

株価　602,919円/株

調達額　19億9927万9404円

時価総額　Pre 198億8065万1106円/Post 218億7993万510円

株主　VC 6社、事業会社1社

⫶ 優先株式の設計について

　本ラウンド（SeriesCラウンド）の出資に伴い、設計された優先株式の条件について確認する。

優先株式の設計サマリー

1. 優先残余財産分配権
　　　step1. C種優先株主に対して、取得価額の×1.0倍優先分配
　　　step2. B種優先株主に対して　取得価額の×1.5倍優先分配
　　　step3. A種優先株式に対して　取得価額の×1.5倍優先分配
　　　step4. 普通株式と同順位で、普通株式の1.0倍で各優先株主に分配
2. 金銭と引き換えにする取得請求権
　　　行使条件：事業譲渡又は会社分割時
　　　行使金額：優先残余財産分配権と同様
3. 普通株式への転換請求権：×1.0倍
4. ラチェット条項：ナローベース
5. 普通株式への強制転換：×1.0倍、上場申請決議時
6. 取締役選任権
　　　・A種種類株主総会において取締役1名を選任可能
　　　・B種種類株主総会において取締役1名を選任可能
　　　・その他の取締役はA・B・C・普通株主の共同で行う
　　　　種類株式総会で選任

　前回のSeriesBラウンドにより設計された内容を概ね変更がない。これまで発行したB種優先株式・A種優先株式より優先して、C種優先株式に対して残余財産分配（およびみなし清算）を行う設計になっている。

C種優先株式における残余財産分配権は「× 1.0 倍の参加型」として設計されており、日本におけるスタートアップの調達実務で最も多く使われる設計になっている（図 1-7）。

図1-7　Seris C ラウンドの優先株式の設計

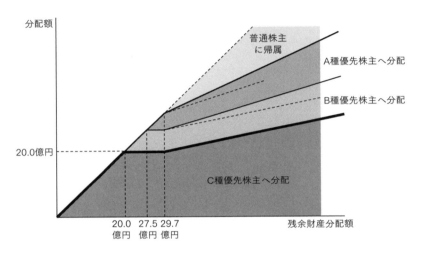

||| **取引の解説**

　この資金調達と合わせて「CX（顧客体験）プラットフォーム」への転換を公表しており、当該資金調達活動はこの路線変更に伴う組織の拡大に備えるために行ったものとなる。クローズド β 版時とローンチ直後に行った過去2回の資金調達と比較すると、堅調に事業が成長していたことを示した後の調達活動となっている。

　このラウンド（Series C ラウンド）で、Post-Money Valuation220 億円で20 億円を調達している。日本におけるスタートアップの調達水準と比較すると、大型調達と言っていい規模だろう。しかし、これまでプレイドが取り組んだ資金調達活動と比較すると、調達に用いた種類株式の内容は簡易だ。これは、過去2回の調達のように種類株式によりリスクを下げてより高いValuation で調達するのではなく、高い成長率を示した上で高い Valuation で調達したことを示している。

　新規投資家に放出する割合もこのラウンドから低下しており、堅調な事業

進捗を背景にプレイドの交渉力が増していたことが伺える。

- ・Series A ラウンド　19％を放出して 1.5 億円調達
- ・Series B ラウンド　18％（ストックオプション込み）を放出して 5 億円調達
- ・Series C ラウンド　9％を放出して 20 億円調達

No.11　2018 年 8 月 15 日―減資

取引概要

手法　減資

資本金の変動　（減資前）1,334,688 千円 →（減資後）100,000 千円

資本剰余金　（減資前）1,324,688 千円 →（減資後）2,060,002 千円

利益剰余金への充当額　499,373 千円

||| 取引の解説

　減資により、資本金を 12 億 3469 万円減額して、利益剰余金に 4 億 9937 万円・資本剰余金に 7 億 3531 万円をそれぞれ充当している。利益剰余金充当額は、創業から第 6 期（2017 年 9 月期）終了までの赤字の累積額がこの金額だったことを示している。

　当該減資を行うことで、法人事業税における外形標準課税の対象から外れる。資本金等の金額を基準とした課税（資本割。資本金等の金額× 0.525％＜当時の税率＞）が行われないことになるため、単純計算で 700 万円の節税を行えたことになる。

資本取引の影響

株主	取引前株式数	増加株式数	取引後株式数	取引後割合	割合変化
創業者　合計	19,631 (19,631)	— (+171)	19,631 (19,802)	59.5% (53.0%)	— (△ 1.1%)
その他役員・従業員　合計	369 (2,671)	— (+918)	369 (3,589)	1.1% (9.6%)	— (+2.2%)
外部投資家　合計	12,979 (13,988)	— 	12,979 (13,988)	39.4% (37.4%)	— (△ 1.1%)

増加株式数内訳

株主名	取引日役職	上場時役職	種類	増加数	取引後株式数	取引後割合
髙栁慶太郎	取締役	同左	普通株式	—	100	0.3%
			第 4 回新株予約権	+171	171	(0.7%)
武藤健太郎	—	執行役員 CFO	第 4 回新株予約権	+171	171	(0.5%)
従業員（持分保有者）　5 名			普通株式	—	246	0.7% (2.5%)
			第 1 回新株予約権	—	126	
			第 3 回新株予約権	—	199	
			第 4 回新株予約権	+380	380	
従業員（新規）　26 名			第 4 回新株予約権	+367	380	— (1.0%)
合計			第 4 回新株予約権	+ 1,089		

カッコ内は、新株予約権による潜在株式数を含めた計数。
新株予約権数は、上場時まで在籍した者に対するもののみ記載している。

取引概要

発行新株予約権　第 4 回新株予約権

手法　無償税制適格ストックオプション

取得者　取締役 1 名、従業員 36 名（うち上場までに 4 名分失効）

発行株数　1109 株（うち上場までに 20 株分失効）

行使価格　60 万 2919 円

行使期間　2021 年 1 月 12 日から 2029 年 1 月 11 日

取引の解説

　主として前回付与（2018 年 2 月末）時以降に入社したキーマン・従業員向けの割当を行っている。

　2019 年に FiNC から入社した上場時執行役員 CFO である武藤氏、取締役である高柳氏および 2018 年 5 月に入社した 1 人（上場時に執行役員以上の役職についていない）の計 3 人に対してそれぞれ 171 株ずつ付与している。高柳氏は、設立時社外取締役で 2016 年に辞任し、2018 年 12 月に改めて常勤の取締役として就任している。3 人の他に、従業員 6 人に対して 76 株ずつ、従業員 28 人に対して 5 株分ずつ発行している。

　これまでの新株予約権同様、税制適格となるように設計されているが、第 3 回新株予約権と同様にキーマン向けの新株予約権を税制適格とするための行使条件が厳しい。

　行使価額は前回ラウンドの株価である 60 万 2919 円となるため、171 株付与された 3 人は、年間行使額 1200 万円に達しない範囲で行使する場合、1 年 19 株分までに限られる。これは、2021 年から 2029 年までの 9 年間に毎年 19 株ずつ行使して初めてすべて行使できる設計となっている。76 株付与された者は 4 年に分けて行使が必要となる。

　ただし、第 4 回新株予約権については意図してこの設計にした可能性がある。171 株と 76 株という数字は、19 株ずつしか行使できないことを前提とすると、ちょうど 9 年と 4 年で使い切る数字だ（171 株 ＝19 株 / 年 × 9 年、76 株 ＝ 19 株 / 年）。割当契約書上に年間 19 株分のみ行使できるとする定めをおいているか外部から推定できないため、実際に第 4 回新株予約権がこのような設計になっているか断定できない。仮に 9 年に分割して行使することを規定する設計だとすると、長期間組織に対してコミットすることを期待した設計と言えるだろう。

　なお、以上のことを意図しなかった場合、有償ストックオプションを付与するか、普通株式と優先株式の時価が異なることを主張して、前回ラウンドの優先株式発行額より低い行使価額を設定することで、行使しやすい設計にする手段が考えられる。

資本取引の影響

株主	取引前株式数	増加株式数	取引後株式数	取引後割合	割合変化
創業者　合計	19,631	—	19,631	57.8%	△ 1.8%
	(19,802)	—	(19,802)	(53.0%)	—
その他役員・従業員　合計	369	—	369	1.1%	△ 0.0%
	(3,589)	—	(3,589)	(9.6%)	—
外部投資家　合計	12,979	+1,009	13,988	41.2%	+ 1.8%
	(13,988)	—	(13,988)	(37.4%)	—

増加株式数内訳

株主名	種類	増加数	取引後株式数	取引後割合
フェムトグロースキャピタル投資事業有限責任組合（フェムトパートナーズ株式会社）	A 種優先株式	—	4,463	14.9%(13.6%)
	B 種優先株式	+100	605	
	第 2 回新株予約権	△ 100	0	
JAPAN VENTURES I L.P.（Eight Roads Ventures Japan）	B 種優先株式	+909	5,451	18.5%(16.8%)
	第 2 回新株予約権	△ 909	0	
	C 種優先株式	—	829	
合計	B 種優先株式	+1,009		
	第 2 回新株予約権	△ 1,009		

カッコ内は、新株予約権による潜在株式数を含めた計数。
新株予約権数は、上場時まで在籍した者に対するもののみ記載している。

取引概要

手法：新株予約権の行使に伴う新株の発行

対象新株予約権：第 2 回新株予約権

取得株式　B 種優先株式 1,009 株

行使価額合計　99,975,756 円

取得者　VC 2 社

取引の解説

　Series B ラウンド（No.08 の取引参照）にて発行した新株予約権を行使することに伴い、1 株 99,084 円で 1009 株を発行している。第 2 回新株予約権は、

「2020 年 7 月」と「上場について金融商品取引所が承認した時」のうちいずれか早い時まで行使可能な設計となっている。後述する通り、プレイドは2019 年中に一度 IPO 申請を試みており、IPO 申請する方針を受けて、先んじて新株予約権を行使したものと考えられる。

No.14　2019 年 3 月 19 日—第 5 回新株予約権

資本取引の影響

株主	取引前株式数	増加株式数	取引後株式数	取引後割合	割合変化
創業者　合計	19,631	—	19,631	57.8%	—
	(19,802)	—	(19,802)	(52.8%)	(△ 0.1%)
その他役員・従業員　合計	369	—	369	1.1%	—
	(3,589)	(+90)	(3,679)	(9.8%)	(+0.2%)
外部投資家　合計	13,988	—	13,988	41.2%	—
	(13,988)	—	(13,988)	(37.3%)	(△ 0.1%)

増加株式数内訳

株主名	取引日役職	上場時役職	種類	増加数	取引後株式数	取引後割合
平野正雄	社外取締役	同左	第 5 回新株予約権	+10	10	—(0.0%)
中町昭人	社外監査役	同左	第 5 回新株予約権	+40	40	—(0.1%)
山並憲司	社外監査役	同左	第 5 回新株予約権	+40	40	—(0.1%)
合計			第 5 回新株予約権	+ 90		

カッコ内は、新株予約権による潜在株式数を含めた計数。
新株予約権数は、上場時まで在籍した者に対するもののみ記載している。

取引概要

発行新株予約権　第 5 回新株予約権

手法　無償ストックオプション

取得者　社外監査役 2 名、社外取締役 1 名

発行株数　90 株

行使価格　60 万 2919 円

行使期間　2021 年 3 月 20 日から 2029 年 3 月 19 日

⫴ 取引の解説

　社外監査役 2 人、新任の社外取締役 1 人に対する新株予約権付与を行っている。同日の株主総会において平野氏の取締役就任、中町氏（2018 年 8 月監査役就任）・山並氏（2018 年 12 月監査役就任）の監査役重任が決議されている。

　新株予約権の設計は内部向けに発行された第 1 回（第 1 回のみ、行使期間の設計が異なっている）、第 3 回、第 4 回無償新株予約権と同一の設計となっている。この回は主に監査役に対して付与しており、かつ監査役に無償新株予約権を付与したとしても、税制適格要件を満たさない。それにも関わらず設計変更を行っていないことから、新株予約権が税制非適格となり本人が税務上の優遇措置を受け取れないことに対して、過敏に対応しない姿勢が伺える。

資本取引の影響

株主	取引前株式数	増加株式数	取引後株式数	取引後割合	割合変化
創業者　合計	19,631 (19,802)	— —	19,631 (19,802)	57.8% (52.8%)	—
その他役員・従業員　合計	369 (3,679)	— —	369 (3,679)	1.1% (9.8%)	—
外部投資家　合計	13,988 (13,988)	— —	13,988 (13,988)	41.2% (37.3%)	—

増加株式数内訳

株主名	種類	増加数	取引後株式数	取引後割合
フェムトグロースキャピタル投資事業有限責任組合 （フェムトパートナーズ株式会社）	A 種優先株式	△ 4,463	0	14.9% (13.5%)
	B 種優先株式	△ 605	0	
	普通株式	+5,068	5,068	
有限責任事業組合フェムト・スタートアップ （フェムトパートナーズ株式会社系列のベンチャー支援組織）	A 種優先株式	△ 153	0	0.5% (0.4%)
	普通株式	+153	153	
フェムトグロースキャピタル投資事業有限責任組合 （フェムトパートナーズ株式会社）	C 種優先株式	△ 1,162	0	3.4% (3.1%)
	普通株式	+1,162	1,162	
JAPAN VENTURES I L.P. （Eight Roads Ventures Japan）	B 種優先株式	△ 5,451	0	18.5% (16.8%)
	C 種優先株式	△ 829	0	
	普通株式	+6,280	6,280	
MSIVC2018V 投資事業有限責任組合 （三井住友海上キャピタル）	C 種優先株式	△ 498	0	1.5% (1.3%)
	普通株式	+498	498	
SMBC ベンチャーキャピタル4号 投資事業有限責任組合 （SMBC ベンチャーキャピタル）	C 種優先株式	△ 165	0	0.5% (0.4%)
	普通株式	+165	165	
みずほ成長支援第2号投資事業有限責任組合 （みずほキャピタル）	C 種優先株式	△ 82	0	0.2% (0.2%)
	普通株式	+82	82	
三井物産株式会社	C 種優先株式	△ 498	0	1.5% (1.3%)
	普通株式	+498	498	
三菱 UFJ キャピタル6号投資事業有限責任組合 （三菱 UFJ キャピタル）	C 種優先株式	△ 82	0	0.2% (0.2%)
	普通株式	+82	82	
合計	A 種優先株式	△ 4,616		
	B 種優先株式	△ 6,056		
	C 種優先株式	△ 3,316		
	普通株式	+ 13,988		

カッコ内は、新株予約権による潜在株式数を含めた計数。
新株予約権数は、上場時まで在籍した者に対するもののみ記載している。

手法　種類株式の普通株式と引き換えにする取得

取引の解説

　Ⅰの部によれば、「定款の定めに基づき、2019年2月13日開催の取締役会決議により、2019年3月20日付でA種優先株式、B種優先株式及びC種優先株式すべてを自己株式として取得し、対価としてA種優先株式、B種優先株式及びC種種優先株式1株につきそれぞれ普通株式1株を交付」している。

　各種類株式の設計上定められている当該取引を行うための条件は、上場申請を取締役会で可決し主幹事証券から要請を受けることであるため、この取引はプレイドが2019年中に一度上場申請を行ったことを示している。

No.16　2019年4月4日—株式分割

資本取引の影響

株主	取引前株式数	増加株式数	取引後株式数	取引後割合	割合変化
創業者　合計	19,631	+19,611,369	19,631,000	57.8%	—
	(19,802)	(+19,782,198)	(19,802,000)	(52.8%)	—
その他役員・従業員　合計	369	+368,631	369,000	1.1%	—
	(3,679)	(+3,675,321)	(3,679,000)	(9.8%)	—
外部投資家　合計	13,988	+13,974,012	13,988,000	41.2%	—
	(13,988)	(+13,974,012)	(13,988,000)	(37.3%)	—

手法　株式分割
割合　1：1000

取引の解説

　上場申請を行うことを受けて、株式分割を行っている。当該株式分割により、最直近の調達価額から計算する100株当たりの株価（上場企業の株式売買単位）が6万292円となる。

資本取引の影響

株主	取引前株式数	増加株式数	取引後株式数	取引後割合	割合変化
創業者　合計	19,631,000	—	19,631,000	57.8%	—
	(19,802,000)	—	(19,802,000)	(52.8%)	—
その他役員・従業員　合計	369,000	—	369,000	1.1%	—
	(3,679,000)	—	(3,679,000)	(9.8%)	—
外部投資家　合計	13,988,000	—	13,988,000	41.2%	—
	(13,988,000)	—	(13,988,000)	(37.3%)	—

増加株式数内訳

株主名	種類	増加数	取引後株式数	取引後割合
フェムトグロースキャピタル投資事業有限責任組合（フェムトパートナーズ株式会社）	A 種優先株式	+4,463	4,463	14.9% (13.5%)
	B 種優先株式	+605	605	
	普通株式	△ 5,068	0	
有限責任事業組合フェムト・スタートアップ（フェムトパートナーズ株式会社系列のベンチャー支援組織）	A 種優先株式	+153	153	0.5% (0.4%)
	普通株式	△ 153	0	
フェムトグロースキャピタル投資事業有限責任組合（フェムトパートナーズ株式会社）	C 種優先株式	+1,162	1,162	3.4% (3.1%)
	普通株式	△ 1,162	0	
JAPAN VENTURES I L.P. (Eight Roads Ventures Japan)	B 種優先株式	+5,451	5,451	18.5% (16.8%)
	C 種優先株式	+829	829	
	普通株式	△ 6,280	0	
MSIVC2018V 投資事業有限責任組合（三井住友海上キャピタル）	C 種優先株式	+498	498	1.5% (1.3%)
	普通株式	△ 498	0	
SMBC ベンチャーキャピタル 4 号投資事業有限責任組合（SMBC ベンチャーキャピタル）	C 種優先株式	+165	165	0.5% (0.4%)
	普通株式	△ 165	0	
みずほ成長支援第 2 号投資事業有限責任組合（みずほキャピタル）	C 種優先株式	+82	82	0.2% (0.2%)
	普通株式	△ 82	0	
三井物産株式会社	C 種優先株式	+498	498	1.5% (1.3%)
	普通株式	△ 498	0	
三菱 UFJ キャピタル 6 号投資事業有限責任組合（三菱 UFJ キャピタル）	C 種優先株式	+82	82	0.2% (0.2%)
	普通株式	△ 82	0	
合計	A 種優先株式	+4,616		
	B 種優先株式	+6,056		
	C 種優先株式	+3,316		
	普通株式	△ 13,988		

カッコ内は、新株予約権による潜在株式数を含めた計数。
新株予約権数は、上場時まで在籍した者に対するもののみ記載している。

手法　全株主の合意による株式種類の変更

⫴ 取引の解説

　No.14 と一連の取引となる。前述の通り、2019 年 2 月 13 日開催の取締役会により、一度は上場申請に関する社内決定をしていた。しかしながら、この取引日までにその申請を取り下げたか、そもそも申請まで至らなかったかなどで上場を中止した。

　上場中止に伴い、外部投資家の保有する普通株式を、元々投資時に取得していた各種類株式に変更している。手続上、1 回廃止した種類株式を再度新設して、普通株式の一部を種類株式に変更している。普通株式の一部のみ種類株式に変更する場合、全株主の合意を得る必要がある。本件についても全株主の合意を得た上で、投資家が保有する普通株式を各種類株式へ変更している。

　なお種類株式の設計上、このように上場申請決議後に上場に至らなかったケースに対してあらかじめ対処した設計をすることもできる。下記に、株式会社フリーの種類株式の設計内容を引用した。以下のような設計を施すことで、全株主の同意を得る手続を省略することができる。

　　　株式会社フリー　Ａ種優先株式の内容から

3. 強制転換

①当会社は、当会社の普通株式を金融商品取引所もしくはこれに類するものであって外国に所在し国際的に認知されているものに上場し、又は、店頭売買有価証券市場もしくはこれに類するものであって外国に所在し国際的に認知されているものに登録することを決定した場合、当会社の取締役会が別に定める日において、その前日までに取得の請求のなかった優先株式をすべて取得することができるものとし、当会社はかかる優先株式を取得するのと引換えに、（中略）普通株式を、各当該優先株式を保有する優先株主に対して交付するものとする。（中略）但し、優先株主が普通株式を取得した後 6 カ月以内に当該上場又は登録が実現せず、かつ、かかる 6 カ月経過後 1 カ月以内に本号に基づく強制取得を受けた

優先株主が書面により要請した場合には、かかる取得は法令上可能な範囲で取得された日に遡って無効となる。

No.18　2019 年 11 月 7 日―第三者割当増資

資本取引の影響

株主	取引前株式数	増加株式数	取引後株式数	取引後割合	割合変化
創業者　合計	19,631,000	―	19,631,000	55.4%	△ 2.3%
	(19,802,000)	―	(19,802,000)	(50.9%)	(△ 1.9%)
その他役員・従業員　合計	369,000	―	369,000	1.0%	△ 0.0%
	(3,679,000)	―	(3,679,000)	(9.5%)	(△ 0.4%)
外部投資家　合計	13,988,000	+1,420,900	15,408,900	43.5%	+ 2.4%
	(13,988,000)	(+1,420,900)	(15,408,900)	(39.6%)	(+2.3%)

増加株式数内訳

株主名	種類	増加数	取引後株式数	取引後割合
Google International LLC	D 種優先株式	+1,420,900	1,420,900	4.0% (3.7%)
	D 種優先株式	+ 1,420,900		

カッコ内は、新株予約権による潜在株式数を含めた計数。
新株予約権数は、上場時まで在籍した者に対するもののみ記載している。

取引概要

手法　第三者割当増資

発行株式数　142 万 900 株

株式種類　D 種優先株式

株価　1142 円 / 株

調達額　16 億 2266 万 7800 円

時価総額　Pre 427 億 8959 万 8000 円 / Post 444 億 1226 万 5800 円

株主　Google International LLC

||| 優先株式の設計について

当ラウンド（Series D ラウンド）において発行された優先株式の設計について確認する。

優先株式の設計サマリー

1. 優先残余財産分配権

> step1. D種優先株式に対して、取得価額の×1.0倍優先分配
>
> step2. C種優先株主に対して、取得価額の×1.0倍優先分配
>
> step3. B種優先株主に対して　取得価額の×1.5倍優先分配
>
> step4. A種優先株式に対して　取得価額の×1.5倍優先分配
>
> step5. 普通株式と同順位で、普通株式の1.0倍で各優先株主に分配

2. 金銭と引き換えにする取得請求権

> 行使条件　事業譲渡又は会社分割時
>
> 行使金額　優先残余財産分配権と同様

3. 普通株式への転換請求権：×1.0倍

4. ラチェット条項：ナローベース

5. 普通株式への強制転換：×1.0倍、上場申請決議時

6. 取締役選任権

> ・A種種類株主総会において取締役1名を選任可能
>
> ・B種種類株主総会において取締役1名を選任可能
>
> ・その他の取締役はA・B・C・D・普通株主の共同で行う
> 種類株式総会で選任

　C種優先株式と同様に設計されているため、解説を省略する（No.09の解説参照）。

||| 取引の解説

　Google単独を引受先として16億円の資金調達を行っている。Googleによる国内2例目の出資だ（1社目は株式会社ABEJA）。

　KARTEをCXプラットフォームとして位置づけており、Googleアナリティクス360やLookerなど、Googleが提供するサービスとの連携強化を行っていた。2018年には、Google Cloud SaaSイニシアチブに参加した国内企業2社のうちの1社としてプレイドが選ばれている。KARTEの開発を通じてGoogleとの協力関係を育んでいた通り、本件出資は資金需要のみを目的として行ったものではなく、Googleとの戦略的な提携に長期的に取り組んでいた結果だと推測される。

資本取引の影響

株主	取引前株式数	増加株式数	取引後株式数	取引後割合	割合変化
創業者　合計	19,631,000	—	19,631,000	55.4%	—
	(19,802,000)	—	(19,802,000)	(50.1%)	(△ 0.8%)
その他役員・従業員　合計	369,000	—	369,000	1.0%	—
	(3,679,000)	(+624,000)	(4,303,000)	(10.9%)	(+1.4%)
外部投資家　合計	15,408,900	—	15,408,900	43.5%	—
	(15,408,900)	—	(15,408,900)	(39.0%)	(△ 0.6%)

増加株式数内訳

株主名	種類	増加数	取引後株式数	取引後割合
従業員（持分保有者）　6 名	第 3 回新株予約権	—	55,000	(0.9%)
	第 4 回新株予約権	—	10,000	
	第 6 回新株予約権	+300,000	300,000	
従業員（新規）　108 名	第 6 回新株予約権	+324,000	324,000	— (0.8%)
合計	第 6 回新株予約権	+ 624,000		

カッコ内は、新株予約権による潜在株式数を含めた計数。
新株予約権数は、上場時まで在籍した者に対するもののみ記載している。

取引概要

発行新株予約権　第 6 回新株予約権

手法　無償ストックオプション

取得者　従業員 115 名（うち上場までに 1 名分失効）

発行株数　62 万 7000 株（うち上場までに 1 名分 3000 株が失効）

行使価格　1142 円

行使期間　2022 年 8 月 12 日から 2030 年 8 月 11 日

取引の解説

　従業員 2 人に 90,000 株ずつ、4 人に 30,000 株ずつ、109 人に 3,000 株ずつ（うち 1 人は上場までに退社している）無償新株予約権を付与している。

　内部向けに発行された新株予約権は、すべて同一の、税制適格となるよう

に設計されたもの。この回で発行された新株予約権についても、キーマン向け に発行された新株予約権が行使価額の制限により、税制適格として行使することを前提とすると、長年にわたり毎年行使しないとならない。

　行使価額 1142 円 / 株から算定すると、税制適格とするためには、年間 10,507 株以内に関する新株予約権を行使する必要がある。90,000 株を付与された 2 人は、すべて税制適格とするためには、2022 年から 2030 年までの 9 年間にわたり毎年行使する必要がある。

　第 4 回新株予約権（No.11）についても、キーマンに対する新株予約権について、9 年毎年行使するとすべて税制適格となる個数を割り当てていた。そのため意図してこのような設計にしている可能性がある。

2020 年 10 月 2 日―上場申請（2 回目）に伴う種類株式の転換

資本取引の影響

株主	取引前株式数	増加株式数	取引後株式数	取引後割合	割合変化
創業者　合計	19,631,000	—	19,631,000	55.4%	—
	(19,802,000)	—	(19,802,000)	(50.1%)	—
その他役員・従業員　合計	369,000	—	369,000	1.0%	—
	(4,303,000)	—	(4,303,000)	(10.9%)	—
外部投資家　合計	15,408,900	—	15,408,900	43.5%	—
	(15,408,900)	—	(15,408,900)	(39.0%)	—

増加株式数内訳

株主名	種類	増加数	取引後株式数	取引後割合
フェムトグロースキャピタル投資事業有限責任組合（フェムトパートナーズ株式会社）	A 種優先株式	△ 4,463,000	0	14.3%
	B 種優先株式	△ 605,000	0	(12.8%)
	普通株式	+5,068,000	5,068,000	
有限責任事業組合フェムト・スタートアップ（フェムトパートナーズ株式会社系列のベンチャー支援組織）	A 種優先株式	△ 153,000	0	0.4%
	普通株式	+153,000	153,000	(0.4%)
フェムトグロースキャピタル投資事業有限責任組合（フェムトパートナーズ株式会社）	C 種優先株式	△ 1,162,000	0	3.3%
	普通株式	+1,162,000	1,162,000	(2.9%)
JAPAN VENTURES I L.P.（Eight Roads Ventures Japan）	B 種優先株式	△ 5,451,000	0	17.7%
	C 種優先株式	△ 829,000	0	(15.9%)
	普通株式	+6,280,000	6,280,000	
MSIVC2018V 投資事業有限責任組合（三井住友海上キャピタル）	C 種優先株式	△ 498,000	0	1.4%
	普通株式	+498,000	498,000	(1.3%)
SMBC ベンチャーキャピタル 4 号投資事業有限責任組合（SMBC ベンチャーキャピタル）	C 種優先株式	△ 165,000	0	0.5%
	普通株式	+165,000	165,000	(0.4%)
みずほ成長支援第 2 号投資事業有限責任組合（みずほキャピタル）	C 種優先株式	△ 82,000	0	0.2%
	普通株式	+82,000	82,000	(0.2%)
三井物産株式会社	C 種優先株式	△ 498,000	0	1.4%
	普通株式	+498,000	498,000	(1.3%)
三菱 UFJ キャピタル 6 号資事業有限責任組合（三菱 UFJ キャピタル）	C 種優先株式	△ 82,000	0	0.2%
	普通株式	+82,000	82,000	(0.2%)
Google International LLC	D 種優先株式	△ 1,420,900	0	4.0%
	普通株式	+1,420,900	1,420,900	(3.6%)
合計	A 種優先株式	△ 4,616,000		
	B 種優先株式	△ 6,056,000		
	C 種優先株式	△ 3,316,000		
	D 種優先株式	△ 1,420,900		
	普通株式	+ 15,408,900		

カッコ内は、新株予約権による潜在株式数を含めた計数。
新株予約権数は、上場時まで在籍した者に対するもののみ記載している。

取引概要
手法　種類株式の普通株式と引換えにする取得

||| 取引の解説

　プレイドにとって２度目の上場申請に伴い、投資家が保有する種類株式を普通株式に転換している。

No.21　2020年10月21日—株式譲渡

資本取引の影響

株主	取引前株式数	増加株式数	取引後株式数	取引後割合	割合変化
創業者　合計	19,631,000	—	19,631,000	55.4%	—
	(19,802,000)	—	(19,802,000)	(50.1%)	—
その他役員・従業員　合計	369,000	—	369,000	1.0%	—
	(4,303,000)	—	(4,303,000)	(10.9%)	—
外部投資家　合計	15,408,900	—	15,408,900	43.5%	—
	(15,408,900)	—	(15,408,900)	(39.0%)	—

増加株式数内訳

株主名	種類	増加数	取引後株式数	取引後割合
フェムトグロースキャピタル投資事業有限責任組合（フェムトパートナーズ株式会社）	普通株式	△ 278,100	4,789,900	13.5% (12.1%)
有限責任事業組合フェムト・スタートアップ（フェムトパートナーズ株式会社系列のベンチャー支援組織）	普通株式	△ 8,400	144,600	0.4% (0.4%)
フェムトグロースキャピタル投資事業有限責任組合（フェムトパートナーズ株式会社）	普通株式	△ 63,800	1,098,200	3.1% (2.8%)
T.Rowe Price Japan Fund	普通株式	+350,300	350,300	1.0% (0.9%)
合計	普通株式	± 0		

カッコ内は、新株予約権による潜在株式数を含めた計数。
新株予約権数は、上場時まで在籍した者に対するもののみ記載している。

取引概要

手法　株式譲渡

譲渡人　フェムトグロースキャピタル投資事業有限責任組合、有限責任事業

組合フェムト・スタートアップ、フェムトグロースファンド 2.0 投資事業
有限責任組合

譲受人　T.Rowe Price Japan Fund(ティー・ロウ・プライス・ジャパン)

株価　1,142 円

株数　普通株式　350,300 株

譲渡価格　400,042,600 円

▌取引の解説

　上場直前にフェムト・パートナーズ並びに関連会社が保有していた株式を
ティー・ロウ・プライス・ジャパンに対して譲渡している。譲渡に際しての
株価は、上場直前のラウンド（Series D ラウンド）と同一株価である 1,142
円 / 株となる。上場直前における譲渡取引だが、取引に用いられた株価は、
上場時における払込価額（1,190 円 / 株）と概ね変わりがない水準だ。当該
譲渡に応じたことで、フェムト・パートナーズが 2 つのファンドを通して保
有している持分比率が 15.767% から 14.901%（いずれも、希薄化考慮後）
に低下している。

　なお、有価証券報告書に掲載されている取引理由は、「移動後所有者の取
得希望に移動前所有者が応じたため」と記載されている。

　有価証券届出書に開示されている上場後のロックアップ期間は、フェム
ト・パートナーズについて 180 日（2021 年 6 月 14 日）までなのに対して、
ティー・ロウ・プライス・ジャパンは 360 日（2021 年 12 月 11 日）となっ
ている。他に、倉橋氏・柴山氏・高柳氏のみがロックアップ期間が 360 日
となっており、他の投資家はすべてロックアップ期間は 180 日となっている。

資本政策のまとめ

　「KARTE」を CX プラットフォームと位置づけた、2018 年以降のプレイド
の資本政策について振り返る。期間内に外部投資家からの資金調達を 2 回実
施している。事業状況に応じて種類株式の設計を明確に使い分けている。
SeriesB までの投資家有利の種類株式の設計（「× 1.5 倍の参加型」）を踏襲
せず、標準的な設計の種類株式（「× 1.0 倍の参加型」）を用いている。プ
レイドに対する投資のリスクが下がった状況下において、それまでの投資家

と優先倍率に差異を付けた姿勢は、種類株式の設計を最大限活用しようとする意思を感じる。

　この期間において、内部向けインセンティブとして、事業上のキーマンに対する新株予約権の付与と組織内の全員に対するインセンティブの付与を行っている。キーマンに対して、行使期間（9年間）にわたり税制適格になるとなる毎年1200万円ずつ行使可能な量の新株予約権を付与している。それ以外の従業員に対しては、付与時点で在籍する従業員（おそらく）全員に付与を行っていることが1つの特徴となっている。

まとめ　全取引から何を学ぶべきか

図1-8　創業から上場までの資本構成の推移

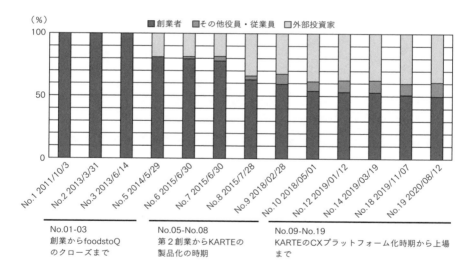

（1）種類株式の活用による外部調達

　プレイドが行った調達活動では、種類株式の設計の活用方法が実に特徴的だ。

　プロダクトが完成しておらず、収益も生じていない開発状況において1.5億円調達したSeries Aラウンド（No.05）において、投資家有利の種類株式を用いて投資家のリスクを軽減している。製品版ローンチ直後のSeries B

ラウンド（No.08）では、前ラウンドで発行した種類株式について条件を緩める形で内容変更をしている。SeriesB ラウンドまでに発行した種類株式は、多くのスタートアップにおいて活用される種類株式の設計と比較すると、投資家有利の内容となっていた。

　一転して、KARTE が堅調にユーザー獲得した後に調達した SeriesC ラウンド（No.10）以降は、種類株式の設計を一般的なものにして調達活動を行っている。

　このような種類株式の設計をビジネス状況に応じて意図的に変更していた点について、上場 1 年前のインタビュー記事で倉橋氏が明言している。

（2）キーマン向けの新株予約権について

　事業上のキーマンに対して付与するエクイティ・インセンティブの設計も、首尾一貫した特徴がある。

　税制適格となる無償新株予約権を内部向けに 4 回発行しているが、従業員全員に対して発行する回とキーマンに対して発行する回を分けずに一緒に発行している（No.07、No.09、No.12、No.19）。

　キーマンに対して発行した新株予約権について、付与する量が特徴的だ。税制適格とするための要件の 1 つとして、年間行使価額を 1200 万円以内とすることが定められている。各回において発行された新株予約権は、行使期間（9 年間にまたがる）の最中毎年 1200 万円ずつ行使すると使い切れる量を上限として発行している。

（3）従業員に対する新株予約権の付与について

　従業員向けに付与した新株予約権は、「組織に所属する全員に対して新株予約権を付与する」という明確な方針に基づいて発行している。

　これまでの情報を元に、上場前 6 事業年度内における「新株予約権を事業年度内に新たに付与された者（期中割当者）」「期中に割当されていないが、過去すでに新株予約権を付与された者（過年度割当者）」「期末時点で所属しているが、新株予約権を付与されていない者（期末日未割当）」の内訳を図1-9 に表示している。

図1-9　従業員数と新株予約権の割当人数・付与割合

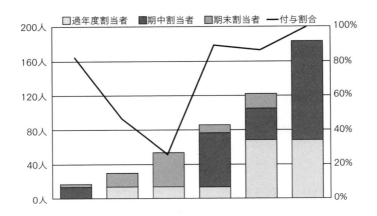

　付与を行った事業年度（2015年9月期、2018年9月期〜2020年9月期）において、期末時点で75％以上の人が新株予約権を保持している状況が作られている。

（4）全体を通しての所見

||| 良かった点

1. 創業当初組成したチームが1度解散しているが、解散に伴い離脱した創業チームメンバーのエクイティをすべて回収している。第2創業期以降における資本政策を策定し直すに際して、初期のチームが解散したことによる影響を残さなかった。

2. 種類株式の設計を事業上の進捗にあわせて柔軟に使い分けて外部からの資金調達を行っている点を見習いたい。特に、「KARTE」がユーザーを獲得する前に行った資金調達（No.05、No.08）について優先株式の設計を投資家有利にしたことで、過度な希薄化（ダイリューション）を避けている。上場時における創業メンバーの持株比率が50％を保てている一因となっている。

||| 悪かった点

　創業時の発行株式数100株（No.01）の設定と、2014年に行った100倍

の株式分割（No.04）の倍率設定は、上場をめざす企業としては発行済み株式総数の観点から不十分だった。特に、従業員向けに広く新株予約権を発行する姿勢なら、あらかじめ株式を細分化しておくことで、細かい割当を可能にしておいた方が良かった。

||| 興味深い点

1. 新株予約権の設計を、誰が対象であってもすべて同じ設計にしている点は興味深い。外部調達時における種類株式の設計を、調達ごとに柔軟に設計し直したことを踏まえると、あえて設計を揃えることについて何か強い意思があった可能性がある。

2. 一度節税を目的とした減資を行っている（No.11）が、その後の外部調達後に、減資をすることを徹底していない。特に、2019年9月期は、資本金を1億円まで減資することも検討できただろう。

3. 上場直前に、フェムトからティー・ロウ・プライス・ジャパンに対して株式譲渡が行われている（No.21）。上場することが大凡決まっていた時期に、外部投資家間で上場時の公募価格以下の譲渡価額により株式譲渡が行われることは稀であり、その背景についても公表されていない。

第 2 章

スペースマーケット――
全員にエクイティによる経済的利益を付与という
インセンティブ設計

　本章では、2019 年 11 月 15 日に上場が承認された株式会社スペースマーケット（上場日 2019 年 12 月 20 日、証券コード：4487）を題材として資本取引の検証を行う。同社は、創業第 6 期で上場承認された。創業後上場に至るまでの資本取引を 14 回にまとめて解説した。

　その資本取引を振り返ることにより、
共同創業者と創業する場合の持分比率の決定タイミングをいつにするか、
内部向けのエクイティを用いたインセンティブプランをどのような条件で設けるか、外部調達資金をどのように費消して複数回の外部調達のプランを考えるか、について検討するいい機会になる。

第 1 期の資本政策

会社の状況
||| **サービスの状況**
　2014 年 4 月 28 日、スペースマーケットは遊休不動産等のスペースを貸し借りできるマーケットプレイスのサービス「スペースマーケット」を開始した。

　ローンチした 2014 年当時は Airbnb がちょうど注目を集めていた時期であり（2014 年 5 月に、Airbnb Japan 株式会社が設立されている）、ビジネス向けの Airbnb としてメディアで紹介されている。サービス当初から、特徴的な施設を含めた利用可能なスペースを 100 件以上用意していた。

　サービス上に登録されるスペースについて、主に直接営業で獲得を行っており、1 年で 800 超の物件を登録させている。物件や空きスペースを持つ個人・法人がサイト経由で申し込むことにより、登録されるスペースも、ロ

ーンチ後から徐々に増加し、2014年12月にはサイト内登録件数のうち、3分の1の物件は、サイト経由の登録物件となっていた。

2014年はピッチコンテストに複数参加しており、同年5月に参加したInfinity Ventures Summit（IVS）では準優勝、7月に参加したB Dash Camp 2014 Summer ピッチアリーナでは優勝、8月に参加したRISING EXPO 2014 in Japanではグランプリを受賞、11月に参加したTechCrunch Tokyo 2014において開催されたスタートアップバトルではファイナリストに選ばれている。

また、サービスローンチ直後、メディア上でサービスの露出を増やすことを重視していた。この時期に、ラジオやテレビでスペースマーケットが紹介されている。また、Webメディアが行うインタビュー対応についても、代表取締役の重松大輔氏自ら積極的に取り組んでいる。

メディアにおける露出は戦略的に取り組んでいた。ローンチ直後から、サービスページの作りや利用可能なスペースについて、ウェブ媒体で取り上げられることを意識していたことを後日インタビューで重松氏が明らかにしている。

サービスローンチ初年度にあたる2014年における活動を総括すると、営業により登録物件数を増やすと共にメディアへの露出を重視した。メディア露出方法として、①ピッチコンテストにでること、②多数のメディアでインタビュー記事を掲載してもらうことを重点的に取り組んでいた。

‖業績の状況

第1期の売上高は351万円。サービスの利用者から受け取るプラットフォーム利用料金から、スペースを貸出したホストに支払うスペース料金を控除した後の、プラットフォーム利用料純額が売上高として計上されている。当時のコミッション率の水準（平均25％程度）から逆算すると、初年度におけるサービスのGMV（Gross Merchandise Value、総流通額。利用者が払う利用料総額）は1000万円強だったことが伺える。

当期純利益は△3131万円。期中に1億円強の資金調達を行っているが、費用を通期で3500万円程度に抑えている。

‖ 機関の状況

　創業時取締役として代表取締役 CEO の重松大輔氏、CTO を務める鈴木真一郎氏、創業時監査役として中村宏氏が登記されており、設立当初から監査役設置会社となっている。期中において、機関の状況に変更はなかった。

‖ 組織の状況

　2014 年 5 月、1 人目の従業員として営業担当者が入社している。 I の部「主要な経営指標等の推移」を確認する限り、期末時点で、正社員 5 人、臨時雇用者（主にインターン）4 人の構成となっている。

資本取引（4 回）の解説　設立時の状況確認

表 2-1　株式数の情報・調達金額・Valuation の情報

解説 No.	日付	取引種類	発行済株式総数	新規発行株数	調達額 （千円）	株価 （円 / 株）	Post-Value （千円）	資本金 （千円）
01	2014/01/08	設立	19600	19600	9,800	500	9,800	9,800
02	2014/06/30	第三者割当増資	21100	1500	750	500	10,550	10,175
03	2014/08/07	第三者割当増資	23920	2820	79,213	28,090	671,912	49,781
04	2014/09/29	第三者割当増資	24920	1000	28,090	28090	700,002	63,826
累計					117,853			

‖ この期間における資本取引の情報

全 4 回（設立登記、第三者割当 3 回）

　設立後半年経過した 6 月に内部向けのラウンドを 1 度行っている。その後 8 月 -9 月の 2 回にわけて外部投資家からの資金調達を行っている。当該外部調達は、ピッチコンテストに積極的に出ていた時期に行っており、ピッチコンテスを活用して資金調達につなげた可能性がある。

資本取引の影響

株主	取引前株式数	増加株式数	取引後株式数	取引後割合	割合変化
創業者　合計	+7,920	+19,600	19,600	100.0%	+ 100.0%
その他役員・従業員　合計	—	—	—	—	—
外部投資家（VC）　合計	—	—	—	—	—
外部投資家（事業会社）　合計	—	—	—	—	—

増加株式数内訳

株主名	取引日役職	上場時役職	種類	増加数	取引後株式数	取引後割合
重松大輔	代表取締役	同左	普通株式	+ 19,600	19,600	100%
合計			普通株式	+ 19600		

取引概要

手法　設立出資

発行株数　19,600 株

株価　500 円 / 株

調達額　980 万円

株主　創業者（重松氏）1 名

||| 取引の解説

　創業者である重松氏による設立出資。（推定が入るが）1 人で、設立時に約 1000 万円を出資している。設立時から、CTO 鈴木 真一郎氏が取締役、中村宏氏（2018 年 3 月 30 日退任）が監査役に就任している。

　I の部の内容から逆算すると、鈴木氏は 2014 年から 2015 年までに 2,480 株を取得している。次に解説する No.02 の取引により 1,500 株取得していることから、残りの 980 株を設立時において出資していた可能性もあるだろう。

資本取引の影響

株主	取引前株式数	増加株式数	取引後株式数	取引後割合	割合変化
創業者　合計	19,600	—	19,600	92.9%	△ 7.1%
その他役員・従業員　合計	—	+1,500	1,500	7.1%	+ 7.1%
外部投資家（VC）　合計	—	—	—	—	—
外部投資家（事業会社）　合計	—	—	—	—	—

増加株式数内訳

株主名	取引日役職	上場時役職	種類	増加数	取引後株式数	取引後割合
鈴木 真一郎	取締役 CTO	同左	普通株式	+ 1,300	1,300	6.2%
従業員（新規）1 名			普通株式	+ 200	200	0.9%
合計			普通株式	+ 1500		

取引概要

手法　第三者割当増資

発行株数　1,500 株

株種類　普通株式

株価　500 円 / 株

調達額　750,000 円

時価総額　Pre 980 万円 /Post 1055 万円

株主　取締役 1 名、他従業員 1 名

||| 取引の解説

　内部向け発行として、創業時取締役である鈴木真一郎氏と 1 人目の従業員に普通株式 1500 株を発行している。本取引において、創業時の株価と同値の 500 円 / 株で新株を発行している。

　当該内部向け発行を行った 2 カ月後に外部投資家宛ての第三者割当（No.03）を行っていることから、外部調達が視野に入った段階で、外部調達により株価を上げる前の創業時株価で、インセンティブ目的で役員・従業員に対して株式を発行したかったことが推定される。

また、共同創業者への株の割当を、創業時ではなく、サービスがローンチして外部調達が見えたタイミングで行っていることに注目したい。その結果、株価を創業時から変えず、かつ、サービス動向を見ながら共同創業者が持つべき株の比率を決めることができた。言い換えると、資本政策という不可逆な意思決定を、可能な限り判断材料を収集しながら遅らせた形になる。

　No.01 の解説の通り、鈴木氏に対して創業時に 980 株（設立時発行株式数 19,600 株の 5％）を割当てしていた可能性もある。この場合であっても、創業当初は創業者に株式を極力集中させたことで、外部調達直前まで共同創業者間の持分比率の決定を遅らせたことを評価したい。

No.03　2014 年 08 月 07 日─第三者割当増資

資本取引の影響

株主	取引前株式数	増加株式数	取引後株式数	取引後割合	割合変化	割合変化
創業者　合計	19,600	―	19,600	81.9%	△ 11.0%	+ 100.0%
その他役員・従業員　合計	1,500	―	1,500	6.3%	△ 0.8%	―
外部投資家（VC）　合計	―	+2,820	2,820	11.8%	+ 11.8%	
外部投資家（事業会社）　合計	―	―	―	―	―	100%

増加株式数内訳

株主名	種類	増加数	取引後株式数	取引後割合
CA Startups Internet Fund 2 （サイバーエージェント・ベンチャー）	A 種優先株式	+2,570	2,570	10.7%
（株）オフィス千葉（千葉功太郎氏が代表を務める持株会社）	A 種優先株式	+250	250	1.0%
合計	A 種優先株式	+ 2820		

取引概要

手法　第三者割当増資

発行株数　2,820 株

株種類　A 種優先株式

株価　28,090 円／株

調達額　79,213,800 円
時価総額　Pre 592,699,000 円 / Post 671,912,800 円
株主　外部投資家（VC など）2 社

取引の解説

　スペースマーケットにとって、初の外部投資家からの調達となる。本件の第三者割当により、発行した株式 2,820 株のうち 2,570 株はサイバーエージェント・ベンチャー（現サイバーエージェント・キャピタル）を引受先とするもの。また、個人投資家の千葉功太郎氏が代表をつとめるオフィス千葉が残りの 250 株を引き受けている。

　なお、当該調達の翌日の 2014 年 8 月 8 日に行われたサイバーエージェント・ベンチャーが主催する「RISING EXPO 201440」にてスペースマーケットがグランプリを受賞している。

調達内容について

　外部調達に際し、創業時および内部ラウンドにおける株価 500 円 / 株の約 60 倍にあたる、28,090 円 / 株で発行されている。当該株価を元に算定した当ラウンドにおける Post-Money Valuation は 7.0 億円となる（ラウンド後半の調達金額も加味している）。第 1 期の売上高 351 万円を用いて PSR（株価売上高倍率）を算定すると 200 倍弱になる。

　なお、本調達に際して、種類株式「A 種優先株式」を新たに設けている。A 種優先株式の設計内容を確認する。

　スペースマーケットは、上場に至るまで 3 回外部調達を行っているが、その際用いる種類株式の設計はすべて同一であるため、今回の解説においてすべての情報を掲載した。

表2-2 スペースマーケットの優先株式の設計

	発行日時	2014/8/7	2016/8/10	2018/10/26
	種類株式名	A種優先株式	B種優先株式	C種優先株式
優先配当		設定なし		
優先残余財産分配	倍率	×1.0倍		
	順位（発行時）	なし	B＞A	C＞B＞A
	優先分配後	参加型（AND型）		
	優先分配後倍率	×1.0倍		
	優先分配後上限	なし		
金銭と引き換えにする取得請求権		設定なし		
普通株式と引き換えにする取得請求権	株主行使権	いつでも可		
	取得比率	×1.0倍		
希薄化防止条件	対象取引	低廉発行（ストックオプション発行含む）		
	調整方法	ナローベース		
	その他	インセンティブ目的で新株予約権を付与する場合、希薄化防止条項の対象外		
取得条項	条件	取締役会上場決議		
	取得比率	×1.0倍		
議決権		有		
拒否権		株式の発行、ストックオプション等の発行、組織再編、自己株式の取得及び資本金の額の減少、解散、剰余金の配当、取締役・監査役の選解任、重要事項に関する定款変更		

　優先残余財産分配権について「×1.0倍の参加型」で設定されている。これは、多くのスタートアップで用いられている設計であり、特色のあるものではない。種類株式の設計上、M&A等の組織再編が行われた場合の取り扱いを定める「みなし清算条項」が設定される場合があるが、スペースマーケットの設計したA種優先株式には当該条項が定められていない（ただし、組織再編に対する拒否権は設定されている）。

資本取引の影響

株主	取引前株式数	増加株式数	取引後株式数	取引後割合	割合変化
創業者　合計	19,600	—	19,600	78.7%	△ 3.3%
その他役員・従業員　合計	1,500	—	1,500	6.0%	△ 0.3%
外部投資家（VC）　合計	2,820	+1,000	3,820	15.3%	+ 3.5%
外部投資家（事業会社）　合計	—	—	—	—	—

増加株式数内訳

株主名	種類	増加数	取引後株式数	取引後割合
みずほ成長支援投資事業有限責任組合（みずほキャピタル）	A 種優先株式	+1,000	1,000	4.0%
合計	A 種優先株式	+ 1000		

取引概要

手法　第三者割当増資

発行株数　1,000 株

株種類　A 種優先株式

株価　28,090 円 / 株

調達額　2809 万円

時価総額　Pre 6 億 7191 万 2800 円 /Post 7 億 2800 円

株主　外部投資家（VC）1 社

取引の解説

　2014 年 8 月 7 日の投資から約 2 カ月後、3000 万円を調達している。前回取引の調達から種類株式・株価等の条件は変わっていない。

今回出資したみずほキャピタルは、前述の「RISING EXPO 2014」に参加した投資家としてオフィシャルに名前が上がっており、ピッチイベントが調達につながった可能性がある。

　前回の取引と合わせて、本ラウンド（「Series A ラウンド」と呼ぶ）において約 15％を外部に放出し、1.1 億円を調達した計算になる。

第1期資本取引のまとめ

　創業第1期では短期間の間に、共同創業者に対する持分の割当と、外部投資家からの資金調達を実行している。内部（役員・従業員）向けの株式発行を行う際には、発行時点で合理的な範囲内で最も低い価格である創業時の株価を用いて新株を発行している（No.02）。対して外部投資家から調達する際は、内部発行の株価にアンカリングされることなく、内部向け発行の約60倍の株価で新株を発行している (No.03、04)。内部・外部で価格を明確に使い分ける点は、非常に合理的だ。外部資金調達を行っている期間中に集中してピッチコンテストへ参加をしており、多くの外部投資家と話しやすい状況を作りながら資金調達を行った点も見習いたい。

　共同創業者と複数人で創業しているが、代表取締役を務める重松氏が100% 株を保有する形で設立（No.01）したことに注目したい。外部調達が見えたタイミングで初めて共同創業者に株を割り当てしており、不可逆と言っても良い共同創業者への分配を、可能な限り遅らせて実行している。

第2期の資本政策

会社の状況
‖ サービスの状況

　サービス内に登録されているスペース登録数は、2015年12月の段階から4000件を超えており、2014年末（1300件弱）から3倍以上となっている。

　直接営業により新たに獲得したスペース登録数は、2014年度約900件から 2015年度 約1300件と、あまりペースに変化がない。スペース登録数を押し上げた原因は、営業を介さずスペースを保有するホスト自らがサイト経由で登録するようになったことであり、その数は2014年中に登録されたスペース数約420件に対して、2015年中に登録された数は1740件に達している（数字はいずれも推定）。

　サービスの知名度向上並びにサービス内の登録スペース数に従って、サービス展開から2年で、営業を必要とせずにサービス内に登録されるスペース数が自然と増える状況となっている。

　2015年6月30日、iOS アプリをリリースしている (Android 版は2017年

1月リリース）。iOS アプリは無料で提供されるもので、アプリ経由でユーザーがスペースを検索したり、予約したりできるようになった。このアプリのリリースにより、サービスに対する利用経路を増やした形になった。

　創業した 2014 年 12 月期には、国内のスタートアップ向けピッチイベントに複数回参加してサービスの知名度を上げた。創業 2 期目の 2015 年 12 月期には、海外展開を見据えた海外向けのピッチイベントに複数回参加している。同年 9 月 16 日から参加したアメリカを目指すスタートアップ向けイベント「SF JapanNight」で勝ち上がり、11 月 3 日にサンフランシスコで行われたファイナルで優勝している。また、11 月 11 日にジャカルタで行われた Tech in Asia Jakarta でピッチコンテストに参加している。

‖ 業績の状況

　創業第 2 期に当たる 2015 年 12 月期の売上高は 7563 万円（第 1 期の 21.5 倍）。

　スペースマーケットに関する事業上の KPI（重要業績評価指標）について確認しよう。

　第 2 期のサービス状況に関する情報は I の部に開示されていないが、プラットフォーム成約金額について、同社が公表した情報から推定が可能だ。第 1 期と事実上の KPI を比較すると、月次成約金額について 1 年で 6 倍以上（2014 年 12 月は単月で 200 万円以下。対して 2015 年 12 月は約 1200 万円）、年間成約金額（推定年間 6500 万円）は 2014 年における成約金額（推定 450 万円）の 15 倍程度になっている。

　スペースマーケットの手数料（2015 年当時は 35%）から推定すると、サービスによる売上高は推計で約 2200 万円程度となっている。

　スペースマーケットは、「スペースマーケット事業」の他に、スペースマーケットに掲載しているスペースを利用したイベント企画（例えばピッチコンテストなど）事業である「法人向けソリューション事業（I の部内の呼び方に従っている）」を営んでおり、第 2 期では売上高の 7 割（約 5200 万円）を法人向けソリューション事業から計上していたことが伺える。

　当期純利益は、△ 7080 万円。第 1 期の利益金額（△ 3131 万円）と合わせて考えると、第 1 期中に調達した金額約 1 億 2000 万円のうち 1 億円程度

を投じた計算になる。

||| 機関・組織の状況

　創業時から役員構成（取締役ならびに監査役）に関する変更点はない。

　第2期から従業員の雇用に積極的に取り組んでおり、2015年12月末時点で正社員19人（他、平均臨時雇用者数7人程度）まで人員増加している。

資本取引（全1回）の解説

表2-3　株式数の情報・調達金額・Valuationの情報

解説No.	日付	取引種類	発行済株式総数	新規発行株数	調達額（千円）	株価（円/株）	Post-Value（千円）	資本金（千円）
04まで			24,920		117,853			63,826
05	2015年中	株式譲渡	24,920	—	—	不明		63,826
累計					117,853			

||| この期間における資本取引の情報

全1回（株式譲渡）

　Ⅰの部並びに外部公表から逆算すると、創業から第3期までの期間に資本取引（株式譲渡）が行われた。本書では、当該取引が第2期中に行われたのではないかと推定している。

資本取引の影響

株主	取引前株式数	増加株式数	取引後株式数	取引後割合	割合変化
創業者　合計	19,600	△ 980	18,620	74.7%	△ 3.9%
その他役員・従業員　合計	1,500	+980	2,480	10.0%	+ 3.9%
外部投資家（VC）　合計	3,820	—	3,820	15.3%	—
外部投資家（事業会社）　合計	—	—	—	—	—

譲渡取引詳細

株主名	補足	種類	増加数	取引後株式数	取引後割合
重松大輔	代表取締役	普通株式	△ 5,980	13,620	54.7%
株式会社ダブルパインズ	重松氏の資産管理会社	普通株式	+ 5,000	5,000	20.1%
鈴木 真一郎	取締役 CTO	普通株式	+ 980	2,280	9.1%
合計		普通株式	± 0		

取引概要

手法　株式譲渡

取引①

　　譲渡人　重松大輔

　　譲受人　株式会社ダブルパインズ

　　株数　5,000 株

取引②

　　譲渡人　重松大輔

　　譲受人　鈴木真一郎

　　株数　980 株

取引の解説

　時期は完全に推定。2015 年 9 月に重松氏の資産管理会社である株式会社ダブルパインズ（社名を和訳すると「重松」になる）が設立されている。重松氏の保有する株式をダブルパインズに譲渡する取引①は、ダブルパインズを設立した 2015 年 9 月以降に行われている。

これに対して、取引②に関しては第1期の、特に外部調達前に行われた可能性もある（No.01の解説参照）。

第2期資本取引のまとめ

　創業第2期において、組織内部における株式譲渡を行っていると推定した。行った取引の1つは代表取締役の持株を資産管理会社へ譲渡するものであり、この時点で上場が具体的に視野に入っていたことが推定される。上場時期を考えると、遅くとも第4期から上場準備を始めている計算になるが、資産管理会社の設立タイミングを鑑みると、第3期から上場準備を開始していた可能性もあるだろう。

第3期の資本政策

会社の状況
‖サービスの状況

　第3期の会社の状況を確認する。

　2016年5月までの登録スペース数が、公表情報（第二回シェアリングエコノミー検討会資料）によって明らかになっている。

　サービス開始当初はサービスに登録されるスペースは主に直接営業により登録されていたが、徐々に遊休スペースを保有するホストがサイト経由で登録する割合が増加する傾向にあった。2015年12月、営業によって掲載されたスペース数と、ホストによるサイト経由の登録数の比率が1：1となっていた。2016年中にはホスト経由で登録される傾向が強まっており、2016年5月、ホスト経由で登録されたスペース数は全体の6割まで達している（図2-1）。

　ホスト経由で、サービスに出店されるスペース数が増加するに従い、営業により登録されたスペース数の増加数はほとんど変わっていない（平均して、月100件程度）。対して、特徴のある物件の登録や他社との提携がすすめられている（図2-1）。

　スペースマーケットは、サービスローンチ初期から地方自治体と提携を進めていた。2014年には、岐阜県白川郷の合掌造家屋を期間限定で出展する

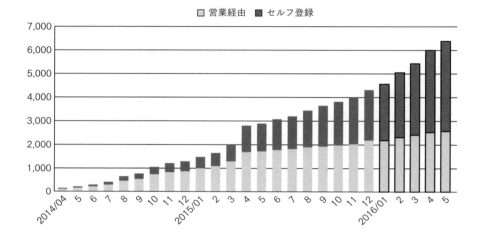

図2-1　スペースマーケット上の取扱スペース数（2014年4月〜2016年05月）

取り組みを行っている。2016年中には、地方自治体との提携を複数個発表している。

　同年1月、神奈川県横須賀市の猿島を貸し切りするプランを発表している。当該プランとコスプレイベントを組み合わせた「コスプレ博 in 猿島」を同年2月26日に行っている。同社は自社サービスについてローンチ当初はビジネス向けだと説明していたが、当該イベントにより異なる切り口でのユーザー獲得を行った形になる。

　同年9月には長崎県島原市との連携協定を締結している。自治体との（単一施設についてではなく）包括的な提携は、この島原市が同社にとって初めての取り組みとなる。他にも、同年8月22日にピザ・ハットとの提携、8月25日にベネフィット・ワンとの提携、8月31日に and factory 株式会社との包括的業務提携を続けて発表しており、他企業との連携も促進している。

‖ 組織・機関の状況

　2016年中に取締役並びに監査役の異動はない。取締役の任期（2年事業年度）が経過したため、創業時取締役の2人全員が重任している。

　社員数について第2期終了時には19人。第3期終了時には29人まで増

加している。平均臨時雇用者数（主にインターンだと推定している）は、7人から14人に増加している。

2016年2月1日から上場時まで利用している新宿のSOHOオフィス（ラ・トゥール新宿）に移転している。移転当初は約150平米の部屋（502号室）で事業を行っていたが、半年後に200平米の部屋（608号室）に移転している。

‖ 業績の状況

創業3期目（2016年12月期）の業績を確認する。売上高は、第2期計上額の約3倍となる2億2494万円。当期純利益は△1億6001万円。

第2期「業績の状況」の解説から引き続き、KPIとして月次プラットフォーム成約金額を確認する。

2016年1月の月次成約金額は推計約1000万円。成約金額は2016年中も順当に積み上がっており、2016年11月・12月には推計で約3000万円となっている。

第3期中の成約金額推計値（年間合計約2億円）並びに手数料率から推定した、「スペースマーケット事業」における売上高は約6500万円となる。この推定に基づくと、「法人向けソリューション事業」における売上高は1億6000万円となる。

資本取引（全3回）の解説

表2-4 株式数の情報・調達金額・Valuation の情報

解説 No.	日付	取引種類	発行済 株式総数	新規発 行株数	調達額 （千円）	株価 （円/株）	Post- Value （千円）	資本金 （千円）
04まで			24,920		117,853			63,826
06	2016/01/31	第1回新株予約権、 第2回新株予約権付与	24,920 (25,509)	— (589)	—	1,600	40,814	63,826
07	2016/08/10	第三者割当	29,705 (30,294)	4,785	279,922	58,500	1,772,199	203,788
08	2016/08/26	第三者割当	31,413 (32,002)	1,708	99,918	58,500	1,872,117	253,747
累計					497,694			

カッコ内は、新株予約権による潜在株式数を含めた株式数。
新株予約権による潜在株式数は、上場時まで在籍した者に対するもの。
Valuation は潜在株式数を含めて計算している。

‖ この期間における資本取引の情報

全3回（新株予約権1回、第三者割当増資2回）

2016年1月、無償新株予約権を2種類（内部向き、外部協力者向き）発行している。

2016年8月、2014年9月以来2年ぶりに行う外部投資家からの資金調達にあたる SeriesB ラウンドを実施した。当該ラウンドにより、合計3.8億円の大型調達を行っている。

資本取引の影響

株主	取引前株式数	増加株式数	取引後株式数	取引後割合	割合変化
創業者　合計	18,620	—	18,620	74.7%	—
	(18,620)	—	(18,620)	(73.0%)	(△ 1.7%)
その他役員・従業員　合計	2,480	—	2,480	10.0%	—
	(2,480)	(+569)	(3,049)	(12.0%)	(+2.0%)
外部投資家（VC）　合計	3,820	—	3,820	15.3%	—
	(3,820)	(+20)	(3,840)	(15.1%)	(△ 0.3%)
外部投資家（事業会社）合計	—	—	—	—	—
	—	—	—	—	—

増加株式数内訳

株主名	取引日役職	上場時役職	種類	増加数	取引後株式数	取引後割合
鈴木 真一郎	執行役員 CTO	取締役兼執行役員 CPO 兼 CTO	普通株式	—	2,280	9.1%
			第 1 回新株予約権	+229	229	(9.8%)
端山 愛子	—	執行役員 広報	第 1 回新株予約権	+16	16	— (0.1%)
寺本 誓喜（外部協力者）			第 2 回新株予約権	+20	20	— (0.1%)
従業員（持分保有者）　1 名			普通株式	—	200	0.8%
			第 1 回新株予約権	+41	41	(0.9%)
従業員（新規）　8 名			第 1 回新株予約権	+283	283	— (1.1%)
合計			第 1 回新株予約権	+569		
			第 2 回新株予約権	+ 20		

カッコ内は、新株予約権による潜在株式数を含めた計数。
新株予約権数は、上場時まで在籍した者に対するもののみ記載している。

取引概要

手法①　無償新株予約権（第 1 回新株予約権）

取得者　役員 1 名従業員 10 名 計 11 名（内、9 名に初めて付与）

発行株数　569 株

他、上場までに 159 株分の新株予約権が失効している

株種類　普通株式

行使価額　1,600 円 / 株

行使請求期間　2018 年 2 月 1 日から 2025 年 12 月 31 日

手法②　無償新株予約権（第 2 回新株予約権）

取得者　外部協力者 1 名

発行株数　20 株

株種類　普通株式

行使価額　1,600 円 / 株

行使請求期間　2018 年 2 月 1 日から 2025 年 12 月 31 日

┃┃ 取引の解説

　役員・従業員向け（第 1 回）と外部協力者向け（第 2 回）の 2 種類の新株予約権を発行している。行使価額は 1,600 円 / 株（対象株式は普通株式）となっている。Series A ラウンド（No.3、No.4）における A 種優先株式の株価は 28,090 円 / 株だったが、新株予約権における行使価額はこの株価を参照していない。

　無償新株予約権を税制適格とするためには、行使価額を付与時の時価以上とすることが条件として定められている。株価の市場価格がない未上場企業にとって上記「時価」をどのような値にするかについて論点がある。過去に発行した株式の株価に対して低廉な価格を行使価額として設定する場合、当該「過去に発行した株式」が種類株式であったとしても、行使価額が付与時の時価以上の金額とする要件を充足しないと見なされる可能性はある。

　保守的に考える場合、種類株式発行後に新株予約権を付与した場合、種類株式の株価を参照して行使価額を設定した方が相対的にリスクは低いだろう。内部向けインセンティブとしてエクイティを用いる場合には、可能な限り株価や行使価額を低価に設定しようとするスペースマーケットの姿勢が伺える。

　第 1 回新株予約権は、取締役ならびに従業員向けに設計されている。従業員に対しては、上場時まで在籍していた 10 人に新株予約権が付与されていることが 1 の部から伺える。他に、登記簿謄本上の新株予約権の個数推移を

確認する限り、本人の退職等の理由により、少なくとも5人分の新株予約権は消滅している。付与1カ月前である2015年12月末における従業員数についてIの部に公開されており、19人が所属していた。この人数を考えると、当時所属していた人全員に対して新株予約権を付与した可能性がある。

　第2回は、外部協力者向けに設計されたものとなる。行使条件に、①協力関係にあること、②競合の他社に役員・従業員にならないことの2つが定められている。新株予約権が付与された寺本氏は、スペースマーケットの代表取締役である重松氏が大学生時代にアルバイトをしていた先の社長であり、重松氏が事業を立ち上げた際も後押しした関係性だ。なお、第2回新株予約権は、付与対象者が外部協力者であるため税制適格とはならない。

資本取引の影響

株主	取引前 株式数	増加株式数	取引後 株式数	取引後割合	割合変化
創業者　合計	18,620	—	18,620 (18,620)	62.7% (61.5%)	△ 12.0% (△ 11.5%)
その他役員・従業員　合計	2,480 (3,049)	— —	2,480 (3,049)	8.3% (10.1%)	△ 1.6% (△ 1.9%)
外部投資家（VC）　合計	3,820 (3,840)	+4,785 (+4,785)	8,605 (8,625)	29.0% (28.5%)	+ 13.6% (+13.4%)
外部投資家（事業会社）　合計	—	—	—	—	—

増加株式数内訳

株主名	種類	増加数	取引後 株式数	取引後割合
オプトベンチャーズ 1 号投資事業組合 （オプトベンチャーズ）	B 種優先株式	+3,931	3,931	13.2% (13.0%)
みずほ成長支援投資事業有限責任組合 （みずほキャピタル）	A 種優先株式	—	1,000	4.5% (4.4%)
	B 種優先株式	+342	342	
（同）RSP ファンド 6 号 （リクルートの投資子会社）	B 種優先株式	+512	512	1.7% (1.7%)
合計	B 種優先株式	+ 4785		

カッコ内は、新株予約権による潜在株式数を含めた計数。
新株予約権数は、上場時まで在籍した者に対するもののみ記載している。

取引概要

手法　第三者割当増資

発行株数　4,785 株

株種類　B 種優先株式

株価　58,500 円 / 株（Series A ラウンドの約 2 倍）

調達額　2 億 7992 万 2500 円

時価総額　Pre 14 億 5782 万円 /Post 17 億 3774 万 2500 円

株主　VC3 社（既存投資家 1 社、新規投資家 2 社）

||| 取引の解説

　2 年ぶりの外部調達となる Series B ラウンドを行っている。Series A ラウ

ンドと同様、前半後半の2回にわけて調達を行っている。

ラウンドの前半にあたる本調達では、新規株主2社・既存株主1社から合計2.8億円を調達した。新規株主はいずれもCVC（事業会社傘下のVC）となっている。

　Series Bラウンドにおける Post-Money valuation は18.4億円となり、調達期の売上（2億2494万千円）を用いて算定するPSRは7.7倍となる。

　当該ラウンドにおいて種類株式として「B種優先株式」を新設して調達している。設計はA種優先株式を踏襲されている。優先残余財産分配権の設定上優先株間で同順位とするのではなく、A種優先株式よりB種優先株式を優先する設計になっている（設計については、No.3の解説を参照）。

資本取引の影響

株主	取引前株式数	増加株式数	取引後株式数	取引後割合	割合変化
創業者　合計	18,620	—	18,620	59.3%	△ 3.4%
	(18,620)	—	(18,620)	(58.2%)	(△ 3.3%)
その他役員・従業員　合計	2,480	—	2,480	7.9%	△ 0.5%
	(3,049)	—	(3,049)	(9.5%)	(△ 0.5%)
外部投資家（VC）　合計	8,605	+854	9,459	30.1%	+ 1.1%
	(8,625)	(+854)	(9,479)	(29.6%)	(+1.1%)
外部投資家（事業会社）　合計	—	854	854	2.7%	+ 2.7%
	—	(854)	(854)	(2.7%)	(+2.7%)

増加株式数内訳

株主名	種類	増加数	取引後株式数	取引後割合
オリックス（株）	B 種優先株式	+854	854	2.7% (2.7%)
SBI ベンチャー企業成長支援投資事業有限責任組合 （SBI インベストメント株式会社。2-4 号も同様）	B 種優先株式	+119	119	0.4% (0.4%)
SBI ベンチャー企業成長支援 2 号投資事業有限責任組合	B 種優先株式	+169	169	0.5% (0.5%)
SBI ベンチャー企業成長支援 3 号投資事業有限責任組合	B 種優先株式	+328	328	1.0% (1.0%)
SBI ベンチャー企業成長支援 4 号投資事業有限責任組合	B 種優先株式	+238	238	0.8% (0.7%)
合計	B 種優先株式	+ 1708		

カッコ内は、新株予約権による潜在株式数を含めた計数。
新株予約権数は、上場時まで在籍した者に対するもののみ記載している。

取引概要

手法　第三者割当増資

発行株数　1,708 株

株種類　B 種優先株式

株価　58,500 円 / 株

調達額　9991 万 8000 円

時価総額　Pre 17 億 3774 万 2500 円 /Post 18 億 3766 万 500 円

株主　事業会社 1 社、VC1 社（ファンド 4 つから出資）

||| 取引の解説

　SeriesB ラウンドの前半（No.07）から 2 週間後にラウンド後半の資金調達を行っている。株価等の条件について変更はない。オリックス並びに SBI インベストメントから資金調達を行っている。前半と合わせて 4 億円弱の資金を集めている。

　スペースマーケットは創業から上場に至るまでの期間で赤字を計上しているが、1 件あたりの単価が低いサービスであること、初期からプラットフォームに掲載する物件を営業で獲得する必要があることなどのビジネスの構造上、成約件数が拡大するまでの間はコストが先行する。

　SeriesA は 2014 年、SeriesB は 2016 年、第 5 期の解説で述べる SeriesC は 2018 年と 2 年に 1 回資金調達を行っており、2 年間のコストを算定した上で 2 年間で必要な金額を調達したように見える。

　「サービスの状況」で述べている通り、サービスが順調に推移拡大したことも特筆すべきだが、調達金額を費用支出のバランスを取りながら 2 年間で使っていることにも注目したい。

第 3 期資本取引のまとめ

　第 3 期に、2 年ぶりの外部調達を行っている（No.07、08）。第 5 期に実施する SeriesC ラウンド（No.11、12、13）を含めて、創業から上場まで 2 年に 1 回のペースで外部からの資金調達を行っている。サービスの成長度合を見ながら、使用する資金をコントロールしているように見える。第 3 期にオフィス移転を行っているが、上場時まで同一の建物で事業を営んでおり、資金に対する感覚が鋭いように見える。

　期間内に新株予約権を 2 種類発行している。従業員向けに対して新株予約権を発行する場合、極力行使価額を低く設定して、本人の経済的利益を最大化させいようとする姿勢が伺える。また、所属している従業員全員に対して発行しているだろうことも、新株予約権の使い方の特徴となっている。新株予約権は外部協力者にも発行しているが、税制上の都合で、無償新株予約権

を外部協力者向けに発行しても税制非適格となる。仮に付与対象の外部協力者が、付与時点で雇用契約を締結していなかった場合は税制非適格の無償新株予約権より税務上本人にとって有利となる有償新株予約権を発行することも考えられただろう。

第4期（N-2期）の資本政策

会社の状況
||| 機関・組織の状況

上場申請2期前（N-2期）に該当する第4期について振り返る。2017年12月28日に、株式会社オプトの共同創業者・取締役COOでありオプトベンチャーズ（2016年8月10日の第三者割当で株主になっている）の代表取締役である野内敦氏が社外取締役、複数のスタートアップでIPO責任者や財務担当の経験がある佐々木正将氏が取締役CFO兼人事責任者として就任している。佐々木氏は2017年1月に従業員として入社している。

2016年12月末時点で29人だった従業員数は、2017年12月末時点で39人まで増加している。一方、臨時雇用者（インターン、アルバイト、派遣社員）の期中平均人数は、2016年12月期から2017年12月期にかけて、14人から2人に縮小している。

||| サービスの状況

スペースマーケット事業について、2017年中に発表されたニュースリリースから事業上において力を入れていた点を確認する。当該期間において、スマホアプリの拡充に関する事項が多く発表されている。

2017年1月30日、Android版のアプリ提供を開始した。iOSアプリは2015年6月30日に発表しているため、iOSアプリから1.5年遅れて提供された形になる。iOSアプリに関して2017年5月12日に機能追加とともにデザインを全体的に見直したリニューアルを行っている。iOSのリニューアルに伴い追加された機能（マイエリア機能）を追加する形で、Android版もアプリも2017年8月2日にリニューアルしている。これら利用者用のiOSアプリ・Androidアプリに加え、ホスト（貸出スペースのオーナー）用の管

図2-2　スペースマーケット上における月次成約金額
（2014 年 5 月〜 2018 年 7 月。単位：百万円）

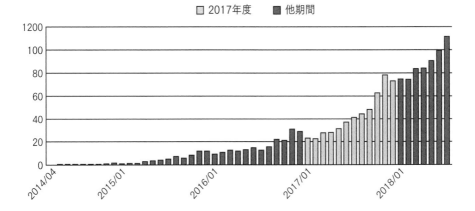

理用スマホアプリを 2017 年 11 月 20 日に発表している。

　iOS アプリの提供を開始した 2015 年から 2016 年までの期間について、スマホアプリに対するチームが組成されておらず、エンジニアだけで改善を行っている状況だった。Android 版のアプリ提供後の 2017 年 2 月から、アプリ開発のエンジニアが複数人入社したことをきっかけとして、iOS アプリのリニューアルを行った。

　2017 年までの実績上、PC 版 Web サイト、モバイル版 Web サイト、スマホアプリで比較すると、スマホアプリは顧客生涯価値（LTV）が最も高く、予約 1 件を獲得するコストが最も低かったため、組織的にアプリに注力する方針を立てた。その方針に従い、エンジニア 4 人、デザイナー 2 人のアプリ専属チームを発足した。

||| 業績の状況

　2017 年の業績を確認する。2016 年の業績に引き続き、月次成約金額を確認する（図 2-2）。

2014年4月のサービスローンチ当初から2016年末までの3年間で、プラットフォーム上の月次成約金額は月額3,000万円まで増加した。対して、サービスローンチ当初から展開していたWebサイトから、スマホアプリに注力した2017年に月次成約金額は8,000万円弱まで達している（2017年11月）。

2017年12月期の売上高は3億9263万円。売上高の内訳を確認すると、「スペースマーケット」によるプラットフォーム事業の売上高は1億6216万円（前年から推定で2.5倍）。これに対して、「法人向けソリューション」事業の売上高は2億3047万円となっている。当期純利益は△1億4859万円。

資本取引（全2回）の解説

表2-5　株式数の情報・調達金額・Valuation の情報

解説No.	日付	取引種類	発行済株式総数	新規発行株数	調達額（千円）	株価（円／株）	Post-Value（千円）	資本金（千円）
08まで			31,413(32,002)		497,694			253,747
09	2017/10/10	時価発行新株予約権信託（第3回新株予約権）	31,413(34,451)	—(2,449)	—	10,000	344,510	253,747
10	2017/10/13	株式譲渡	31,413(34,451)	—		76,050	2,619,998	253,747
累計					497,694			

カッコ内は、新株予約権による潜在株式数を含めた株式数。
新株予約権による潜在株式数は、上場時まで在籍した者に対するもの。
Valuation は潜在株式数を含めて計算している。

‖ この期間における資本取引の情報

全2回（新株予約権1回、株式譲渡1回）

2017年10月、時価発行新株予約権信託を発行し、エクイティを用いた全社員向けのインセンティブ制度を設計している。他に、既存株主の事情による株式譲渡が行われている。

資本取引の影響

株主	取引前株式数	増加株式数	取引後株式数	取引後割合	割合変化
創業者　合計	18,620	—	18,620	59.3%	—
	(18,620)	—	(18,620)	(54.0%)	(△4.1%)
その他役員・従業員　合計	2,480	—	2,480	7.9%	—
	(3,049)	(+2,449)	(5,498)	(16.0%)	(+6.4%)
外部投資家（VC）　合計	9,459	—	9,459	30.1%	—
	(9,479)	—	(9,479)	(27.5%)	(△2.1%)
外部投資家（事業会社）合計	854	—	854	2.7%	—
	(854)	—	(854)	(2.5%)	(△0.2%)

増加株式数内訳

株主名	補足	種類	増加数	取引後株式数	取引後割合
壺内 靖二郎	（税理士の壺内 靖二郎氏を受託者とする信託）	第3回新株予約権	+2,449	2,449	— (7.1%)
合計		第3回新株予約権	+2449		

カッコ内は、新株予約権による潜在株式数を含めた計数。
新株予約権数は、上場時まで在籍した者に対するもののみ記載している。

<u>**取引概要**</u>

手法　　時価発行新株予約権信託（以下「信託型ストックオプション」）
　　　　（第3回新株予約権，Iの部内「新株予約権①」）
取得者　税理士・壺内靖二郎氏を受託者とする信託
発行株数　2,449株（新株予約権1個につき1株）
株種類　普通株式
新株予約権発行価格　1個100円
行使価額　10,000円／株
行使期間　2019年10月10日から2027年10月9日

⫴ 取引の解説

　第3回新株予約権として、有償新株予約権を発行している。当該新株予約権は、信託型ストックオプションの設定によるもの。新規上場前に行使期間は到来しているため、上場後、受託者より付与を受けた時点で新株予約権の行使が可能になる。

　行使価額は 10,000 円 / 株で、B 種優先株式を用いて行われた Series B ラウンドの株価（58,500 円 / 株）を参照しない行使価額の設定になっている。種類株式で行われるラウンドの価額を参照しない行使価額設定は、第1回、第2回新株予約権でも行っている（No.06）。種類株式と普通株式に関して異なる株価の取り扱いをすることを徹底している。

　第1回新株予約権については（推定だが）在籍している社員全員に付与していた。本スキームは、信託を通して全社員が新株予約権の付与を受ける可能性がある。エクイティを用いたインセンティブは、①極力本人の金銭負担が少なく、②全員享受できるように設計されていると言える。

2017年10月13日―株式譲渡（特別利害関係者等の株式等の移動）

資本取引の影響

株主	取引前株式数	増加株式数	取引後株式数	取引後割合	割合変化
創業者　合計	18,620	―	18,620	59.3%	△ 3.4%
	(18,620)	―	(18,620)	(58.2%)	(△ 3.3%)
その他役員・従業員　合計	2,480	―	2,480	7.9%	△ 0.5%
	(3,049)	―	(3,049)	(9.5%)	(△ 0.5%)
外部投資家（VC）　合計	8,605	+854	9,459	30.1%	+ 1.1%
	(8,625)	(+854)	(9,479)	(29.6%)	(+1.1%)
外部投資家（事業会社）　合計	―	854	854	2.7%	+ 2.7%
	―	(854)	(854)	(2.7%)	(+2.7%)

譲渡取引詳細

株主名	種類	増加数	取引後株式数	取引後割合
みずほ成長支援投資事業有限責任組合	A 種優先株式	△ 658	342	2.2%
（みずほキャピタル）	B 種優先株式	―	342	(2.0%)
（株）マイナビ	A 種優先株式	+658	658	2.1% (1.9%)
合計	A 種優先株式	± 0		

カッコ内は、新株予約権による潜在株式数を含めた計数。
新株予約権数は、上場時まで在籍した者に対するもののみ記載している。

取引概要

手法　株式譲渡

譲渡人　みずほ成長支援投資事業有限責任組合

譲受人　株式会社マイナビ

株式種類　A 種優先株式

株数　658 株

株価　76,050 円 / 株

取引金額総額　5004 万 900 円

||| 取引の解説

　みずほキャピタルが運営する「みずほ成長支援ファンド（みずほ成長支援投資事業有限責任組合）」が保有する 1,342 株の約半数にあたる 658 株を、

新規株主である株式会社マイナビに譲渡している。

　みずほ成長支援ファンドは、2014年9月29日にA種優先株式を1,000株を1株28,090円、2016年8月10日にB種優先株式342株を1株48,000円で取得している。今回の取引において譲渡した株式は、すべてA種優先株式となっている。

　なお本取引によりマイナビが資本参加したが、同社との（資本）業務提携など本取引に関するニュースリリースは出されていない。

第4期資本取引のまとめ

　信託型ストックオプションを発行している。従業員に対して広く付与した第1回新株予約権と同様の思想で、社員全員に対してエクイティ・インセンティブを与えたいという姿勢が伺える。

第5期（N-1期）の資本政策

会社の状況
‖ サービス・業績の状況

　第4期はスマホアプリへのリソース集中により、ユーザーを獲得した。第5期は、広告宣伝費を費やすことによりユーザー獲得行っている。

　2018年8月16日から福岡県の一部のテレビ局ならびにAbemaTVにて、同社として初めてCMを流している。続いて2018年11月19日から、関西・関東地域にてテレビCMの放映を開始している。まず、放映する地域・媒体を限定して効果を検証し、効果が立証されたため範囲を広げた広告宣伝を行ったことが伺える。CMは認知度向上を目的として行われており、サービス名を強調した設計になっている。

　プラットフォームにおける年次成約金額（GMV）は2.6倍になり、それに伴いスペースマーケットから生じる売上高も2.5倍（4億1242万円）となっている。事業のうち「法人向けソリューション」事業は2017年12月期と比較して売上高が低下しており、プラットフォーム事業へ注力したことが伺える。

　2019年12月期の第3四半期決算をみても、法人向けソリューション事業

における売上高は 7149 万円にとどまっており、その傾向は変わらない。

組織・機関の状況

2018 年 12 月末時点で従業員数は 51 人。派遣・アルバイト等の臨時雇用者数は期中平均で 8 人となっている。人数は 2016 年末から 29 人→39 人（17年末）→51 人と増加した形になる。

機関について上場を見据えた変更を行っている。2018 年 3 月 30 日に監査役会設置会社になり、弁護士である元メルカリの岡本杏莉氏、公認会計士の徳光悠太氏、クラウドワークスの執行役員田中優子氏（謄本上は小林優子氏名義）が監査役として就任している。

資本取引（全 3 回）の解説

表2-6 株式数の情報・調達金額・Valuation の情報

解説 No.	日付	取引種類	発行済株 式総数	新規発 行株数	調達額 （千円）	株価 （円／株）	Post- Value （千円）	資本金 （千円）
10 まで			31,413 (34,451)	—	497,694			253,747
11	2018/10/26	第三者割当増資	33,123 (36,161)	1,710	300,105	175,500	6,346,255	403,799
12	2018/11/27	第三者割当増資	34,263 (37,301)	1,140	200,070	175,500	6,546,325	503,834
13	2018/12/28	第三者割当増資 新株予約権発行 （第 4 回新株予 約権）	35,646 (39,088)	1,383 (1,787)	242,716	175,500	6,859,944	625,192
累計					1,240,585			

カッコ内は、新株予約権による潜在株式数を含めた株式数。
新株予約権による潜在株式数は、上場時まで在籍した者に対するもの。
Valuation は潜在株式数を含めて計算している。

この期間における資本取引の情報

全3回（第三者割当増資2回、第三者割当＋新株予約権発行1回）

上場前最後の外部調達（「SeriesC ラウンド」と呼ぶ）により合計 7.5 億円を調達している。Series C ラウンドと同時に新株予約権を従業員向けに発行している（No.13）。

資本取引の影響

株主	取引前株式数	増加株式数	取引後株式数	取引後割合	割合変化
創業者　合計	18,620	―	18,620	56.2%	△ 3.1%
	(18,620)	―	(18,620)	(51.5%)	(△ 2.6%)
その他役員・従業員　合計	2,480	―	2,480	7.5%	△ 0.4%
	(5,498)	―	(5,498)	(15.2%)	(△ 0.8%)
外部投資家（VC）　合計	8,801	+1,140	9,941	30.0%	+ 2.0%
	(8,821)	(+1,140)	(9,961)	(27.5%)	(+1.9%)
外部投資家（事業会社）　合計	1,512	+570	2,082	6.3%	+ 1.5%
	(1,512)	(+570)	(2,082)	(5.8%)	(+1.4%)

増加株式数内訳

株主名	種類	増加数	取引後株式数	取引後割合
XTech 1 号投資事業有限責任組合 （XTech Ventures）	C 種優先株式	+570	570	1.7% (1.6%)
株式会社オフィス千葉	A 種優先株式	―	250	1.3% (1.2%)
	C 種優先株式	+171	171	
オプトベンチャーズ 1 号投資事業組合 （オプトベンチャーズ）	B 種優先株式	―	3,931	12.6% (11.5%)
	C 種優先株式	+228	228	
みずほ成長支援第 2 号投資事業有限責任組合 （みずほキャピタル）	C 種優先株式	+171	171	0.5% (0.5%)
東京建物株式会社	C 種優先株式	+570	570	1.7% (1.6%)
合計	C 種優先株式	+ 1710		

カッコ内は、新株予約権による潜在株式数を含めた計数。
新株予約権数は、上場時まで在籍した者に対するもののみ記載している。

取引概要

手法　第三者割当増資

発行株数　1,710 株

株種類　C 種優先株式

株価　175,500 円 / 株

調達額　3 億 10 万 5000 円

時価総額　Pre 55 億 1298 万 1500 円 /Post 58 億 1308 万 6500 円

株主　VC 等 4 社（うち 3 社が既存投資家）、事業会社 1 社

‖取引の解説

　上場前最後の外部資金調達となる Series C ラウンドにおける資金調達を行っている。既存株主 5 社から 1,601 株（SBI インベストメントは 4 つのファンドから出資しているが、1 社としてカウントしている）、従業員持株会を含む新規株主 8 社から 2,632 株を調達している。

　Series C ラウンドは 3 回にわけて実施されており、2018 年 10 月 26 日に行われた本取引が初回の取引となる。本取引で新たに株主となった東京建物株式会社とは資本業務提携を行った旨プレスリリースを出している。当該資本業務提携により、東京建物が保有する施設をスペースマーケット上で取り扱い可能となった。

　なお、Series C ラウンドにおいて、「C 種優先株式」を新たに設け、調達を行っている。C 種優先株式は、これまで発行していた A 種優先株式・B 種優先株式の設計を踏襲して設計されている。

　Post-Money Valuation 並びに第 5 期の売上高から PSR を算定すると、約 10 倍となる。

資本取引の影響

株主	取引前株式数	増加株式数	取引後株式数	取引後割合	割合変化
創業者　合計	18,620	—	18,620	54.3%	△ 1.9%
	(18,620)	—	(18,620)	(49.9%)	(△ 1.6%)
その他役員・従業員　合計	2,480	—	2,480	7.2%	△ 0.2%
	(5,498)	—	(5,498)	(14.7%)	(△ 0.5%)
外部投資家（VC）　合計	9,941	+285	10,226	29.8%	△ 0.2%
	(9,961)	(+285)	(10,246)	(27.5%)	(△ 0.1%)
外部投資家（事業会社）　合計	2,082	+855	2,937	8.6%	+ 2.3%
	(2,082)	(+855)	(2,937)	(7.9%)	(+2.1%)

増加株式数内訳

株主名	種類	増加数	取引後株式数	取引後割合
広域ちば地域活性化投資事業有限責任組合（広域ちば地域活性化ファンド）	C 種優先株式	+285	285	0.8% (0.8%)
（株）マイナビ	A 種優先株式	—	658	3.3% (3.0%)
	C 種優先株式	+461	461	
株式会社 JTB	C 種優先株式	+280	280	0.8% (0.8%)
東京地下鉄株式会社	C 種優先株式	+114	114	0.3% (0.3%)
合計	C 種優先株式	+ 1140		

カッコ内は、新株予約権による潜在株式数を含めた計数。
新株予約権数は、上場時まで在籍した者に対するもののみ記載している。

取引概要

手法　第三者割当増資

発行株数　1,140 株

株種類　C 種優先株式

株価　175,500 円 / 株

調達額　2 億 7 万円

時価総額　Pre 58 億 1308 万 6500 円 /Post 60 億 1315 万 6500 円

株主　VC1 社、事業会社 3 社（うち 1 社が既存株主）

||| 取引の解説

　Series C ラウンド 3 回のうち 2 回目の取引（取引条件は 1 ～ 3 回まですべて同じ）。マイナビを除いた 3 社とも新規株主となる。

　新規株主のうち株式会社 JTB、東京地下鉄株式会社の 2 社と資本業務提携をしたことを発表している。

　JTB は日本全国の企業に対して MICE（Meeting、Incentive、Conference、Exhibition の頭文字から成る言葉で、空間を利用したビジネス活動）の営業を行っており、その営業メニューとしてスペースマーケット掲載の施設を紹介する。また、東京地下鉄（東京メトロ）との資本提携に関して、東京メトロが保有する不動産をスペースマーケット上で活用する旨の提携内容を発表している。

2018 年 12 月 28 日―第三者割当増資、新株予約権付与（株式③、新株予約権②）

資本取引の影響

株主	取引前株式数	増加株式数	取引後株式数	取引後割合	割合変化
創業者　合計	18,620	—	18,620	52.2%	△ 2.1%
	(18,620)	—	(18,620)	(47.6%)	(△ 2.3%)
その他役員・従業員　合計	2,480	72	2,552	7.2%	△ 0.1%
	(5,498)	(+476)	(5,974)	(15.3%)	(+0.5%)
外部投資家（VC）　合計	10,226	+1,140	11,366	31.9%	+ 2.0%
	(10,246)	(+1,140)	(11,386)	(29.1%)	(+1.7%)
外部投資家（事業会社）合計	2,937	171	3,108	8.7%	+ 0.1%
	(2,937)	(171)	(3,108)	(8.0%)	(+0.1%)

増加株式数内訳

株主名	上場時役職	種類	増加数	取引後株式数	取引後割合
第 4 回新株予約権					
佐々木 正将	取締役 CFO 兼 人事責任者	第 4 回新株予約権	+ 207	207	— (0.5%)
井上 真吾	執行役員 VP of Business	第 4 回新株予約権	+ 58	58	— (0.1%)
端山 愛子	執行役員 広報	第 1 回新株予約権		16	—
		第 4 回新株予約権	+ 15	15	(0.1%)
徳光 悠太	監査役（常勤）	第 4 回新株予約権	+ 37	37	— (0.1%)
田中 優子（小林 優子）	社外監査役	第 4 回新株予約権	+ 2	2	— (0.0%)
従業員（新規）4 名		第 4 回新株予約権	+ 85	85	— (0.2%)
C 種優先株式					
スペースマーケット従業員持株会		C 種優先株式	+ 72	72	0.2% (0.2%)
ドコモ・イノベーションファンド 2 号投資事業有限責任組合 （NTT ドコモ・ベンチャーズ）		C 種優先株式	+ 570	570	1.6% (1.5%)
SBI ベンチャー企業成長支援投資事業有限責任組合 （SBI インベストメント株式会社。2-4 号も同様）		B 種優先株式	—	119	0.6% (0.5%)
		C 種優先株式	+79	79	
SBI ベンチャー企業成長支援 2 号投資事業有限責任組合		B 種優先株式	—	169	0.8% (0.7%)
		C 種優先株式	+113	113	
SBI ベンチャー企業成長支援 3 号投資事業有限責任組合		B 種優先株式	—	328	1.5% (1.4%)
		C 種優先株式	+219	219	
SBI ベンチャー企業成長支援 4 号投資事業有限責任組合		B 種優先株式	—	238	1.1% (1.0%)
		C 種優先株式	+159	159	
株式会社ワタナベエンターテインメント		C 種優先株式	+ 171	171	0.5% (0.4%)
合計		第 4 回新株予約権	+ 404		
		C 種優先株式	+ 1383		

カッコ内は、新株予約権による潜在株式数を含めた計数。
新株予約権数は、上場時まで在籍した者に対するもののみ記載している。

取引概要
１）第三者割当増資

発行株数　1,383 株

株種類　C種優先株式

株価　175,500 円 / 株

調達額　2 億 4271 万 6500 円

時価総額　Pre 60 億 1315 万 6500 円 /Post 62 億 5587 万 3000 円

株主　従業員持株会、事業会社 1 社、VC2 社

２）無償新株予約権（第 4 回新株予約権）

取得者　取締役 1 名監査役 2 名従業員 6 名 計 9 名

　　　　　他、付与後退職した 2 名に付与

発行株数　404 株

　　　　　他、上場までに 3 株分の新株予約権が失効している

株種類　普通株式

行使価額　175,500 円 / 株

行使請求期間　2020 年 12 月 27 日から 2028 年 12 月 26 日

取引の解説

　Series C ラウンド 3 回目の資金調達を行っている。同日に、新株予約権を発行している。

　資金調達により新規株主 3 社、既存株主 1 社から 2.4 億円を調達している。新規株主のうち、ワタナベエンターテインメントとは資金調達後に提携内容について期間をかけて検討しており、資金調達から 1 年弱経過した 2019 年 11 月 13 日に資本業務提携内容を発表している。

　SeriesC ラウンドにおいて、これまで振り返った通り、資本業務提携を前提とした企業が新規株主として数多く新株を引受していることが特徴の 1 つだ。

　なお、当該ラウンドにおいて従業員持株会が新株の引受を行っている。これにより、①初期参画の社員・役員・役職者に対する新株予約権、②信託型ストックオプション、③従業員持株会の 3 種類エクイティを用いたインセン

ティブの手法が導入されている。

新株予約権は、新たに当期就任した監査役含めた役職者向けに発行している。これまで発行していた新株予約権（第1回 - 第3回）では、種類株式の発行価格を参照せず低廉な水準で行使価額を設定していたが、第4回新株予約権における行使価額は同日発行した種類株式の株価と同一に設定されている。

付与された従業員6人のうち3人は、翌2019年2月に執行役員制度が導入された際に執行役員に就任しており、従業員の中でも役職が高い者に対して付与したことが伺える。

第5期資本取引のまとめ

上場前最後の資金調達となる Series C ラウンドを実施した（No.11、12、13）。このラウンドでは、事業会社が新規株主として多く参加しており、新たに出資を行った事業会社4社すべてと資本業務提携を行ったことを公表している。また、Series C ラウンドの最後の回と同時に、内部向けに第4回新株予約権を発行している（No.13）。第3回新株予約権までと異なり、外部投資家から調達した際における株価と同じ株価の行使価額を設定している。

第6期（上場申請期）の資本政策

会社の状況
⦀ サービス・業績の状況

上場後に開示された有価証券報告書上に、KPI として、プラットフォーム利用金額総額（GMV）ならびに利用されたスペース数が表示されている。

GMV・利用スペース数の両方の KPI とも第6期（2019年12月期）の数字が 第5期の数字を大きく上回っている。GMV は 24億4104万円（第5期は 13億8647万円）、利用スペース数は 35万2000スペース（同21万4000スペース）と、両計数とも 70% 前後成長している。

次に業績を確認する。売上高は、8億7389万円計上されている（2018年12月期は年間で5億7824万円）。これに対して、当期純利益を4582万円計上している。前期まで、広告宣伝費をテレビ CM に多く投下していたが、

第6期はデジタルマーケティングを中心とした効率的な宣伝広告活動を試みており、広告宣伝費をコントロールすることにより黒字化を達成していると考えられる。

資本取引（全1回）の解説

表 2-7　株式数の情報、調達金額・Valuation の情報

解説 No.	日付	取引種類	発行済株式 総数	新規発行株数	調達額 （千円）	株価 （円／株）	Post-Value （千円）	資本金
13 まで			35,646 (39,088)		1,240,585			625,192
14	2019/10/01	株式分割	10,693,800 (11,726,400)	10,658,154 (11,687,312)	－	585	6,859,944	625,192
累計					1,240,585			

カッコ内は、新株予約権による潜在株式数を含めた株式数。
新株予約権による潜在株式数は、上場時まで在籍した者に対するもの。

||| この期間における資本取引の情報

全1回（株式分割）

　上場申請期に行われた資本取引は、上場申請に関する取締役会が完了したあとに行われた株式分割（2019年10月1日実施）1回のみ。なお、上記の他に上場申請に関する取締役会決議に伴い、発行していた種類株式をすべて普通株に転換されているが、当該取引は解説を省略する。

資本取引の影響

株主	取引前株式数	増加株式数	取引後株式数	取引後割合	割合変化
創業者　合計	18,620	+5,567,380	5,586,000	52.2%	—
	(18,620)	(+5,567,380)	(5,586,000)	(47.6%)	—
その他役員・従業員　合計	2,552	+763,048	765,600	7.2%	—
	(5,974)	(+1,786,226)	(1,792,200)	(15.3%)	—
外部投資家（VC）　合計	11,366	+3,398,434	3,409,800	31.9%	—
	(11,386)	(+3,404,414)	(3,415,800)	(29.1%)	—
外部投資家（事業会社）　合計	3,108	+929,292	932,400	8.7%	—
	(3,108)	(+929,292)	(932,400)	(8.0%)	—

取引概要

手法　株式分割
割合　1:300

||| 取引の解説

　上場に備えて 1:300 の株式分割を行っている。当該株式分割により、有価証券届出書提出時における想定発行価格 520 円 / 株を用いた最小売買単位（100 株）の取引金額は 52,000 円となり、東証が求めている最小投資単位 5 ～ 50 万円のレンジに収まった形となる。

第 6 期資本取引のまとめ

　上場前の株式分割のみ実施している。この株式分割は、最小売買単位を東証が求めているレンジにするために必要な手続となっている。

まとめ　全取引から何を学ぶべきか

図2-3　創業から上場までの資本構成

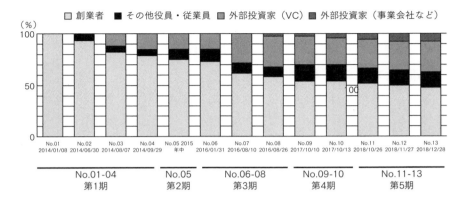

凡例：□ 創業者　■ その他役員・従業員　■ 外部投資家（VC）　■ 外部投資家（事業会社など）

No.01-04　第1期
No.05　第2期
No.06-08　第3期
No.09-10　第4期
No.11-13　第5期

（1）共同創業者・設立メンバーに対する比率・分配

　スペースマーケットが、共同創業者・設立メンバー・設立当初に会社に加わった初期メンバーに対するエクイティ・インセンティブの付与をどのように行ったのか確認しよう。

　設立時取締役として、代表取締役である重松氏、CTO を務める鈴木氏の2人が登記されていた。両氏はポジションを変えずに上場時まで取締役を務めている。設立時の資本政策の特徴として、（1）代表取締役重松氏が100％出資の状態で設立登記し、（2）外部資本を入れる前に、設立時株価で創業メンバーに対して第三者割当増資を実施（No.02参照）していることが特徴だ。

　設立時株価で内部向けに新株を発行したことで、設立時に共同出資をする場合1取引で完結した取引を、「設立（もしくは代表取締役に対する割当）」・「設立メンバーに対する割当」の2取引に分解した形になる。結果として、創業後のサービスの状況や組織内で立ち振舞など創業メンバーに対する持分比率を見極める期間を作り、その後持分比率を決定したと言える。

　持分比率を確認する。共同創業者である鈴木氏に対して6％、最初の社員である益戸氏に対して1％弱を割当している。

（2）キーマンに対するエクイティ・インセンティブの付与

　事業上のキーマン（取締役等）に対するエクイティ・インセンティブの付与方針を確認する。設立時2人だった取締役は上場時までに、取締役CFO兼人事責任者である佐々木氏、社外取締役として野内氏が就任している。取締役が就任した前後には、新任取締役に対する新株予約権の付与を行っていない。

　上場直前期にあたる第4期末である2018年12月28日、取締役・監査役を対象とした第4回新株予約権を発行し、その際にCFOである佐々木氏に対付与している。第4回新株予約権において、取締役の他従業員6人、監査役2人に付与している（No.13参照）。

　付与された従業員6人のうち3人は、新株予約権の付与から2カ月後に執行役員制度が新設された際、執行役員に就任していた。第4回新株予約権は、キーマンに対しての付与を行った回と位置づけられる。就任時ではなく、上場が概ね確定した上場直前期末に、初めて新株予約権の付与を行ったことが、キーマンに対するエクイティ・インセンティブの付与方法の特徴となっている。

（3）従業員向けのエクイティ・インセンティブの付与

　スペースマーケットは従業員向けに、性格の異なる3つのエクイティ・インセンティブを発行している。2016年1月、発行時に所属していた従業員の大半（全員に対して発行した可能性もある）に対して、第1回新株予約権を発行している。第1回新株予約権は、行使価額を可能な限り低くなるように設計されている（No.06解説参照）。所属する人員に対して、「多くの人にエクイティ・インセンティブを付与しよう」「可能な限り本人の経済的負担は低くしよう」とする思想はスペースマーケットの資本政策の特徴だろう。その思想が強く出た取引が、2017年10月に行った時価発行新株予約権信託の設計だ（No.09参照）。新株予約権以外のエクイティ・インセンティブとして従業員持株会も設置しており（No.13参照）、新株予約権、時価発行新株予約権信託、従業員持株会と、複数方法によるエクイティ・インセンティブを設計していることも特徴的だ。

（4）全体を通しての所見

⦀ 良かった点

1. 共同創業者と創業しているが、極力意思決定を遅らせて、サービス状況を見極めて持分比率を決定している。その慎重な意思決定について、これから複数人で起業する企業の参考になる。

2. 内部向け発行について、極力低廉な経済的負担で、組織内の全員がエクイティによる経済的利益を享受しようという設計思想が見える。内部向けの新株発行、新株予約権発行についてその姿勢が徹底されていることは首尾一貫している点で特筆すべきだろう。

3. 外部向け調達について、次の2年間で使う金額を調達し費用をコントロールして資金を2年間で使いきることを2回繰り返した。各ラウンドで15％→15％→7％と放出しているが、無駄なく資金を回したために（潜在株を除けば）持分比率を50％保有する状態で上場までたどり着いている。

⦀ 悪かった点

第2回新株予約権は外部関係者に付与している。無償SOではなく、有償SOを発行したほうが付与された当事者にとって税務メリットがあっただろう。

⦀ 興味深かった点

1. 第1回〜第3回新株予約権では、種類株式の発行価格によらず行使価額が設定されている。無償新株予約権である第1回新株予約権は、税制適格ストックオプションに該当しているのか興味深い。同日外部関係者向けに発行された第2回新株予約権は、税制適格ストックオプションにならない条件となっていることから、税制適格ストックオプションとすることに固執していない可能性もある。

2. 2017年10月13日に行われた株式譲渡（No.10の取引）において、みずほキャピタルからマイナビに株式を譲渡している。みずほキャピタルが後日行われたSeries Cラウンドに参加（No.11）している点は、当時どのような意図があったのか、興味深い。

第 3 章

Gunosy───
迅速な資金調達で競合企業に
先んじて上場を果たす

　本章では、2015 年 3 月 24 日に上場承認された株式会社 Gunosy（証券コード 7049）を題材として検証を行う。Gunosy は創業第 3 期で上場承認された企業だ。同社は上場に伴い、（1）会社設立から早期に上場を果たしたこと、（2）共同創業者の持株比率が極端に少なかったことが話題になった。

　同社が創業から上場まで行った全 19 回の資本取引の詳細を 1 取引ずつ背景を追いながら振り返った。これら創業からの資本取引を振り返ることにより、

　・個人で行っていたプロジェクトをどのように法人として立ち上げるか
　・初期の資本政策の重要性、

を考えるいい機会になるだろう。

第 1 期の資本政策

会社の状況
‖ サービスの状況

　ニュース・キュレーション・サービス「Gunosy」は、当時、東京大学大学院に在学していた福島良典氏ら 3 人によって開発された。サービス開始は、会社が設立される 1 年以上前の 2011 年 10 月 25 日だ。

　個人プロジェクトとして開始された「Gunosy」は、初期のユーザーによって Twitter などで拡散された結果、2012 年 5 月にはユーザー登録数が 6000 人を超えた。2012 年 6 月には、一定の影響力があるメディアである「DIAMOND Online」「THE BRIDGE」にサービスを紹介する記事が掲載されている。

図3-1　初期の登録ユーザー数の推移（単位：千人）

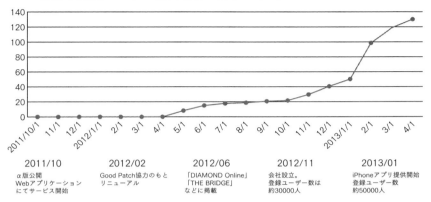

2011/10	2012/02	2012/06	2012/11	2013/01
α版公開 Webアプリケーション にてサービス開始	Good Patch協力のもと リニューアル	「DIAMOND Online」 「THE BRIDGE」 などに掲載	会社設立。 登録ユーザー数は 約30000人	iPhoneアプリ提供開始 登録ユーザー数 約50000人

　「Gunosy」の運営会社が設立されたのは 2012 年 4 月であり、この時点で登録ユーザー数は 2 万人を超えていた。2013 年 4 月には、登録ユーザー数が 13 万人を突破したことが公表されている。当初、Gunosy は Web アプリケーションでのみサービス提供されていたが、2013 年 1 月には iPhone アプリ、同 2 月には Android アプリがリリースされている。

⫶ 業績

　初年度売上高は 41 万円。売上のうち 32 万円は株式会社 I&G パートナーズ（現アトラエ）、残りの 9 万円は株式会社ワンオブゼムに対するもの。

　この期間中、「Gunosy」を使った本格的なマネタイズは行っていない。売上原価・販管費を計 4477 万円計上している。

　費用は主にアプリ作成に伴う外注費やエンジニアに対する給与として支払われたものとなっている。サービスをグロースさせるための広告宣伝費の支出は 1046 万円で、ユーザー獲得は口コミによるものが大半で、広告によるユーザー獲得は本格的に行っていない。

⫶ 人事の状況

　従業員は期末日時点で 6 人在籍していた。2021 年 6 月から代表取締役社長を務めている上場時取締役であった竹谷祐哉氏、上場時 CTO を務めた石

橋雅和氏、上場後の 2015 年から 2018 年まで CTO を務めた松本勇気氏が入社している。共同創業者の福島良典氏以外の 2 人も従業員として在籍している。

資本取引（6 回）の解説

表3-1 株式数の情報・調達金額・Valuation の情報

解説 No.	日付	取引種類	発行済株式総数	新規発行株数	調達額（千円）	株価（円 / 株）	Post-Value（千円）	資本金（千円）
01	2012/11/14	設立登記	15	15	150	10,000	150	150
02	2012/12/17	現物出資	510	495	4,950	10,000	5,100	2,625
03	2013/02/05	第三者割当・株式譲渡	905	395	31,600	80,000	72,400	18,425
04	2013/02/25	第三者割当	915	10	800	80,000	73,200	18,825
05	2013/04/19	第 1 回新株予約権	915 (1,030)	— (115)	—	80,000	82,400	18,825
06	2013/05/31	第三者割当・株式譲渡	1,228 (1,343)	313	50,080	160,000	214,880	43,865
累計					87,580			

カッコ内は、新株予約権による潜在株式数を含めた株式数。
新株予約権による潜在株式数は、上場時まで在籍した者に対するもの。
Valuation は潜在株式数を含めて計算している。

||| この期間における資本取引の情報

全 6 回（設立登記、現物出資、第三者割当 3 回、ストックオプション発行）

この期は上場直前々期（N-2 期）に該当する。共同創業者 3 人による個人事業として運営されていた「Gunosy」だが、その個人事業をどのように法人化したのか、その後どのような資金調達をしたのか、について、期間を分割して個別に振り返る。

第 1 期中、当座貸越契約に伴う短期的な貸出を除き、外部金融機関からの借入は行っておらず、会社運営のための資金はすべてエクイティにより調達している。

No.01-02　会社の設立に関する一連の取引

「Gunosy」は、2011 年 10 月から共同創業者の 3 人によってサービスが提供開始された。法人設立前の 1 年間は個人事業として運営され、その後 2012 年 11 月 14 日に株式会社 Gunosy が設立された。個人で運営したサービスの法人化に伴う資本取引は、2012 年 11 月 14 日に行われた設立登記のための取引と同年 12 月 17 日に行われた現物出資取引をあわせて見ると、実態を理解しやすい。

No.01　2012 年 11 月 14 日—設立登記

資本取引の影響

株主	取引前株式数	増加株式数	取引後株式数	取引後割合	割合変化
共同創業者　合計	—	+15	15	100.0%	+ 100.0%
その他役員・従業員　合計	—	—	—	—	—
その他会社代表経験者　合計	—	—	—	—	—
外部投資家　合計	—	—	—	—	—

増加株式数内訳

株主名	取引日役職	上場時役職	種類	増加数	取引後株式数	取引後割合
福島 良典	代表取締役	代表取締役 CEO	普通株式	+5	5	33.3%
他　共同創業者 2 名			普通株式	+10	10	66.7%
合計			普通株式	+15		

取引概要

手法　設立出資

発行株数　15 株

株価　10,000 円

株主　共同創業者 3 名

‖ 取引の解説

　Gunosy は設立第 3 期でスピード上場を果たした会社だ。設立時から早期に上場を行うことが強く意識されており、11 月に設立した会社としては珍

しく、決算月を5月としている。上場タイミングを踏まえると、設立第1期から監査法人による監査をはじめとした上場準備を開始する必要があり、設立後最短で上場するために決算月を設定したと考えられる。

　一方で、設立登記時における株式の設定に関しては、最短で上場することが強く意識されていない。「株価10,000円・発行株数15株」とした設立時の発行済株式総数と、「共同創業者3名が5株（33%）ずつ」とした共同創業者間の持分比率の条件からは、強い思想が反映されていない。

　これまで製作したソフトウェアの取り扱いをどうするかを含めた個人事業時代に積み重ねた資産負債の取り扱いが難しく、この時点で仔細な条件を意思決定をすることが難しいが故の便宜上の処理だったと思われる。

　この時点で取引前に協議すべき事項は共同創業者間の持分比率についてだ。

　3人が33%ずつ保有している状況では、何か意思決定する際に2人が賛成する必要があり、実質的な意思決定者が存在しない形になる。

　例えば、Gunosyのサービスの発起人であり、設立後唯一の代表取締役として登記された福島氏が、設立前の時点ですでにサービス運営の中心として外部に見られていたのであれば、福島氏に対して持分を集めることを検討したい。

　3人が33%ずつ保有する状況では、福島氏が賛成したとしても他の2人が反対すると会社として意思決定できないことになる。従って、当時の外部投資家からみて、福島氏の意思決定力は非常に弱く映っただろう。

　創業直後の資金調達時には、時にサービスそのものの評価より創業者その人の評価の方が交渉に影響する。従って、福島氏（もしくはこの時点で最も会社意思決定を行う傾向があった共同創業者）に権限を寄せたほうが、外部投資家に対する交渉上有利に働いた可能性が高い。

資本取引の影響

株主	取引前株式数	増加株式数	取引後株式数	取引後割合	割合変化
共同創業者　合計	15	+495	510	100.0%	―
その他役員・従業員　合計	―	―	―	―	―
その他会社代表経験者　合計	―	―	―	―	―
外部投資家　合計	―	―	―	―	―

増加株式数内訳

株主名	取引日役職	上場時役職	種類	増加数	取引後株式数	取引後割合
福島　良典	代表取締役	代表取締役 CEO	普通株式	+165	170	33.3%
他　共同創業者 2 名			普通株式	+330	340	66.7%
合計			普通株式	+495		

> **取引概要**

手法　現物出資（デット・エクイティ・スワップ）

発行株数　495 株

株価　10,000 円

株主　共同創業者 3 名

||| 取引の解説

　現物出資による資産等は I の部で開示されており、主として無形固定資産（「Gunosy」のシステム）の受け入れを行っている。

　この取引において、共同創業者 3 人に同じ株数を付与している。これは、ソフトウェア製作に関する費用（つまり、時間負担やサーバー代の金額負担）が、共同創業者 3 人で等分であったわけではなく、この取引までの一連の取引として会社設立前に共同創業者間の持分比率を合意していたと考えるべきだろう。

　結果論となるが、共同創業者の持分比率の是正をするチャンスは、この取引のタイミングしかなかった。

No.03 設立最初の外部資本取引

設立後最初に行われた外部との資本取引が、これから紹介する第三者割当・株式譲渡取引となる。この取引の結果、エンジェル投資家である木村新司氏の持株比率が64％強となり、共同創業者3人の持株比率が計15％以下となった。

▎この取引までの活動資金の原資

ここまで設立時の資本取引を2本紹介したが、この取引では現金はほとんど会社に入ってきていない。

また、「業績の状況」で振り返った通り、創業第1期はほぼ売上は計上していない。加えて、開示されている第1期の貸借対照表を見る限り、金融機関からの借入による調達活動は行っていなかった。

では、創業した2012年11月から2013年2月までの活動資金はどうしていたのだろうか。この点、この点、木村新司氏が創業当初に1000万円を貸付金の形で提供していた。木村新司氏は後日行われる2013年5月31日の取引（No.06）時に、会社に対する貸付金1000万円を現物出資している（デット・エクイティ・スワップ）。

今回の資本取引は、木村氏が設立時から1000万円の資金を提供していた状況から資本取引を実行したことを念頭にいれて確認したい。

資本取引の影響

株主	取引前株式数	増加株式数	取引後株式数	取引後割合	割合変化
共同創業者　合計	510	△ 375	135	14.9%	△ 85.1%
その他役員・従業員　合計	―	+120	120	13.3%	+ 13.3%
その他会社代表経験者　合計	―	+580	580	64.1%	+ 64.1%
外部投資家　合計	―	+70	70	7.7%	7.7%

増加株式数内訳

株主名	補足	種類	増加数	取引後株式数	取引後割合
福島 良典	上場時代表取締役	普通株式	△ 125	45	5.0%
他　共同創業者 2 名		普通株式	△ 250	90	9.9%
竹谷 祐哉	上場時取締役 COO	普通株式	+20	20	2.2%
石橋 雅和	上場時取締役 CTO	普通株式	+30	30	3.3%
三尾正人	後日、社外取締役 （上場時辞任済）	普通株式	+70	70	7.7%
垣内伸也	個人投資家	普通株式	+70	70	7.7%
木村新司	個人投資家 （後日、代表就任）	普通株式	+580	580	64.1%
合計		**普通株式**	**+395**		

取引概要

手法①　第三者割当増資

発行株数　395 株

株種類　普通株式

株価　80,000 円 / 株

時価総額 Pre 4080 万円 / Post 7240 万円

株主　その他役員・従業員 3 名、木村新司氏（205 株）他個人投資家 1 名

手法②　株式譲渡

譲渡人　福島良典氏、他共同創業者 2 名

譲受人　木村新司氏

株数　375 株（3 名から 125 株ずつ）

譲渡価格　30,000,000 円（3 名に 1,000 万円ずつ）

||| 取引の解説

①第三者割当増資

　創業以降初めて、共同創業者の 3 名以外を対象とした、第三者割当増資を実施した。この取引によって、3160 万円を調達している。従業員として入社した石橋氏（上場時取締役 CTO）と竹谷氏（上場時 COO）の 2 名、個人投資家として木村氏、垣内氏、三尾氏（後日取締役に就任）の 3 人が新たに株主となっている。

　資金調達の前月に iPhone アプリをリリースし、この時点で登録ユーザー数は 5 万人を突破した。この状況で、Pre(資金調達前の時価総額)4080 万円超と評価されている。サービスの状況を踏まえると低く評価されていると言える水準だが、従業員も参加したラウンドであるため、意図的に高すぎない株価設定とした可能性もあるだろう。

②株式譲渡

　第三者割当増資と同時に、木村氏が共同創業者 3 人の株を 125 株ずつ計 3000 万円で買い取っている。3 人の取得価額は 125 株で 125 万円ずつとなるため、約 1000 万円の譲渡益が各個人に生じた計算になる。

　株式譲渡が行われる理由の 1 つとして、譲渡する個人の事情（例えば、金銭に窮する時など）により株式を譲渡するケースがあるが、3 人から全く同一の割合で買い取る本取引は、別の意図を持って行われたと推測できる。

||| 取引について

　両取引により木村新司氏が支出した 4640 万円を、共同創業者 3 名からの株式譲渡を行わず、会社に全額を出資したケースを検討する。条件を一切変えずに全額を出資した場合、木村新司氏が議決権の過半数を保有する事態にはならなかった（図 3-2）。つまり、共同創業者 3 名からの株式譲渡を行ったことで、木村氏が効率良く議決権の過半数を獲得したことになる。

　この第三者割当並びに株式譲渡は、エンジェル投資家による投資ではなく、創業時から多額の資金を提供していた個人による会社の買収と捉えた方が自

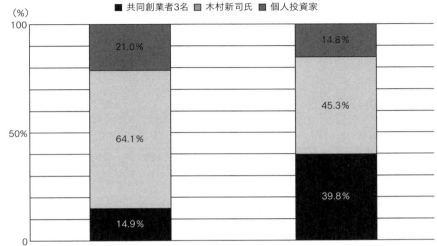

図3-2　No.03 の取引で創業者が持分を売却しないケースとの比較

（%）

凡例: ■ 共同創業者3名　■ 木村新司氏　■ 個人投資家

実際の取引結果: 個人投資家 21.0%、木村新司氏 64.1%、共同創業者3名 14.9%

持分譲渡分第三者割当を実施: 個人投資家 14.8%、木村新司氏 45.3%、共同創業者3名 39.8%

然だろう。

　客観的にみると、堅調にユーザーが伸びており、注目度も集めていた段階で、サービスの状況と比べて低廉な評価額で会社を譲渡するような取引を行ったのか合理的な理由付けを探すのはとても難しい。

　しかし、①共同創業者が3人同比率で株を保有していため、意思決定者が明確に存在しなかったこと　②投資家が初期から会社に多額の資金を提供をしており、初期の会社運営上強い影響力を持つ立場にあったことを考えると、共同創業者3人は有力な交渉材料をあまり多く持っていなかったことが推測される。

No.04-06　内部資本構成の調整

　2013年2月5日、木村新司氏が議決権の過半数を握った状況になった。したがって、以降の資本取引について、木村氏の立場になり考察すると、状況が理解しやすくなる。

No.04　　2013年2月25日—第三者割当

資本取引の影響

株主	取引前株式数	増加株式数	取引後株式数	取引後割合	割合変化
共同創業者　合計	135	—	135	14.8%	△ 0.2%
その他役員・従業員　合計	120	—	190	13.1%	△ 0.2%
その他会社代表経験者　合計	580	—	580	63.4%	△ 0.7%
外部投資家　合計	70	+10	80	8.7%	+ 1.0%

増加株式数内訳

株主名	種類	増加数	取引後株式数	取引後割合
佐藤 完（外部顧問）	普通株式	+10	10	1.1%
合計	普通株式	+10		

取引概要

手法　第三者割当増資

発行株数　10株

株種類　普通株式

株価　80,000円／株

時価総額 Pre 7240万円 / Post 7320万円

株主　佐藤完氏

取引の解説

　ソフトバンク株式会社の経営戦略室、ヤフー株式会社の社長室経営戦略部長を歴任していた佐藤完氏による引き受け。佐藤氏は起業家支援で知られており、資金調達目的ではなく、経営上アドバイスをもらうための関係性作りのような側面が見られる取引となる。

No.05　2013 年 4 月 19 日―新株予約権

資本取引の影響

株主	取引前株式数	増加株式数	取引後株式数	取引後割合	割合変化
共同創業者　合計	135	―	135	14.8%	―
	(135)	(+75)	(210)	(20.4%)	(+5.6%)
その他役員・従業員　合計	120	―	120	13.1%	―
	(120)	(+40)	(160)	(15.5%)	(+2.4%)
その他会社代表経験者　合計	580	―	580	63.4%	―
	(580)	―	(580)	(56.3%)	(△7.1%)
外部投資家　合計	80	―	80	8.7%	―
	(80)	―	(80)	(7.8%)	(△1.0%)

増加株式数内訳

株主名	補足	種類	増加数	取引後株式数	取引後割合
福島 良典	代表取締役 CEO	普通株式	―	45	4.9%
		第 1 回新株予約権	+25	25	(6.8%)
他　共同創業者 2 名		普通株式	―	90	9.8%
		第 1 回新株予約権	+50	50	(13.6%)
竹谷 祐哉	上場時取締役 COO	普通株式	―	20	2.2%
		第 1 回新株予約権	+10	10	(2.9%)
石橋 雅和	上場時取締役 CTO	普通株式	―	30	3.3%
		第 1 回新株予約権	+10	10	(3.9%)
従業員（新規）1 名		第 1 回新株予約権	+20	20	―
					(1.9%)
合計		第 1 回新株予約権	+115		

カッコ内は、新株予約権による潜在株式数を含めた計数。
新株予約権数は、上場時まで在籍した者に対するもののみ記載している。

> **取引概要**

手法　新株予約権（第 1 回新株予約権）

取得者　共同創業者 3 名、従業員 3 名

発行株数　115 株

株種類　普通株式

行使価格　80,000 円 / 株

行使請求期間　2015 年 4 月 20 日から 2023 年 4 月 19 日

||| 取引の解説

役員・従業員向で新株予約権発行

　当該取引前まで、一部の従業員の持分比率が共同創業者3人の持分比率を上回る形になっており、本取引によりその状態が是正されている。期末日時点（2013年5月末日）の従業員数が6人であることを踏まえると、この時点でGunosyに入社していた人のほぼ全員が、新株予約権もしくは株を保有する形になっている。

　従業員として新株予約権を付与された竹谷氏・石橋氏含めた従業員3人は、いずれも2013年1月に入社している。全員、上場前後にCXOに就任している人材であり、キーマンとなる人物を初期に採用していたことが伺える。

No.06　2013年5月31日—第三者割当・株式譲渡

資本取引の影響

株主	取引前株式数	増加株式数	取引後株式数	取引後割合	割合変化
共同創業者　合計	135	—	135	11.0%	△3.8%
	(210)	—	(210)	(15.6%)	(△4.8%)
その他役員・従業員　合計	120	+1	121	9.9%	△3.5%
	(160)	(+1)	(161)	(12.0%)	(△3.5%)
その他会社代表経験者　合計	580	+312	892	72.6%	+9.3%
	(580)	(+312)	(892)	(66.4%)	(+10.1%)
外部投資家　合計	80	—	80	6.5%	△2.2%
	(80)	—	(80)	(6.0%)	(△1.8%)

増加株式数内訳

株主名	種類	増加数	取引後株式数	取引後割合
木村新司	普通株式	+312	892	72.6% (66.4%)
従業員（新規）1名	普通株式	+1	1	— (0.1%)
合計	普通株式	+313		

カッコ内は、新株予約権による潜在株式数を含めた計数。
新株予約権数は、上場時まで在籍した者に対するもののみ記載している。

取引概要

手法　第三者割当増資

発行株数　313 株

株種類　普通株式

株価　160,000 円 / 株

時価総額 Pre 1 億 4640 万円 / Post 1 億 9648 万円

株主　木村新司氏、従業員 1 名

調達額　現金　3264 万円

　　　　現物出資　短期借入金 1,000 万円、未払金 744 万円

||| 取引の解説

　直前の資本取引（No.05）から株価を倍にして、第 1 期の期末日に第三者割当を実施した。木村氏の立場から考えると、この資本取引は非常に合理的なものとなる。

　1 つは、次の資金調達までのつなぎ資金として考えると合理的だ。5 月末の貸借対照表の現預金残高から逆算すると、取引前に現預金は 1000 万円程度しか残っていなかった。この取引の結果、第 2 期に本格化した資金調達の交渉期間を十分設けることができた。

　また、創業以降、会社に対して個人的に貸し付けていた貸付金と未払金（おそらく経費の立替金）をこのタイミングで株式に変更したことで、外部投資家から資金調達をする前に十分に持株割合を高めることに成功している。

　なお、コーポレートスタッフの従業員 1 人が 1 株を引き受けており、原則、全従業員に株ないし新株予約権を割当する方針は継続している。

資本取引のまとめ

　学生時代から、個人事業としてニュースサービス「Gunosy」を開発・運営していた共同創業者 3 人を中心とした株主構成は、第 1 期最初の外部調達（No.03）により崩れている。この外部調達後は、木村新司氏が中心となった株主構成となっている。

　外部投資家から調達前であり、それほど Valuation が上がっていない期末日に、追加投資並びに会社宛の債権の現物出資（No.06）を行うことで、木

村氏は持分比率を高めている。

第1期中にインセンティブの設計を行っており、新株予約権ないし株式を、全従業員に付与する方針が見える。

創業者はどうすべきだったか

第1期中に創業時株主ではない木村氏が議決権の過半数を保持している状況について、外部者として評価は難しい。会社設立前から木村氏が共同創業者3人の相談相手になっていたこと、設立時に木村氏が資金を提供していたこと、「Gunosy」の収益化にあたりアドテクの会社を運営した経験のあった木村氏の力が発揮されたであろうことを考えると、妥当な意思決定だった可能性もある。

ここでは、これから起業する者が同様の状況に直面したとき、持分比率を維持するためにはどうした方が良いか述べたい。1つは、設立時に代表取締役として登記した福島氏の持分比率を高めておくことだ。1人に持分比率を集めて対外交渉力を増しておくことで、交渉結果が異なっていた可能性がある。また、会社設立前から登録ユーザー数が堅調に増加しており、メディアの露出度も高かった。2013年当時の投資環境は悪く、資金調達の難易度は高かったが、他の起業に比べて投資家から資金を集めやすい下地はあった。複数の投資家から設立時の運営資金を集めておくことを検討したい。

第2期の資本政策

会社の状況
∥ サービスの状況

Webアプリケーションとしてサービスを開始したGunosyだが、第1期にiPhoneアプリ並びにAndroidアプリを出したことでスマホアプリ領域に主戦場を移した。この期からスマートニュースとの、ニュース配信のスマホアプリにおけるシェア争いが始まった。

Gunosyの第2期（2013年6月〜2014年5月）の期間内の両社の累積ダウンロード数並びに資金調達額の比較を図3-3に示した。

図3-3 Gunosy とスマートニュースの比較

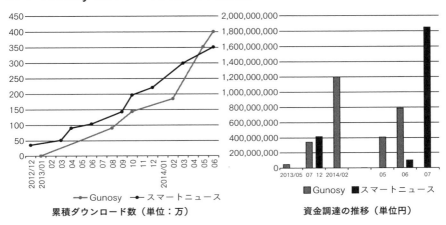

累積ダウンロード数（単位：万）　資金調達の推移（単位円）

　累積ダウンロード数を比較すると 2014 年 4 月まで、 Gunosy のダウンロード数はスマートニュースの後塵を拝していた。Gunosy は 2013 年中に頻繁に調達を実施している一方で、スマートニュースが資金調達を本格化させたのは 2014 年 7 月からとなっている。

　Gunosy はサービスローンチ以降、主に口コミだけで 10 万ユーザー以上獲得に成功していた。第 2 期は、広告を投下してユーザー獲得を始めた期間になる。ユーザー獲得に際し、まず、①マネタイズのため広告配信用サービス「Gunosy Ads」を toB 向けに展開した。加えて、②1 日 2 回朝と夕方に 25 通ずつの個人にあわせてニュースを選んで配信するという先鋭的な仕様のアプリだったものを、2014 年 2 月に大幅リニューアルをして 1 日何本でもニュースを見ることができる仕様に変更している。この 2 つの変更を行ったあと、テレビ CM を開始している。

‖‖ 業績の状況

　期中マネタイズを開始したため、3 億 5905 万円の売上が計上された。

　他方、広告宣伝費 14 億 7500 万円を投下している。その結果、13 億 9367 万円の当期純損失を計上している。また、人員増加に伴い港、東京都区芝にオフィス移転を実施しており、家賃・人件費の増加に加え、敷金として 1352 万円を支払っている。

‖ 人事の状況

　第 2 期は、上場 N-1 期前にあたる創業第 2 期は上場に向けて機関設計を行っている。

　2013 年 8 月の定時株主総会にて、竹谷氏（現代表取締役）、石橋氏が取締役に就任。加えて 2013 年 12 月に出資（No.05）を行っている三原正人氏が社外取締役に、長谷工コーポレーションで取締役を務めた青木修氏が常勤監査役として就任した。監査法人出身の 2 人が非常勤監査役に就任している。

　2013 年 11 月、木村新司氏が代表取締役に就任。第 1 期の投資以降、「投資家」として関わっていると外部に説明していたが、同年 10 月から代表取締役への就任が噂され、それに応えて就任した形となる。

　2013 年 12 月、現ミラティブ CFO の伊藤光茂氏が入社した。2014 年 4 月に取締役に就任している。

　期末日時点で従業員数は 19 人となっている。役員の充実具合に比べると、従業員数は限定されていると言える水準であり、まずはトップから陣容を固めていたことが伺える。

資本取引（8回）の解説

表 3-2　株式数の情報・調達金額・Valuation の情報

解説 No.	日付	取引種類	発行済株 式総数	新規発行 株数	調達額 （千円）	株価 （円／株）	Post-Value （千円）	資本金 （千円）
06 まで	2012/11/14	設立登記	1,228 (1,343)		87,580			43,865
07	2013/07/12	第三者割当	1,403 (1,518)	175	350,000	2,000,000	3,036,000	218,865
08	2013/11/15	第2回新株 予約権	1,403 (1,572)	— (54)	—	2,000,000	3,144,000	218,865
09	2013/12/06	第3回新株 予約権	1,403 (1,586)	— (14)	—	2,000,000	3,172,000	218,865
10	2013/12/08	株式譲渡	1,403 (1,586)		—	3,300,000	5,233,800	218,865
11	2013/12/24	第三者割当	1,653 (1,836)	250	1,200,000	4,800,000	8,812,800	818,865
12	2014/04/09	株式分割	165,300 (183,600)	163,647	—	48,000	8,812,800	818,865
13	2014/04/21	第4回新株 予約権	165,300 (189,850)	— (6,250)	—	48,000	9,112,800	818,865
14	2014/05/30	第三者割当	171,600 (196,150)	6,300	409,500	65,000	12,749,750	1,023,615
累計					2,047,080			

カッコ内は、新株予約権による潜在株式数を含めた株式数。
新株予約権による潜在株式数は、上場時まで在籍した者に対するもの。
Valuation は潜在株式数を含めて計算している。

‖ この期間における資本取引の情報

全8回（第三者割当3回、ストックオプション発行3回、株式分割、株式譲渡）

　外部の機関投資家から、2013 年 7 月、2013 年 12 月、2014 年 5 月と 3 回大型の調達を行っている。Gunosy の資本政策の特徴の 1 つとして、調達の前後に新株予約権の発行を頻繁に行う傾向が見られる（No.08、09、13）。

　なお、金融機関からの借入は行っておらず、すべてエクイティにより調達した金額で、広告費等の費用の運用を行っている。木村新司氏から 1 カ月程度、短期的に 3 億円を借入れている（タイミングは公表されていないが、木村新司氏保有の株式譲渡を行った 2013 年 12 月付近ではないかと推定している）。

No.07-09　木村新司氏が代表取締役に就任する前の取引

　第2期において、Gunosy は機関投資家・企業からの調達を本格化した。これまで普通株により資本取引を行っていたが、このラウンド（SeriesA）から、優先株式を用いた調達を行っている。

||| 優先株式による調達の特徴

　優先株式を用いた一連の調達内容を見る前に、優先株式の設計について先に確認する。優先株式の設計について、表 3-3 にまとめている。優先株式の設計上最も重要視される残余財産分配権は、同順位・参加型・優先分配後の上限額なしの、投資家有利な条件となっている。

　資金調達の際に用いられた優先株式の設計思想は、Series A ラウンドのリード投資家であるジャフコグループによる影響が大きいだろう。例えば、同時期（2013 年 10 月）にジャフコがリード投資家として出資したマネーフォワード社に対して同じ設計の優先株式を用いている。2013 年以降、ジャフコがリード投資家として出資する場合、同一の設計の優先株式が採用されるケースが大半を占める。

　優先株式を用いた資金調達について、以下の 2 点は見習うべきだろう。

①調達期間の短さ

　Gunosy が上場前に行った外部調達（SeriesA から C）は、2013 年 7 月から 2014 年 6 月までの 12 カ月ですべて実施されている。この間、株価を 3 回（× 25 倍 → × 3 倍 → × 2 倍）変えながら、上場までの必要額を調達したことは理想的なスケジュールと言える。

② 各ラウンドの放出率

　各ラウンドの放出率は 10 〜 15％の水準に留めている。これは、（会社状況を一旦抜きにして論じる場合）適切な水準と言われる割合といっていいだろう。

　ビジネス上マネタイズが完全に行われていない状況で、事業をグロースさせるために必要な金額を調達するに際して、放出割合（つまり Valuation）を妥協しなかっただろうことが推察される。

表3-3 Gunosy の優先株式の設計

		7/12/2013	12/24/2013	5/30/2014
	発行日時	A 種優先株式	B 種優先株式	C 種優先株式
	種類株式名			
優先配当		設定なし		
優先残余財産分配	倍率	× 1.0 倍		
	順位（発行時）	なし	A=B	A=B=C
	優先分配後	参加型（AND 型）		
	優先分配後倍率	× 1.0 倍		
	優先分配後上限	なし		
金銭と引き換えにする取得請求権	行使条件	(i) 吸収分割若しくは新設分割により当会社の主たる事業の全部若しくは実質的なすべてを他の会社に承継させた場合、又は (ii) 当会社の主たる事業の全部若しくは実質的なすべてを第三者に譲渡した場合		
	倍率	× 1.0 倍		
	原資	事業譲渡等の対価		
	優先分配後	参加型（AND 型）		
普通株式と引き換えにする取得請求権	株主行使権	いつでも可		
	取得比率	× 1.0 倍		
希薄化防止条件	対象取引	低廉発行（ストックオプション発行含む）		
	調整方法	ナローベース		
	その他	なし		
取得条項	条件	取締役会上場決議、決議後上場延期した場合は無効		
	取得比率	× 1.0 倍		
議決権		有		

Gunosy と対照的なスマートニュースの優先株式設計

表3-4 スマートニュースの優先株式

	発行日時	7/31/2013	7/3/2014	6/30/2014	3/31/2015	3/18/2016	3/18/2016
	種類株式名	A種優先株式	B1種優先株式	B2種優先株式	C種優先株式	D1種優先株式	D2種優先株式
優先配当	倍率	× 6%					
	優先配当後	参加					
	翌年累積	なし					
	順位（発行時）	なし	B1=B2>A	B2>A	C>B1=B2>A	D1>C>B1=B2>A	D1=D2>C>B1=B2>A
優先残余財産分配	倍率	× 1.5					
	順位（発行時）	なし	B1=B2>A	B2>A	C>B1=B2>A	D1>C>B1=B2>A	D1=D2>C>B1=B2>A
	優先分配後	参加型（AND型）					
	優先分配後倍率	0.37171倍	1倍				
	上限	なし	× 2.3868倍				
金銭と引き換えにする取得請求権		設定なし					
普通株式と引き換えにする取得請求権	株主行使権	いつでも可					
	取得比率	× 1.0					
	希薄化防止条件	低廉発行（ストックオプション発行含む）					
	調整方法	ブロードベース					
	その他	SO15%分まで希薄化防止条項の対象外					
取得条項	条件	取締役会上場決議、決議後上場延期した場合は無効					
	取得比率	× 1.0					
	希薄化防止	低廉発行（ストックオプション発行含む）					
	調整方法	ブロードベース					
議決権		有					
種類株主総会		不要の定めあり					

　競合となるスマートニュースの優先株式設計を確認すると、Gunosyと別の戦略をとっていたことが推察できる。優先株式の設計は会社独自の色がみてとれる。残余財産分配権×1.5倍・優先分配後の分配額に上限がある優先株式と、上限がない（が、分配倍率が低めの）優先株式を2種類発行している。希薄化防止条件も最も経営陣や既存投資家が有利なブロードベースになっている。

　スマートニュースの調達活動が本格化した時期は、Gunosyが調達活動を

終えた 2014 年 7 月から開始し、2016 年 3 月まで 1 年半をかけて資金を調達している。

No.07　2013 年 7 月 12 日―第三者割当

資本取引の影響

株主	取引前株式数	増加株式数	取引後株式数	取引後割合	割合変化
共同創業者　合計	135	—	135	9.6%	△ 1.4%
	(210)	—	(210)	(13.8%)	（△ 1.8%）
その他役員・従業員　合計	121	—	121	8.6%	△ 1.2%
	(161)	—	(161)	(10.6%)	（△ 1.4%）
その他会社代表経験者　合計	892	—	892	63.6%	△ 9.1%
	(892)	—	(892)	(58.8%)	（△ 7.7%）
外部投資家　合計	80	+175	255	18.2%	+ 11.7%
	(80)	(+175)	(255)	(16.8%)	(+10.8%)

増加株式数内訳

株主名	種類	増加数	取引後株式数	取引後割合
ジャフコ SV4 号共有投資事業有限責任組合（ジャフコ グループ株式会社）	A 種優先株式	+150	150	10.7%（9.9%）
B Dash Fund 1 号投資事業有限責任組合（B Dash Ventures 株式会社）	A 種優先株式	+10	10	0.7%（0.7%）
イーストベンチャーズ投資事業有限責任組合（イーストベンチャーズ株式会社）	A 種優先株式	+15	15	1.1%（1.0%）
合計	A 種優先株式	+175		

カッコ内は、新株予約権による潜在株式数を含めた計数。
新株予約権数は、上場時まで在籍した者に対するもののみ記載している。

取引概要

手法　第三者割当増資発行株数　175 株

株種類　A 種優先株式

株価　2,000,000 円 / 株

時価総額 Pre 24 億 5600 万円 / Post 28 億 600 万円

株主　外部投資家（VC）3 社

調達額　3 億 5000 万円

取引の解説

初の機関投資家からの調達を実施している。前回の資本取引（No.06）から2カ月で株価を25倍に上げての調達となっている。種類株式の設計は前述の通りだ。

No.08 2013年11月15日—新株予約権発行（第2回新株予約権）

資本取引の影響

株主	取引前株式数	増加株式数	取引後株式数	取引後割合	割合変化
共同創業者　合計	135	—	135	9.6%	—
	(210)	(+12)	(222)	(14.1%)	(+0.3%)
その他役員・従業員　合計	121	—	121	8.6%	—
	(161)	(+42)	(203)	(12.9%)	(+2.3%)
その他会社代表経験者　合計	892	—	892	63.6%	—
	(892)		(892)	(56.7%)	(△2.0%)
外部投資家　合計	255	—	255	18.2%	—
	(255)		(255)	(16.2%)	(△0.6%)

増加株式数内訳

株主名	取引役職	上場時役職	種類	増加数	取引後株式数	取引後割合
福島 良典	代表取締役	代表取締役CEO	普通株式	—	45	3.2% (4.8%)
			第1回新株予約権	—	25	
			第2回新株予約権	+4	4	
他　共同創業者2名			普通株式	—	90	6.4% (9.6%)
			第1回新株予約権	—	50	
			第2回新株予約権	+8	8	
竹谷 祐哉	—	取締役COO	普通株式	—	20	1.4% (2.2%)
			第1回新株予約権	—	10	
			第2回新株予約権	+4	4	
従業員（持分保有者）1名			第1回新株予約権	—	20	— (1.3%)
			第2回新株予約権	+10	10	
従業員（新規）7名			第2回新株予約権	+28	28	— (1.8%)
合計			第2回新株予約権	+54		

カッコ内は、新株予約権による潜在株式数を含めた計数。
新株予約権数は、上場時まで在籍した者に対するもののみ記載している。

取引概要

手法　新株予約権（第2回新株予約権）

取得者　共同創業者3名、　他従業員9名

発行株数　54株

株種類　普通株式

行使価格　2,000,000円/株

行使請求期間　2015年11月16日から2023年11月15日

||| 取引の解説

　共同創業者3名の他、新規従業員並びに既存の役員・社員に対して新株予約権（無償・税制適格）を付与している。

　2013年7月の資金調達（No.07）によりストックオプションの発行割合が発行済株式総数の7%まで低下したが、それを10%超まで戻す形となる。

　①ストックオプション発行割合は概ね10%程度を保つ、

　②新入社員含め概ね全員が株式ないし新株予約権を持つようにする、

という新株予約権に対する設計思想が見て取れる取引となっている。

資本取引の影響

株主	取引前株式数	増加株式数	取引後株式数	取引後割合	割合変化
共同創業者　合計	135	—	135	9.6%	—
	(222)	—	(222)	(14.0%)	(△0.1%)
その他役員・従業員　合計	121	—	121	8.6%	—
	(203)	(+14)	(217)	(13.7%)	(+0.8%)
その他会社代表経験者　合計	892	—	892	63.6%	—
	(892)	—	(892)	(56.2%)	(△0.5%)
外部投資家　合計	255	—	255	18.2%	—
	(255)	—	(255)	(16.1%)	(△0.1%)

増加株式数内訳

株主名	取引日役職	上場時役職	種類	増加数	取引後株式数	取引後割合
伊藤 光茂	—	取締役 CFO	第 3 回新株予約権	+10	10	-(0.6%)
従業員（持分保有者）1 名			普通株式		1	0.1%
			第 3 回新株予約権	+1	1	(0.1%)
従業員（新規）1 名			第 3 回新株予約権	+3	3	-(0.2%)
合計			第 3 回新株予約権	+14		

カッコ内は、新株予約権による潜在株式数を含めた計数。
新株予約権数は、上場時まで在籍した者に対するもののみ記載している。

　取引概要

手法　新株予約権（第 3 回新株予約権）

取得者　従業員 3 名（うち 1 名は上場時取締役）

発行株数　14 株

株種類　普通株式

行使価格　2,000,000 円 / 株

行使請求期間　2015 年 12 月 7 日から 2023 年 12 月 6 日

||| 取引の解説

　これまでの新株予約権の付与方法と同様に、2013 年 12 月に入社した伊藤氏（上場時 CFO）と、同時期に入社したマーケティング担当者、コーポレ

ートスタッフの計3人に対して新株予約権の付与を行っている。

No.10-11 木村新司氏の代表取締役就任直後の取引

　2013年11月に木村新司氏が代表取締役に就任しており、就任後最初に行った外部との資本取引がこの期間に行われた2取引となる。

No.10　2013年12月8日—株式譲渡

資本取引の影響

株主	取引前株式数	増加株式数	取引後株式数	取引後割合	割合変化
共同創業者　合計	135	—	135	9.6%	—
	(222)	—	(222)	(14.0%)	—
その他役員・従業員　合計	121	—	121	8.6%	—
	(287)	—	(217)	(13.7%)	—
その他会社代表経験者　合計	892	△30	862	61.4%	△2.1%
	(892)	(△30)	(862)	(54.4%)	(△1.9%)
外部投資家　合計	255	+30	285	20.3%	+2.1%
	(255)	(+30)	(285)	(18.0%)	(+1.9%)

譲渡取引詳細

株主名	取引日役職	上場時役職	種類	増加数	取引後株式数	取引後割合
木村新司	代表取締役	—	普通株式	△30	862	61.4% (54.4%)
B Dash Fund 1号投資事業有限責任組合 （B Dash Ventures株式会社）			普通株式	+30	30	2.1% (1.9%)
合計			普通株式	±0		

カッコ内は、新株予約権による潜在株式数を含めた計数。
新株予約権数は、上場時まで在籍した者に対するもののみ記載している。

> **取引概要**

手法　　株式譲渡
譲渡人　木村新司氏
譲受人　B Dash Fund 1号投資事業有限責任組合
株価　　3,300,000円
株数　　30株

譲渡価格　99,000,000 円

‖取引の解説

　B Dash Ventures に対して、木村新司氏個人から株式譲渡を実施している。この取引に至るまで、木村氏は Gunosy に対して、2013 年 2 月 5 日の取引（No.03）時に 4640 万円、2013 年 5 月 31 日の取引（No.06）時に 4992 万円の合計 9632 万円の私費を投じていた。

　この取引で、これまで投下した金額を全額回収し、その上で手元には Gunosy 株 862 株（発行済株式総数の 61.44%）が残された計算になる。先入先出法により計算された取得原価は 240 万円で、譲渡所得が 9660 万円が木村氏個人に生じる計算になる。

No.11　2013 年 12 月 24 日―第三者割当増資

資本取引の影響

株主	取引前株式数	増加株式数	取引後株式数	取引後割合	割合変化
共同創業者　合計	135	—	135	8.2%	△ 1.5%
	(222)	—	(222)	(12.1%)	(△ 1.9%)
その他役員・従業員　合計	121	—	121	7.3%	△ 1.3%
	(217)	—	(217)	(11.8%)	(△ 1.9%)
その他会社代表経験者　合計	862	—	862	52.1%	△ 9.3%
	(862)	—	(862)	(46.9%)	(△ 7.4%)
外部投資家　合計	285	+250	535	32.4%	+ 12.1%
	(285)	(+250)	(535)	(29.1%)	(+11.2%)

増加株式数内訳

株主名	種類	増加数	取引後株式数	取引後割合
KDDI 株式会社	B 種優先株式	+250	250	15.1% (13.6%)
合計	B 種優先株式	+250		

カッコ内は、新株予約権による潜在株式数を含めた計数。
新株予約権数は、上場時まで在籍した者に対するもののみ記載している。

取 引 概 要
手法　第三者割当増資発行

株数　250 株

株種類　B 種優先株式

株価　4,800,000 円 / 株

時価総額 Pre 67 億 3440 万円 / Post 79 億 4640 万円

株主　KDDI 株式会社

調達額　12 億円

取引の解説

　KDDI から 12 億円調達している。調達に際して用いた種類株式の各種条件の設計は、SeriesA で用いた種類株式と同様の設計となっている。本取引は 2013 年 12 月に行っているが、この出資を元にした業務提携の発表は 2014 年 3 月に行っている。

　本取引から業務提携の発表を行うまでの間、Gunosy は、①サービスのリニューアルを実施し、②この調達金額を元に行ったテレビ CM を流す準備を行っていた。

　リニューアルによりサービスイメージを変えた後に調達ニュースを流し、その後 CM を打つという、戦略的な PR 活動が行われていたことがわかる。

No.12-14　第2期（上場直前期）末に行った取引

　この時期は、株式分割並びに上場前最後の資金調達となる SeriesC ラウンドの前半を行っている。

No.12	2014 年 4 月 9 日―株式分割

資本取引の影響

株主	取引前株式数	増加株式数	取引後株式数	取引後割合	割合変化
共同創業者　合計	135	+13,365	13,500	8.2%	―
	(222)	(21,978)	(22,200)	(12.1%)	―
その他役員・従業員　合計	121	+18,909	12,100	7.3%	―
	(217)	(+28,413)	(21,700)	(11.8%)	―
その他会社代表経験者　合計	862	+85,338	86,200	52.1%	―
	(862)	(+85,338)	(86,200)	(46.9%)	―
外部投資家　合計	535	+46,035	53,500	32.4%	―
	(535)	(+46,035)	(53,500)	(29.1%)	―

取引概要

手法　株式分割
割合　1:100

||| 取引の解説

　株式分割を行っている。年内に再度（2014 年 12 月 29 日）1:100 の分割を行っている。分割後の発行済株式総数 165,300 株は上場を見据えてたものとしては、やや中途半端な株数であった。

資本取引の影響

株主	取引前株式数	増加株式数	取引後株式数	取引後割合	割合変化
共同創業者　合計	13,500	—	13,500	8.2%	—
	(22,200)	—	(22,200)	(11.7%)	(△ 0.4%)
その他役員・従業員　合計	12,100	—	12,100	7.3%	—
	(21,700)	(+6,250)	(27,950)	(14.7%)	(+2.9%)
その他会社代表経験者　合計	86,200	—	86,200	52.1%	—
	(86,200)	—	(86,200)	(45.4%)	(△ 1.5%)
外部投資家　合計	53,500	—	53,500	32.4%	—
	(53,500)	—	(53,500)	(28.2%)	(△ 1.0%)

増加株式数内訳

株主名	取引日役職	上場時役職	種類	増加数	取引後株式数	取引後割合
竹谷 祐哉	取締役	取締役 COO	普通株式	—	2,000	1.2% (2.3%)
			第 1 回新株予約権	—	1,000	
			第 2 回新株予約権	—	400	
			第 4 回新株予約権	+1,000	1,000	
伊藤 光茂	取締役	取締役 CFO	第 3 回新株予約権	—	1,000	— (1.3%)
			第 4 回新株予約権	+ 1,500	1,500	
従業員（持分保有者）2 名			第 2 回新株予約権	—	400	— (1.3%)
			第 3 回新株予約権	—	300	
			第 4 回新株予約権	+1,700	1,700	
従業員（新規）5 名			第 4 回新株予約権	+2,050	2,050	— (1.1%)
合計			第 4 回新株予約権	+6,250		

カッコ内は、新株予約権による潜在株式数を含めた計数。
新株予約権数は、上場時まで在籍した者に対するもののみ記載している。

取引概要

手法　新株予約権（第 4 回新株予約権）

取得者　従業員 9 名（内、6 名に初めて付与）

発行株数　6,250 株

株種類　普通株式

行使価格　48,000 円 / 株

行使請求期間　2016 年 4 月 22 日から 2024 年 4 月 21 日

⦀ 取引の解説

　SeriesC ラウンドを株価を上げて実施する前に、新入社員並びに既存の役員・社員宛てに税制適格無償新株予約権の付与を行っている。SeriesB ラウンドを実施したことにより、潜在株式の割合が発行済株式総数の 10％ を割っていたが、この取引により同割合が 10％ 超となった。

　また、公表されている従業員数は 2014 年 5 月時点で 19 人となっている。割当状況を見る限り、期末日在籍した従業員全員に対して新株予約権を付与していたことが推測される。

No.14　2014 年 5 月 30 日 第三者割当増資—C 種優先株式

資本取引の影響

株主	取引前株式数	増加株式数	取引後株式数	取引後割合	割合変化
共同創業者　合計	13,500	—	13,500	7.9%	△0.3%
	(22,200)	—	(22,200)	(11.3%)	(△0.4%)
その他役員・従業員　合計	12,100	—	12,100	7.1%	△0.3%
	(27,950)	—	(27,950)	(14.3%)	(△0.5%)
その他会社代表経験者　合計	86,200	—	86,200	50.2%	△1.9%
	(86,200)	—	(86,200)	(43.9%)	(△1.5%)
外部投資家　合計	53,500	+6,300	59,800	34.9%	+2.5%
	(53,500)	(+6,300)	(59,800)	(30.5%)	(+2.3%)

増加株式数内訳

株主名	種類	増加数	取引後株式数	取引後割合
ジャフコ SV4 号共有投資事業有限責任組合	A 種優先株式	—	15,000	12.4%
（ジャフコ グループ株式会社）	C 種優先株式	+6,300	6,300	(10.9%)
合計	C 種優先株式	+6,300		

カッコ内は、新株予約権による潜在株式数を含めた計数。
新株予約権数は、上場時まで在籍した者に対するもののみ記載している。

取引概要

手法　第三者割当増資

発行株数　6,300 株

株種類　C 種優先株式

株価　65,000 円 / 株

時価総額　Pre107 億 4450 万円 / Post 111 億 5400 万円

株主　ジャフコ SV4 号

調達額　4 億 950 万円

取引の解説

　SeriesA ラウンドに参加したジャフコから、追加調達を実施している。

　期末日の資本金が 1 億円超となっているため外形標準課税の対象となり、資本金等の 0.21％（税率は当時）にあたる 430 万円を資本割として納税が必要になっている（貸借対照表上、未払法人税等の金額からも確認可能）。

　資本金を 1 億円以下とする減資の手続きを 5 月中に実施し、その後、期末日をまたいでから SeriesC ラウンドを実施することも手であった。

　ただし、期末日時点の現預金残高から類推すると、現預金残高が調達前の時点で 5000 万円強しか残されておらず、資金調達を急いだ可能性もある。

資本取引のまとめ

　上場直前期にあたる第 2 期には、種類株式を用いた外部調達を 2 回実施している（No.11、14）。各回の放出割合は 10％強ずつに留めており、事業の成長に必要な金額を調達後も、発行済株式総数水準で木村新司氏が 50％強の持分比率を維持している。

　第 1 期に引き続き、所属している役員・従業員全員に株式や新株予約権を付与する方針がこの期まで徹底されている。なお、上場申請期にあたる翌第 3 期は、従業員数が急拡大したこともあり全社員への付与は行っていない。

第 3 期の資本政策

会社の状況
サービスの状況

　Gunosy とスマートニュース株式会社（東京・渋谷）の 2 社による、ニュ

ース配信スマホアプリの争いは、両社が公表している累積ダウンロード数
（図 3-4）から推定できる。

図3-4　Gunosy とスマートニュースの累積ダウンロード数比較（単位：万）

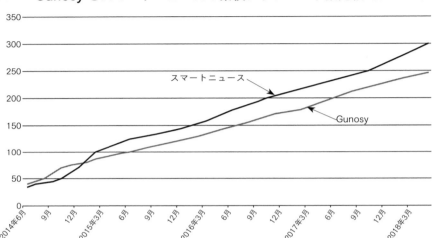

　第 2 期に実施したサービスリニューアル並びにテレビ CM の効果により、
Gunosy は累積ダウンロード数ベースでスマートニュースを上回ることに成
功した。これに対して、スマートニュースは 2014 年 7 月から 2016 年 3 月
まで資金調達並びにサービスのグロースを本格化しており、2015 年 1 月以
降累積ダウンロード数で Gunosy を上回っている。Gunosy の累積ダウンロ
ード数がスマートニュースを上回っている期間は、2014 年 5 月から 2015 年
1 月までの 10 カ月弱のみであった。

　Gunosy の上場承認がおりたのは 2015 年 3 月 24 日であり、テレビ CM に
より「スマートニュースよりユーザーを獲得して上場」というシナリオを主
張できるギリギリのタイミングで上場したことになる。

　この時点から評価すると、2012 年 11 月に会社を設立したとき、5 月決算
としたことで、スマートニュースとの競争が激化する前にスピード上場した
ことは評価できる。赤字を計上していた企業が上場する場合、年度の着地が
見える決算日近くに上場することが多い。11 月に設立した会社の多くが設

定する 10 月決算とした場合、仮に 2015 年 9 月か 10 月に上場を試みた場合、ここまでスムーズに上場できただろうか。

業績の状況

2014 年 6 月から始まる第 3 期において Gunosy は、マネタイズの手法を増やす発表を行っている。2014 年 6 月には、広告収益の還元を前提とした記事の複製データ（キャッシュ）の配信を開始し、ユーザーがオフラインでも広告記事を見ることができるサービスを開始した。マネタイズの結果サービスから広告収入を得る体制が出来上がり、第 3 期の売上高は 31 億 6543 万円となった。サービスを成長するために費やした広告宣伝費は、第 2 期からテレビ CM を放映していた影響により、前期を上回る 19 億 6810 万円を計上した。創業以降初の黒字となる 1 億 3650 万円の当期純利益を計上している。

人事の状況

大きいイベントとして、木村新司氏が 2014 年 8 月 28 日付で退任している。

退任の時期について評価は難しいが、サービスの状況までみると、ユーザー獲得で広告をギリギリまで積んだ（＝最も舵取りが難しかった）第 2 期を乗り越えた後の退任であったと評価できる。

従業員数は上場申請時に 52 人まで増加している（期末時点で 64 人）。

資本取引（全5回）の解説

表3-5　株式数の情報・調達金額・Valuation の情報

解説 No.	日付	取引種類	発行済株 式総数	新規発行 株数	調達額 （千円）	株価 （円／株）	Post-Value （千円）	資本金 （千円）
14 まで			171,600 (196,150)		2,047,080			1,023,615
15-1	2014/06/06	第三者割当	182,100 (206,650)	10,500	682,500	65,000	13,432,250	1,364,865
15-2	2014/06/30	第三者割当	183,780 (208,330)	1,680	109,200	65,000	13,541,450	1,419,465
16	2014/08/13	第5回新株 予約権	183,780 (209,080)	— (750)	—	65,000	13,590,200	1,419,465
17	2014/8/14- 9/30	株式譲渡	183,780 (209,080)	—	—	65,000	13,590,200	1,419,465
18	2014/10/30	第6回新株 予約権	183,780 (209,630)	— (550)	—	65,000	13,625,950	1,419,465
19	2014/12/29	株式分割	183,780 (209,630)	—	—	650	13,625,950	1,419,465
累計					2,838,780			

カッコ内は、新株予約権による潜在株式数を含めた株式数。
新株予約権による潜在株式数は、上場時まで在籍した者に対するもの。
Valuation は潜在株式数を含めて計算している。

この期間における資本取引の情報

全5回（第三者割当1回、ストックオプション発行2回、株式分割、株式譲渡）

　上場前最後の資金調達となった SeriesC 後半の調達活動を実施している。退任した社外取締役の株式譲渡がこの時期行われた。

資本取引の影響

株主	取引前株式数	増加株式数	取引後株式数	取引後割合	割合変化
共同創業者　合計	13,500	—	13,500	7.3%	△ 0.5%
	(22,200)	—	(22,200)	(10.7%)	(△ 0.7%)
その他役員・従業員　合計	12,100	—	12,100	6.6%	△ 0.5%
	(27,950)	—	(27,950)	(13.4%)	(△ 0.8%)
その他会社代表経験者　合計	86,200	—	86,200	46.9%	△ 3.3%
	(86,200)	—	(86,200)	(41.4%)	(△ 2.6%)
外部投資家　合計	59,800	+12,180	71,980	39.2%	+ 4.3%
	(59,800)	(+12,180)	(71,980)	(34.6%)	(+4.1%)

増加株式数内訳

株主名	種類	増加数	取引後株式数	取引後割合
KDDI 株式会社	Ｂ種優先株式	—	25,000	19.3%
	Ｃ種優先株式	+10,500	10,500	(17.0%)
B Dash Fund 2 号投資事業有限責任組合（B Dash Ventures 株式会社）	Ｃ種優先株式	+1,680	1,680	0.9% (0.8%)
合計	Ｃ種優先株式	+12,180		

カッコ内は、新株予約権による潜在株式数を含めた計数。
新株予約権数は、上場時まで在籍した者に対するもののみ記載している。

> **取引概要**

手法　第三者割当増資
発行株数　2014 年 6 月 6 日 KDDI 株式会社　10,500 株
　　　　　2014 年 6 月 30 日 B Dash Fund2 号投資事業有限責任組合
　　　　　1,680 株
株種類　Ｃ種優先株式
株価　65,000 円
調達額　7 億 9170 万円

||| 取引の解説

　第 2 期中、SeriesC ラウンドの後半を実施している。SeriesC ラウンドは、前半の調達取引時に出資したジャフコを含め、すべて既存の投資家から資金

調達を行っている。

資本取引の影響

株主	取引前株式数	増加株式数	取引後株式数	取引後割合	割合変化
共同創業者　合計	13,500	—	13,500	7.3%	—
	(22,200)	—	(22,200)	(10.6%)	(△0.0%)
その他役員・従業員　合計	12,100	—	12,100	6.6%	—
	(27,950)	(+750)	(28,700)	(13.7%)	(+0.3%)
その他会社代表経験者　合計	86,200	—	86,200	46.9%	—
	(86,200)	—	(86,200)	(41.2%)	(△0.1%)
外部投資家　合計	71,980	—	71,980	39.2%	—
	(71,980)	—	(71,980)	(34.4%)	(△0.1%)

増加株式数内訳

株主名	種類	増加数	取引後株式数	取引後割合
従業員（新規）11名	第5回新株予約権	+750	750	—
				(0.4%)
合計	第5回新株予約権	+750		

カッコ内は、新株予約権による潜在株式数を含めた計数。
新株予約権数は、上場時まで在籍した者に対するもののみ記載している。

取引概要

手法　新株予約権発行（第5回新株予約権）

取得者　従業員11名

株数　750株（分割後 75,000）

行使時の払込価格　1株当たり65,000円（分割後650円）

行使請求期間　平成28年8月14日から平成36年8月13日

取引の解説

　従業員向けのストックオプション発行を行っている。0.1%〜0.01%の範囲で付与をしている。2014年に新たに入社した社員にも付与を行っている。

資本取引の影響

株主	取引前株式数	増加株式数	取引後株式数	取引後割合	割合変化
共同創業者　合計	13,500	—	13,500	7.3%	—
	(22,200)	—	(22,200)	(10.6%)	—
その他役員・従業員　合計	12,100	△ 3,900	8,200	4.5%	△ 2.1%
	(28,700)	(△ 3,900)	(24,800)	(11.9%)	(△ 1.9%)
その他会社代表経験者　合計	86,200	—	86,200	46.9%	—
	(86,200)	—	(86,200)	(41.2%)	—
外部投資家　合計	71,980	+3,900	75,880	41.3%	+ 2.1%
	(71,980)	(+3,900)	(75,880)	(36.3%)	(+1.9%)

譲渡取引詳細

株主名	取引日役職	上場時役職	種類	増加数	取引後株式数	取引後割合
三尾正人			普通株式	△ 4,000	3,000	1.6% (1.4%)
伊藤 光茂	取締役	取締役 CFO	普通株式	+100	100	0.1% (1.2%)
			第 3 回新株予約権	—	1,000	
			第 4 回新株予約権	—	1,500	
B Dash Fund 2 号投資事業有限責任組合 （B Dash Ventures 株式会社）			普通株式	+3,100	4,780	2.6% (2.3%)
株式会社オプト			普通株式	+400	400	0.2% (0.2%)
株式会社セプテーニ			普通株式	+400	400	0.2% (0.2%)
合計			普通株式	± 0		

カッコ内は、新株予約権による潜在株式数を含めた計数。
新株予約権数は、上場時まで在籍した者に対するもののみ記載している。

取引概要

手法　株式譲渡

譲渡人　三尾正人氏

譲受人　8 月 14 日 株式会社オプト 400 株

　　　　8 月 15 日 B Dash Fund 2 号投資事業有限責任組合　800 株

　　　　8 月 18 日 株式会社セプテーニ 400 株

　　　　8 月 20 日 伊藤光茂氏 100 株

　　　　　9月30日 B Dash Fund 2号投資事業有限責任組合 2,300株

株数　計 4,000 株

譲渡価格　1株 65,000円　計 2億 9250万円

‖ 取引の解説

　2013年8月29日に社外取締役に就任した三尾正人氏は、2014年4月に社外取締役を辞任している。退任に伴い、2014年4月に取締役最高財務責任者に就任した伊藤氏へ100株、2013年7月12日から株主となっているB Dash Bentures のファンドへ2回の取引で3100株、当該取引により新規株主となった株式会社オプト・株式会社セプテーニに400株ずつ譲渡を行ったもの。

　この譲渡取引に伴い、特段プレスリリース等の情報発信はなされていない。譲渡先のうち株式会社セプテーニは、メディア事業の売上の3割弱を占めており、当該取引により「資本提携を行った」という情報発信も可能な状況だったが、（おそらく意図して）発信されなかった。代わりに両社の関係性は、資本提携を匂わせない「Gunosy Ads プレミアムパートナー」という形で発表されている。

　この取引で放出した株4000株の取得原価は320万円で、この取引により譲渡益2億8930万円が三尾氏に生じている。

資本取引の影響

株主	取引前株式数	増加株式数	取引後株式数	取引後割合	割合変化
共同創業者　合計	13,500	—	13,500	7.3%	—
	(22,200)	—	(22,200)	(10.6%)	(△ 0.0%)
その他役員・従業員　合計	8,200	—	8,200	4.5%	—
	(24,800)	(+550)	(25,350)	(12.1%)	(+0.2%)
その他会社代表経験者　合計	86,200	—	86,200	46.9%	—
	(86,200)	—	(86,200)	(41.1%)	(△ 0.1%)
外部投資家　合計	75,880	—	75,880	41.3%	—
	(5,880)	—	(75,880)	(36.2%)	(△ 0.1%)

増加株式数内訳

株主名	種類	増加数	取引後株式数	取引後割合
従業員（新規）1 名	第 6 回新株予約権	+550	550	— (0.3%)
合計	第 6 回新株予約権	+550		

カッコ内は、新株予約権による潜在株式数を含めた計数。
新株予約権数は、上場時まで在籍した者に対するもののみ記載している。

取引概要

手法　新株予約権発行（第 6 回新株予約権）

取得者　従業員 1 名

株数　550 株（分割後 55,000）

行使時の払込価格　1 株当たり 65,000 円（分割後 650 円）

行使請求期間　平成 28 年 10 月 31 日から平成 36 年 10 月 30 日

‖取引の解説

　2014 年 10 月、上場時に経営戦略室長を担当した社員が入社した。この社員に対し、キーマンに対するストックオプション発行として、0.269% のストックオプションを発行したもの。2018 年 5 月期の有価証券報告書開示時点で 184 株分行使され、残り 366 個が残存している。

　従業員人数が急増したことに伴い、従業員全員への付与はこのタイミング

には行っていないと推定されるが、キーマンになり得る人が入社した場合、入社時に発行するストックオプションの使い方が徹底されている。

No.19 2014年12月29日—株式分割

資本取引の影響

株主	取引前株式数	増加株式数	取引後株式数	取引後割合	割合変化
共同創業者　合計	13,500	+1,336,500	1,350,000	7.3%	—
	(22,200)	(+2,197,800)	(2,220,000)	(10.6%)	—
その他役員・従業員　合計	8,200	+1,504,800	820,000	4.5%	—
	(25,350)	(+3,202,650)	(2,535,000)	(12.1%)	—
その他会社代表経験者　合計	86,200	+8,533,800	8,620,000	46.9%	—
	(86,200)	(+8,533,800)	(8,620,000)	(41.1%)	—
外部投資家　合計	75,880	+6,819,120	7,588,000	41.3%	—
	(75,880)	(+6,819,120)	(7,588,000)	(36.2%)	—

取引概要

手法　株式分割
割合　1:100

||| 取引の解説

　上場前の最後の資本取引となる、2014年4月9日に引き続き2回目の株式分割を行っている。上場時の売買単位を意識した分割となる。東証が求めている最小投資単位は5〜50万円のレンジだが、この分割により、直近売買を参照した100株当たりの金額は6万5000円となり当該望ましい最小投資単位のレンジに入った計算となる。

||| 資本取引のまとめ

　第2期末から行っているSeriesCラウンドの、後半の資金調達を実施している。このラウンドで、上場前に行った資金調達を完了している。サービスから収益を得る体制構築に本格的に着手したことに伴い、サービスから生じる収益により広告宣伝費をまかなえる状況となった。
　退任した社外取締役が保有していた株式を、従業員および取引先に譲渡し

ている。譲渡先として従業員を含めたことで、取締役辞任に伴う株式譲渡というポジティブではないイベントを、インセンティブとして活用している。

　事業上のキーマンとなる者に対して、入社時にそれほど期間をあけずに新株予約権を付与する方針は第2期以前から継続している（No.16,18）。

まとめ　全取引から何を学ぶべきか

図3-5　創業から上場までの資本構成

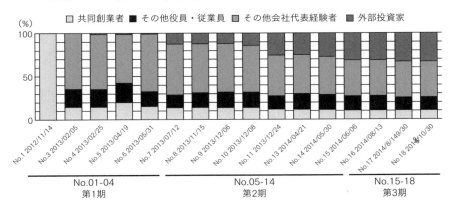

（1）共同創業者・設立メンバーに対する比率・分配

　Gunosyは3人の共同創業者によって設立された。設立までの経緯について特徴があり、1年以上サービス（Gunosy）を開発・運営する期間を経た後に設立されている。

　設立時の持分比率の特徴として、共同創業者3人とも同一の持分比率となるように、3分の1ずつ株式を保有する形で会社を設立している（No.01、02）。サービスの発起人であり会社設立時の代表取締役であった福島氏が持分比率の大半を占めるような初期の持分構成も考えられた。

　代表取締役が1人であり、かつ、共同創業者3人が同比率の持分割合である場合、「代表取締役が反対・他2人が賛成」の状況下において代表取締役の意に反する意思決定を行うことになる。そのため、代表者が明確に決まっている状況下では、代表者に持分比率を寄せた方が無難だった。

　初期に参画した従業員に対するエクイティ・インセンティブについて確認

する。上場時取締役だった竹谷氏（現代表取締役社長）、上場時取締役CTOだった石橋氏がこの時期に入社しているが、両者に対して2013年2月5日に株式を取得する機会を与えている（No.03）。

（2）キーマンに対するエクイティ・インセンティブの付与

キーマンに対しては、入社後に速やかに新株予約権を付与する方針があったことが推定される。新株予約権の付与について、役職に就く前に行うケースもある（対して、入社→役職就任→付与、という順番を徹底する会社もある）。

2013年4月に発行した第1回新株予約権（No.05）では、2013年1月に入社した竹谷氏、石橋氏を含めた3人に対して1～2％の持分比率に相当する新株予約権を付与している。全員、いずれも後日CXOに就任しているが、付与時点では役職に就任していない。

2013年12月、上場時CFOを務める伊藤氏（就任は2014年4月）が入社したことに伴い、入社月に新株予約権を0.6％相当付与している（No.09）。

2014年10月、経営戦略室室長を務める従業員の入社に伴い、同氏1名に向けて第6回新株予約権を設計・付与している（No.18）。

（3）従業員向けのエクイティ・インセンティブの付与

従業員に対しては「極力全員に新株予約権を持ってもらう」という姿勢が見える。

特に第2期についてはその姿勢が顕著にでており、2013年11月15日に発行した従業員9人に付与された第2回新株予約権（No.08）を皮切りに半年間で3回新株予約権が発行されている。2013年12月6日に発行した第3回新株予約権（第2期-3rd参照）はキーマン含む従業員3人に付与されている。2014年4月21日に発行した第4回新株予約権（No.13）は、従業員9人に付与されている。第2期には従業員数が6人から19人に増加しており、人数増加に合わせて頻繁に新株予約権を発行した姿勢が伺える。

（4）全体を通しての所見
【共同創業者がコントロールできた時期】（創業前～2013年2月5日）

⫴ 良かった点

　11月設立の会社だったが5月決算に設定したことにより、早期上場が可能になった。

⫴ 悪かった点

　1. 共同創業者3人33％ずつの持株比率は、意思決定者が外部からみて明確にならない点を考えると、是正するべきだったのではないか

　2. 個人プロジェクトで開始していた時点である程度ユーザー数が獲得できていたため、それを元に資金調達の目処を立たせてから法人化は難しかったか。

⫴ 興味深い点

　創業から間もない2013年2月5日の段階で、何故、個人による企業買収と言えるような取引を実施したのか

【木村新司氏がコントロールした時期】（2013年2月5日〜上場まで）

⫴ 良かった点

　1. 各ラウンド価格を変えながら、1年間で上場までに必要な資金額の調達を完了した。各ラウンドの放出割合も10〜15％と妥当な水準

　2. キーマンが入社した場合、新株予約権を発行する方針が徹底されていた。早期上場を目指す会社は見習っても良いのではないか。

⫴ 悪かった点

　1. 2014年中に株式分割を2回行ったが、1回にまとめることも可能だった。

　2. 期末日付近に調達をしていたことにより、増資金額の0.21％分資本割を多く払うことになった。そもそも、資本金を1億円まで減資する方策も打てただろう。

　本章では、2019 年 5 月 16 日に上場承認され、2019 年 6 月 19 日に上場した Sansan 株式会社（証券コード：4443）を題材として考察を行う。

　同社は上場前に大型のファイナンスを繰り返し行い、未上場のまま、時価総額が 1000 億円を超えた BtoB の SaaS 型サービスを営む企業として知られている。同社が創業から上場までに行った、全 30 回の資本取引の詳細を、1 取引ずつ背景を追いながら振り返る。

　創業から 1 取引ずつ資本取引を振り返ることで、

- ・創業者が初期から資金を投じた場合の効用
- ・頻繁に繰り返す大型調達において、どのような資本取引を行ったのか
- ・ユニットエコノミクスが明らかになっている SaaS 企業の、プライベートラウンドにおける相場感

を確認することができる。

資本取引の解説の前提：時系列と情報の関係性

（1）Ⅰの部開示期間外に対する取り扱い

　Ⅰの部に記載された資本取引の情報を読み解くことで、会社が行った資本取引の詳細について解説している。Ⅰの部には上場申請時からおおよそ 5 年分の資本取引のみが開示されているため、設立から 5 年超過した後に上場した企業にはⅠの部に開示されない期間が存在する。この開示されない期間における資本取引については、登記簿謄本やニュースから取引内容を推測する必要がある。

　Sansan は 2007 年 6 月に設立された会社であり、上場承認された会計期間は、第 12 期目の会計期間にあたる 2019 年 5 月期となる。

　「資本取引がⅠの部に開示された期間」と「開示対象外の期間」は、以下

の通りとなる。

①第1期～第7期途中（2007年6月11日～2014年5月23日）

　登記簿謄本により第三者割当内容を確認。各第三者割当に参加した株主ならびに株数を、ニュース情報から推測した。

②第7期途中～第12期（2014年5月29日～2019年1月31日）

　Ⅰの部に開示されている資本取引を確認した。

（2）解説の切り口

　2019年3月にBUSINESS INSIDERに掲載された寺田社長のインタビュー記事において、自社の事業フェイズを3つのフェイズに切り分けて捉えている。本章では、設立以降から上場に至るまでの全30回にわたる資本取引について、寺田社長が定義した以下のフェイズごとに切り分けて解説を行う。

①フェイズ1（2007年～2012年）

　資金調達環境——ファイナンス上、黒字化が求められていた

　自社戦略——少ない資金を回していた

②フェイズ2（2013年～2018年）

　資金調達環境——フェイズ1から変化（黒字化要求が低下した）

　自社戦略——ユニットエコノミクスから広告宣伝費への投資可能額を算定して投資

③フェイズ3（2019年～）

　自社戦略——「多角的」に事業を成長させていくフェイズ

フェイズ1：
第1期～第5期（2007年6月11日～2012年5月31日）の資本政策

会社の状況
‖ 機関の状況

　Sansan（設立当初は、三三株式会社）は、2007年6月11日に設立された。創業者は三井物産出身の寺田親弘氏。創業前に1年半かけた起業準備期間に、

共同創業メンバー（富岡圭氏、塩見賢治氏、常樂諭氏、角川素久氏）を誘い、この5人で創業している。共同創業者5人は、創業時から取締役を務めている。

Sansanは創業時から取締役会設置会社であり、元三井物産人事部人材開発センター所長の鹿沼昭彦氏が創業時監査役として就任している（2015年10月に監査役を退任し、同社の名誉顧問職に就任している）。

寺田氏は創業前からインキュベイトファンド代表パートナーの赤浦徹氏からサポートを受けており、創業した2007年にインキュベイトファンドから出資を受けている。赤浦氏自身も、創業から2カ月後の2007年8月から取締役に就任している。

第1期から第4期の期間は、上記の機関構成（取締役6人、監査役1人）で固定されている。

||| サービスの状況

創業から3カ月経過した2007年9月21日、法人向けの名刺管理ソフト「Link Knowledge（現 Sansan）」の提供を開始した。価格の付け方が特徴的で、サービス提供開始から月額10万円 / 社からと高めの設定をしていた。

契約とともにスキャナーを貸出し、そのスキャナー経由で送信された名刺情報が、OCR＋人力により正確にシステム上に反映されるというサービスの核となるシステム構成は、提供開始の時点から実装されていた。

しかしそれ以外の機能（例えば、企業情報を名刺とともに見ることが可能な機能やユーザー管理機能など）が十分に整っていない段階でサービスの提供を開始していた。

サービスローンチした段階の2007年時点で、同社は「Link Knowledge（現 Sansan）」を2010年までに500社に導入することを目標として掲げていた。実際の導入社数を確認すると、2010年11月段階で400社の導入に成功しており、概ね当初予定通りのサービスの拡大に成功している。

後々、「フェイズ1」と総括された2007年から2012年までの期間は、1年あたり100社強を獲得できている計算になる。

設立当初の従業員構成については、明らかになっている資料は残っていない（もしくは発見できなかった）が、外部情報を組み合わせて推計する。

初期の事業計画上、1期目で100社顧客を獲得し、最終月で単月黒字に転じることを目指していた。1社当たり10万円/月の値段設定から考えると、最終月の1カ月当たり収益は1000万円程度となる。1カ月当たりの経常的な費用も1000万円程度見込んでいたことが伺える。

この経常的に生じる費用の規模並びに、1期目終了時に移転したオフィス（東京都千代田区四番町4番地日本染色会館4階、77.29坪）の規模を踏まえると、サービスリリースから1年以内にサービスの開発・運用のために15〜20人規模の人員の動員を予定していたと推測できる。

その後、サービス拡大に伴って従業員数は順調に増加しており、2009年11月時点で27人まで増加した。2011年には従業員数50人に達している。

資本取引（8回）の解説

表4-1　株式数の情報・調達金額・Valuation の情報

解説No.	日付	取引種類	発行済株式総数	新規発行株数	調達額（千円）	株価（円/株）	Post-Value（千円）	資本金（千円）
01	2007/06/11	創業	1,400	1,400	70,000	50,000	70,000	70,000
02	2007/08/31	第三者割当増資	1,550	150	15,000	100,000	155,000	77,500
03	2007/10/01	第三者割当増資	1,590	40	8,000	200,000	318,000	81,500
04	2007/12/14	第三者割当増資	1,600	10	2,000	200,000	282,000	82,500
05	2009/04/30	第三者割当増資	1,618	18	3,600	200,000	283,600	84,300
06	2009/05/27	減資	1,618	—	—	—	—	46,800
07	2009/06/12	第三者割当増資	1,743	125	50,000	400,000	697,200	71,800
08	2012/03/27	第三者割当増資	1,778	35	21,000	600,000	1,066,800	82,300
累計					169,600			

||| この期間における資本取引の情報

全8回（設立登記、第三者割当6回、減資1回）

2007年6月から2012年5月までの約5年間のうち、2007年（設立登記取引を入れて4回）、2009年（2回）、2012年（1回）の資金調達を行って

いる。

　この期間中に合計 1.7 億円調達しているが、1.7 億円のうち約 1 億円は 2007 年に調達している。特に、創業者の寺田氏は設立時に自らの資金を 5500 万円投下している。事業立ち上げ期の資金の大半が、創業メンバーからの資金供給だったことが、フェイズ 1 内で行われた資本取引の特徴だ。

‖ 資本取引推定に際しての留意点

　設立以降、この期間の資本取引完了した 2012 年 3 月 27 日時点の株主構成を、Ⅰの部記載の資本取引ならびに外部情報・株主の情報から推定した。

表 4-2

創業者 従業員	補足	逆算可能な株式数
寺田　親弘	代表取締役社長	1,100
富岡　圭	共同創業者	106
塩見　賢治	共同創業者	64
角川　素久	共同創業者	64
常樂　諭	共同創業者	23
鹿沼　昭彦	設立時監査役	3
2007 年入社従業員 2 名		10
Sansan 従業員持株会		35
出資公表済の投資家		**逆算可能な株式数**
インキュベイトキャピタル 4 号投資事業有限責任組合	出資公表済の投資家	150
Ｒ I Ｐ 2 号Ｒ＆Ｄ投資組合	出資公表済の投資家	50
株式会社サイバーエージェント	出資公表済の投資家	50
ブログビジネスファンド投資事業有限責任組合	出資公表済の投資家	0
2012 年 3 月 27 日時点の逆算可能な株式数合計		1,655
2012 年 3 月 27 日時点の発行済株式総数		1,778
不明分		123

　株式を保有している可能性が高い株主を表に掲載した。不明分とした「123 株」は、表に記載されている既存株主が保有しているか、表に記載されていない新規株主が保有しているか断定できていない。

資本取引の影響

株主	取引前株式数	増加株式数	取引後株式数	取引後割合	割合変化
創業者　合計	―	+1,357	1,357	96.9%	+ 96.9%
その他役員・従業員　合計	―	+3	3	0.2%	+ 0.2%
外部投資家（VC）　合計	―	―	―	―	―
外部投資家（事業会社）　合計	―	―	―	―	―
不明分	―	+40	40	2.9%	+ 2.9%

増加株式数内訳

株主名	取引日役職	上場時役職	種類	増加数	取引後株式数	取引後割合
寺田 親弘	代表取締役	同左	普通株式	+1,100	1,100	78.6%
富岡 圭	取締役	同左	普通株式	+106	106	7.6%
塩見 賢治	取締役	同左	普通株式	+64	64	4.6%
角川 素久	取締役	―	普通株式	+64	64	4.6%
常樂 諭	取締役	取締役 CISO	普通株式	+23	23	1.6%
鹿沼 昭彦	監査役	―	普通株式	+3	3	0.2%
不明　内部向けに発行したものと考えられる。			普通株式	+40	40	2.9%
合計			普通株式	+1,400		

取引概要

手法　設立出資

発行株数　1,400 株

株価　50,000 円 / 株

調達額　7000 万円

株主（推定）創業時役員等 6 名（共同創業者 5 名、監査役 1 名）

⫼ 取引の解説

　創業時役員（監査役含む）による設立出資と推定した。設立時に 5,500 万円出資したと明かされている寺田氏を除いた株主について、出資株数はすべて推定値となっている。

設立時取締役を5人置いた体制で事業を開始したのに対して、代表取締役の寺田氏が8割弱を保有した点は評価すべき点だ。特に知り合いと創業し共同創業者全員が全く同じ割合で株式を保有した結果、その後の資本政策に苦しむ会社があるからだ。

　株式を創業時代表の寺田氏1人に明確に集中させ、船頭多くして船山に登る状況を避けたSansanはあの設立時の資本政策は、複数人で起業する者は見習うべきだろう。

　Sansanは上場に至るまでにエクイティを用いて100億円以上の資金調達を行っている。寺田氏は、上場時に高い持分比率（35.9%、特別決議に対する拒否権をもつ＜議決権の3分の1以上＞の範囲）を維持していたが、初回の資本取引の設計が寺田氏の持分比率を高く保てた一因だろう。

No.02　2007年08月31日—第三者割当増資

資本取引の影響

株主	取引前株式数	増加株式数	取引後株式数	取引後割合	割合変化
創業者　合計	1,357	—	1,357	87.5%	△9.4%
その他役員・従業員　合計	3	—	3	0.2%	△0.0%
外部投資家（VC）　合計	—	+150	150	9.7%	+9.7%
外部投資家（事業会社）　合計	—	—	—	—	—
不明分	40	—	40	2.6%	△0.3%

増加株式数内訳

株主名	種類	増加数	取引後株式数	取引後割合
インキュベイトキャピタル4号投資事業有限責任組合（インキュベイトファンド）	普通株式	+150	150	9.7%
合計	普通株式	+150		

取引概要

手法　第三者割当増資

発行株数　150株

株種類　普通株式

株価　100,000 円 / 株（設立時から +100%）

調達額　1500 万円

時価総額 Pre 1 億 4000 万円 / Post 1 億 5500 万円

株主　インキュベイトキャピタル 4 号投資事業有限責任組合

⫴ 取引の解説

　インキュベイトファンドからの出資を受けている。この取引で、創業時の発行済株式総数の 10% 強を割当している。

　インキュベイトファンドの赤浦氏が、創業前から寺田氏を支援していたことが取引の背景となる（「機関の状況」参照）。当該出資と同時に、赤浦氏が取締役に就任している。

　当該取引により Sansan が調達した資金は 1500 万円であり、創業者自らが出した資金の方が大きい。したがって、事業資金調達目的ではなく、赤浦氏を経営に参画させるための取引と解釈した方が良いだろう。

No.03、04　2007 年 8 月 31 日 , 12 月 14 日—第三者割当増資

資本取引の影響

株主	取引前株式数	増加株式数	取引後株式数	取引後割合	割合変化
創業者　合計	1,357	—	1,357	84.8%	△ 2.7%
その他役員・従業員　合計	3	+10	13	0.8%	+ 0.6%
外部投資家（VC）　合計	150	—	150	9.4%	△ 0.3%
外部投資家（事業会社）　合計	—	—	—	—	—
不明分	40	+40	80	5.0%	+ 2.4%

増加株式数内訳

株主名	種類	増加数	取引後株式数	取引後割合
2007 年入社従業員 2 名	普通株式	+10	10	0.6%
不明　その他役員・従業員に付与したものと考えられる	普通株式	+40	80	5.0%
合計	普通株式	+50		

取引概要

（1）取引 No.03　2007 年 08 月 31 日
手法　第三者割当増資
発行株数　40 株
株種類　普通株式
株価　200,000 円 / 株（前回資本取引から +100%）
調達額　800 万円
時価総額 Pre 3 億 1000 万円 / Post 3 億 1800 万円
株主　不明

（2）取引 No.04　2007 年 12 月 14 日
手法　第三者割当増資
発行株数　10 株
株種類　普通株式
株価　200,000 円 / 株（前回資本取引と同一）
調達額　200 万円
時価総額 Pre 3 億 1800 万円 / Post 3 億 2000 万円
株主　2007 年入社従業員 2 名

取引の解説

　調達額と株価の設定から考えると、内部向けもしくは個人投資家向けの発行だろう。取引は、2007 年 8 月 31 日（No.03）と 2007 年 12 月 14 日（No.04）の 2 回にわけて行われている。

　2007 年 8 月 31 日に発行した 40 株が誰に割当られたものか、外部情報から推定できなかった。1 号社員として紹介される社員の入社が 2007 年 10 月であることから、社員向けの発行だった可能性は低く、外部協力者か既存役員に対する割当の可能性が高いだろう。

　なお、寺田氏の上場時持株数から逆算すると、寺田氏は設立時以降 2013 年までに 20 株を何らかの手段で取得している。したがって、この取引で外部協力者に対して 2 人に 20 株ずつ（もしくは 1 人に 40 株）を割当した場

合は、最終的に本人から買い戻しをした可能性がある。

　社員第1号・第2号として紹介されている2007年に入社した者が、当時の10株相当の株式数を上場時保有していることから、2007年12月14日に発行した10株は両名宛の発行として推定している。なお、この取引により各人が払い込んだ金額100万円（5株@200,000円）は、上場時に2億2500万円（公募価格4,500円から計算）となった計算となる。

No.05　2009年4月30日—第三者割当増資

資本取引の影響

株主	取引前株式数	増加株式数	取引後株式数	取引後割合	割合変化
創業者　合計	1,357	—	1,357	83.9%	△0.9%
その他役員・従業員　合計	13	—	13	0.8%	△0.0%
外部投資家（VC）　合計	150	—	150	9.3%	△0.1%
外部投資家（事業会社）　合計	—	—	—	—	—
不明分	80	+18	98	6.1%	+1.1%

増加株式数内訳

株主名	種類	増加数	取引後株式数	取引後割合
不明　その他役員・従業員に付与と推定	普通株式	+18	98	6.1%
合計	普通株式	+18		

取引概要

手法　第三者割当増資

発行株数　18株

株種類　普通株式

株価　200,000円/株（前回取引と同一価格）

調達額　360万円

時価総額 Pre 3億2000万円 / Post 3億2360万円

株主　不明

‖ 取引の解説

普通株式による第三者割当増資。割当をした株主の詳細は不明だが、株価を上げて外部から調達する前に行った、内部向け発行と推測した。

No.06　2009 年 5 月 27 日―減資

取引概要

手法　減資

資本金の変動　（減資前）84,300,000 円 →（減資後）46,800,000 円

資本剰余金への充当額　32,500,000 円

利益剰余金への充当額　5,000,000 円

‖ 取引の解説

減資により、資本金を 3750 万円減額して、利益剰余金に 500 万円・資本剰余金に 3250 万円充当している。

資本金の額の減少公告並びに、公告する場合、掲載される第 1 期の貸借対照表が確認できなかった。この取引が仮に利益剰余金のマイナスを全額埋める欠損塡補という形式を取っていたと仮定する場合、第 1 期の最終損益は、△ 5 百万円程度の当期純損失を計上していたことが推定できる。

この減資の効果について、次の資本取引の解説で述べる。

資本取引の影響

株主	取引前株式数	増加株式数	取引後株式数	取引後割合	割合変化
創業者　合計	1,357	―	1,357	77.9%	△ 6.0%
その他役員・従業員　合計	13	―	13	0.7%	△ 0.1%
外部投資家（VC）　合計	150	+50	200	11.5%	+ 2.2%
外部投資家（事業会社）　合計	―	+50	50	2.9%	+ 2.9%
不明分	98	+25	123	7.1%	+ 1.0%

増加株式数内訳

株主名	種類	増加数	取引後株式数	取引後割合
株式会社サイバーエージェント	普通株式	+50	50	2.9%
RIP2 号 R&D 投資組合 （株式会社リクルートインキュベーションパートナーズ）	普通株式	+50	50	2.9%
ブログビジネスファンド投資事業有限責任組合 （GMO VentureParnters 株式会社）	普通株式	不明		
不明分（3 社いずれかに対して割当られているが、内訳は不明）	普通株式	+25	25	1.4%
合計	普通株式	+125		

取引概要

手法　第三者割当増資

発行株数　125 株

株種類　普通株式

株価　400,000 円 / 株（前回ラウンドから +100%）

調達額　5000 万円

時価総額 Pre 6 億 4720 万円 / Post 6 億 9720 万円

株主　事業会社 1 社、ＶＣ 2 社

||| 取引の解説

　設立直後以降、初めての外部投資家からの資金調達を実施した。普通株式 125 株を発行し、5000 万円を調達している。

　上場時からの持分や公表された資本取引から逆算すると、株式会社サイバ

ーエージェント50株・RIP2号R&D投資組合（株式会社リクルートインキ
ュベーションパートナーズ）50株はほぼ確実に割当られている。

　残りの25株分は、上場時までに他の株主に譲渡されている（ただし、当
該取引は開示対象となっていない）。調達のプレスリリース上において、ブ
ログビジネスファンド投資事業有限責任組合（GMO VentureParnters株式会
社）がこのラウンドにおいて投資したことが明らかにされているが、この取
引により何株取得したか特定できない。

　ブログビジネスファンド投資事業有限責任組合は、このラウンドにより取
得した株式のすべてを、後日他の株主に譲渡している。仮に2009年05月
27日に行った減資（No.06）がなければ、5000万円を調達したことにより
資本金が1億円を超過（1億930万円）し、法人事業税に係る外形標準課税
の対象になっていた。事前に減資を行うことで、法人事業税の節税を行えた
ことになる。節税額は、資本割（資本金等の金額×0.21％＜当時の税率＞）
相当額となる。

資本取引の影響

株主	取引前株式数	増加株式数	取引後株式数	取引後割合	割合変化
創業者　合計	1,357	—	1,357	76.3%	△ 1.5%
その他役員・従業員　合計	13	+35	48	2.7%	+ 2.0%
外部投資家（VC）　合計	200	—	200	11.2%	△ 0.2%
外部投資家（事業会社）　合計	50	—	50	2.8%	△ 0.1%
不明分	123	—	123	6.9%	△ 0.1%

増加株式数内訳

株主名	種類	増加数	取引後株式数	取引後割合
Sansan 従業員持株会	普通株式	+35	35	2.0%
合計	普通株式	+35		

取引概要

手法　第三者割当増資

発行株数　35 株

株種類　普通株式

株価　600,000 円 / 株（前回ラウンドから +50%）

調達金額　2100 万円

時価総額 Pre 10 億 4580 万円 / Post 10 億 6680 万円

株主　Sansan 従業員持株会（推定）

||| 取引の解説

　第三者割当を実施し、普通株式 35 株を発行して、2100 万円を調達している。株価は前回ラウンドの 1.5 倍となっている。当該調達について、調達前後の時期に、ニュースリリース等で公表されていない。

　外部投資家からの調達ではなかったため、ニュースリリース対象ではないと仮定し、各種情報から新株を引き受けした者を推定する。

　Ⅰの部の情報から逆算すると、この取引から 2 年後にあたる 2014 年 5 月末の時点で「Sansan 従業員持株会」が 103 株を保有している計算になる。

持株会の組成時期は定かではないが、本書では本取引における割当先が従業員持株会宛ての発行だった可能性が高いだろうと推察した。

資本取引のまとめ

設立時に創業者の寺田氏が5500万円出資している。他の共同創業者たちも、合計1500万円出資している。その後の資金調達は、どの回も、設立時に創業者たちが出資した金額以下の調達規模だった。この期間中、資金調達累計額1.7億円、資金調達後の時価（Post-money Valuation）10.6億円まで到達している。創業者たちによる多額の出資の影響で、内部株主（役員・従業員）で8割保有する形になっている。

期間内に行っている取引のうち、2009年5月に行った減資（No.06）に着目したい。中小企業が受ける税制上の優遇措置を目的とした減資取引は、2010年代後半から多くのスタートアップが行っている。2009年時点で、その取引を行っていることを評価したい。

フェイズ1→2：
第6期（2012年6月1日〜2013年5月31日）の資本政策

会社の状況

サービスの状況

法人向け名刺管理サービスの「Link Knowledge（現「Sansan」）」に続いて、個人向け名刺管理サービスとして「Eight」を2012年2月28日にリリースした。

Link Knowledge（Sansan）事業で培った、名刺の写真データをオペレータにより正確にデータ化するしくみを利用し、原則無料で個人が利用可能なものになっている。

Eightはローンチから約3年で100万ユーザーを獲得しているが、フェーズ2に移行してSeries Aの調達を行うまでの最初の15カ月間では、20万ユーザーの獲得にとどまっている（ユーザー獲得ペースは、17.6万ユーザー／

年)。

従業員の状況

創業から毎年 20 人弱のペースで人員増加しており、2014 年 5 月末段階で社員数は 110 人まで達している。

役員の概要

2013 年 1 月、CFO 兼経営管理部長として田中潤二氏が入社し、取締役に就任している。

フェイズ移行期の 2012 年付近には、経営メンバーの拡充を図っていたことが伺える。2011 年、CTO 取締役として秋山真咲氏が入社している（ただし、就任から間もない 2012 年 8 月に退任している）。

資本取引の解説（計 2 回）

表 4-3　株式数の情報・調達金額・Valuation の情報

解説No.	日付	取引種類	発行済株式総数	新規発行株数	調達額（千円）	株価（円／株）	Post-Value（千円）	資本金（千円）
08まで			1,778		169,600		0	82,300
09	2013/01/04	新株予約権付与	1,778(1,786)	—(8)	—	600,000	1,071,600	82,300
10	2013/04/26	第三者割当増資	2,003(2,011)	225(225)	506,756	2,252,252	4,529,278	335,678
累計					676,356			

カッコ内は、新株予約権による潜在株式数を含めた株式数。
新株予約権による潜在株式数は、上場時まで在籍した者に対するもの。
Valuation は潜在株式数を含めて計算している。

この期間における資本取引の情報

全 2 回（ストックオプション付与、第三者割当）

2013 年 1 月 4 日に新任の取締役に対して新株予約権を発行している。2013 年 4 月に外部からの大型調達を行っている。

資本取引の影響

株主	取引前株式数	増加株式数	取引後株式数	取引後割合	割合変化
創業者　合計	1,357	—	1,357	76.3%	—
	(1,357)	—	(1,357)	(76.0%)	(△ 0.3%)
その他役員・従業員　合計	48	—	48	2.7%	—
	(48)	(+8)	(56)	(3.1%)	(+0.4%)
外部投資家（VC）　合計	200	—	200	11.2%	—
	(200)	—	(200)	(11.2%)	(△ 0.1%)
外部投資家（事業会社）　合計	50	—	50	2.8%	—
	(50)	—	(50)	(2.8%)	(△ 0.0%)
不明分	123	—	123	6.9%	—
	(123)	—	(123)	(6.9%)	(△ 0.0%)

増加株式数内訳

株主名	取引日役職	上場時役職	種類	増加数	取引後株式数	取引後割合
田中 潤二	取締役	退職済	第 1 回新株予約権	+8	8	—
						(0.4%)
合計			普通株式	+8		

カッコ内は、新株予約権による潜在株式数を含めた計数。
新株予約権数は、上場時まで在籍した者に対するもののみ記載している。

取引概要

手法　新株予約権（第 1 回新株予約権）

新株予約権の目的となる株式　普通株　8 株

新株予約権の種類　無償新株予約権

行使価額　600,000 円 / 株（前回ラウンドから +50%）

時価総額 Pre/Post 10 億 6680 万円

株主　取締役 1 名

取引の解説

　2013 年 1 月に入社し、取締役に就任した田中潤二氏 1 名に対して新株予約権を付与している。田中氏は、新株予約権の付与を行った 2013 年 1 月 4 日の株主総会にて、取締役に就任している。

なお、田中潤二氏は上場前の2018年3月31日に取締役を退任しているが、会社は新株予約権を無償取得しておらず、上場時まで新株予約権は保持されていた。

No.10　　2013年4月26日―A種株式

資本取引の影響

株主	取引前株式数	増加株式数	取引後株式数	取引後割合	割合変化
創業者　合計	1,357	—	1,357	67.7%	△ 8.6%
	(1,357)	—	(1,357)	(67.5%)	(△ 8.5%)
その他役員・従業員　合計	48	—	48	2.4%	△ 0.3%
	(56)	—	(56)	(2.8%)	(△ 0.4%)
外部投資家（VC）　合計	200	+225	425	21.2%	+ 10.0%
	(200)	(+225)	(425)	(21.1%)	(+9.9%)
外部投資家（事業会社）　合計	50	—	50	2.5%	△ 0.3%
	(50)	—	(50)	(2.5%)	(△ 0.3%)
不明分	123	—	123	6.1%	△ 0.8%
	(123)	—	(123)	(6.1%)	(△ 0.8%)

増加株式数内訳

株主名	種類	増加数	取引後株式数	取引後割合
ニッセイ・キャピタル5号投資事業有限責任組合（ニッセイ・キャピタル）	A種株式	+180	180	9.0% (9.0%)
ニッセイ・キャピタル6号投資事業有限責任組合（ニッセイ・キャピタル）	A種株式	+42	42	2.1% (2.1%)
ブログファンドビジネス投資事業有限責任組合（GMO Ventrure Partners 株式会社）	A種株式	+3	3	0.1% (0.1%)
合計	A種株式	+225		

カッコ内は、新株予約権による潜在株式数を含めた計数。
新株予約権数は、上場時まで在籍した者に対するもののみ記載している。

取引概要

手法　第三者割当増資

発行株数　225株

株種類　A 種株式

株価　2,252,252 円 / 株（前回ラウンドから +275%）

調達金額　5 億 675 万 6700 円

時価総額 Pre 40 億 2252 万円 / Post 45 億 1126 万円

株主　外部投資家（VC）3 社

||| 取引の解説

　A 種株式を新設して調達を行っている。A 種株式の設計の特徴として、適格資金調達（時価 45 億円以上かつ調達金額 2 億円以上）で調達した際、当該株式を普通株式に転換する強制転換条項を設けている。適格資金調達の条件のうち、時価条件については本取引による調達で Post45 億円となっていることから、当ラウンドの株価以上の株価で調達を実施すれば満たす。

　この取引を含めた累積調達額は 6 億円（6 億 7635 万円）に達しており、これまでの調達規模を鑑みると、調達金額の条件はそれほど厳しいものではない。

　創業から 2013 年までの、調達金額の範囲内で組織を運営し、赤字をそれほど計上しない時期（フェイズ 1）から、広告費を多額に積み、サービスの成長を加速していく時期（フェイズ 2）に移るタイミングで、この取引が行われている。資金の使い方を変化させる際に、万一、経営の舵取りに失敗してダウンラウンドを行う悲観的なシナリオになった場合に投資家を信頼する設計が A 種株式に組み込まれていると解釈すると、このスキームを使った意図が理解しやすいだろう。

　なお 2014 年に行った資金調達（No.12、13）に伴い、後日、A 種株式はすべて普通株式に転換されている。

||| 投資家について

　当該ラウンドについて、新規投資家であるニッセイ・キャピタルがリード投資家をつとめている。

　ニッセイ・キャピタルが 2013 年に行った投資として 20 件強を開示しているが、大半の投資額は 5000 万円～ 1 億 5000 万円の投資規模となっていた。2 億円を超えたと明記されている案件は、Aiming（投資額 3 億円、2015 年

上場）、Sansan（投資額5億円）の2件だけだった。結果をみると、2013年のニッセイ・キャピタルは、大型投資は少なかったが、行った場合は確実に成果に結びつけたことになる。

資本取引のまとめ

初の大型調達を実施しており、Pre40億円で5億円を調達した。発行されたA種株式は、ダウンラウンドで調達しない限り、普通株式に強制的に転換される設計であり、万一の事態に備えたユニークな種類株式となっている。

新任取締役に対して、入社と同時に新株予約権を付与している。一部例外はあるが、上場直前期までは役員に対して入社後早期に新株予約権を付与している。従業員に対しては、従業員持株会を活用してエクイティによるインセンティブを付与している。

フェイズ2：
第7期—第11期（2013年6月1日〜2018年5月31日）の資本政策

会社の状況

⫿ サービスの状況——Sansan事業

2013年4月に5億円の資金調達を実施して、多額の資金を広告宣伝費に投資してユーザーを獲得するフェイズ2に移行した。フェイズ2では、顧客1人当たりの獲得収益（LTV）と宣伝広告活動による獲得コスト（CAC）から算定した収益性（「ユニットエコノミクス」と言う）から広告宣伝費への投資可能額を算定して投資を行っている。

具体的な施策として、2013年8月4日から、関東・関西エリアで初のテレビCMを放映した。テレビCMは、その後1年に1回のペースで新しい内容のCMを出している。

テレビCMに合わせる形で、法人向けサービス名を「Link Knowledge」から社名と同じ「Sansan」に変更しており、CMの放映によりサービスとしての「Sansan」と法人名としての「Sansan」の両方の知名度向上を狙っている。

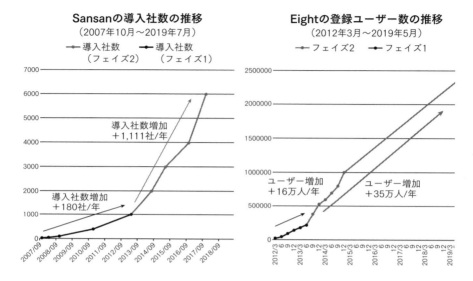

図4-1　Sansan と Eight のユーザー数

Sansanの導入社数の推移
（2007年10月〜2019年7月）

導入社数（フェイズ2）　導入社数（フェイズ1）

導入社数増加
＋1,111社/年

導入社数増加
＋180社/年

Eightの登録ユーザー数の推移
（2012年3月〜2019年5月）

フェイズ2　フェイズ1

ユーザー増加
＋16万人/年

ユーザー増加
＋35万人/年

　当該 CM の投下による影響を確認する。サービスローンチから当該 CM を投下する前までの 2013 年まで、導入社数は年間 180 社のペースで増加していた。2013 年までに約 1,000 社の顧客を獲得しており、初期の設定であった平均客単価 10 万円 / 月が継続していると仮定すると、フェイズ 1 の段階で既に MRR は 1 億円に達していたことがわかる。

　フェイズ 2 に入り、本格的に広告費を投下した後では、年間 1,111 社の獲得を行っている計算となる。文字通りフェイズ 1 と桁違いの導入ペースを実現している（図 4-1）。

‖ サービスの状況──Eight 事業

　Sansan 事業に関する CM 放映後、Eight の登録ユーザー数にも変化が生じている。Eight 事業それ自体を対象とした CM を開始したのは 2017 年 12 月 8 日だが、2013 年中から登録ユーザー数の増加率は、それまでの期間の約 2 倍になっている。

‖ 業績及び資金調達の概要

CMを本格的に流し始めたフェイズ2（2014年5月〜2018年5月）の期間中、テレビCMを中心に広告宣伝を継続実施し、顧客を獲得し売上高を伸ばす、増加した売上高を背景にValuationを上げて資金調達を行う、という行動を反復して行っている。

2013年5月期に5億円、2014年5月期に15億円を調達している。その後、2016年5月期に20億円、2018年5月期に42億円と、2事業年度おきに資金調達を行っている。

売上高は単体ベースで、2014年5月期から5期間で12.9億円→19.6億円(+6.7億円)→31.5億円（+11.9億円）→48.3億円（+ 16.8億円)→73.2億（+24.9億円）と加速度的に伸びている。売上高の増加に伴い、調達時に設定された時価総額も向上している。

調達時に適用されたPSR（株価売上高倍率）を確認すると、2014年5月期から2018年5月期に実施した調達におけるPSRは概ね7〜8倍のレンジに収まっている。ほぼ同一の水準により算定されたValuationにより、調達が行われたことが観測される。

この期間、広告宣伝費を投下することで、それに比例して安定的なユーザーを獲得できていた。資金調達により得た資金がどのように収益を生むのかについて理解が容易であり、後に寺田氏が振り返った通り、「ユニットエコノミクスから広告宣伝費への投資可能額を算定して投資」できていたことは想像に難くない。

⫶人事

サービス同様、会社の従業員数の増加ペースもフェイズ1と2で明確に変化している。創業以降2014年までは平均すると年17人従業員が増加している、それに対してフェイズ2の期間では、年75人のペースで増加している。

⫶資本取引の解説方針

フェイズ2の期間中において、大型資金調達を14年5月期、16年5月期、18年5月期の3回実施している。資本取引について、以下の3区間に分けて振り返る。

① 2014 年 5 月期　全 3 取引

② 2015 年 5 月期、2016 年 5 月期　全 3 取引

③ 2017 年 5 月期、2018 年 5 月期

▌ フェイズ 2 の資本取引の解説①（14 年 5 月期、計 3 回）

表 4-4　株式数の情報・調達金額・Valuation の情報

解説No.	日付	取引種類	発行済株式総数	新規発行株数	調達額（千円）	株価（円 / 株）	Post-Value（千円）	資本金（千円）
10まで			2,003(2,011)		676,356			335,678
11	2013/09/26	第三者割当増資	2,023(2,031)	20	45,045	2,252,252	4,556,305	358,200
12	2014/05/23	第三者割当増資	2,362(2,370)	339	1,461,206	4,310,344	10,181,032	1,088,804
13	2014/05/29	第三者割当増資	2,379(2,387)	17	38,288	2,252,252	5,358,107	1,107,948
累計					2,220,896			

カッコ内は、新株予約権による潜在株式数を含めた株式数。

新株予約権による潜在株式数は、上場時まで在籍した者に対するもの。

Valuation は潜在株式数を含めて計算している。

▌ この期間における資本取引の情報

全 3 取引（第三者割当 3 回）

　2013 年 4 月に実施した資金調達（No.10）に続いて、2013 年 9 月に同一条件により A 種株式による資金調達（No.11）を実施している。条件を変更して、2014 年 4 月に B 種株式を用いた資金調達（No.12、13）を実施している。

資本取引の影響

株主	取引前株式数	増加株式数	取引後株式数	取引後割合	割合変化
創業者　合計	1,357	—	1,357	67.1%	△0.7%
	(1,357)	—	(1,357)	(66.8%)	(△0.7%)
その他役員・従業員　合計	48	—	48	2.4%	△0.0%
	(56)	—	(56)	(2.8%)	(△0.0%)
外部投資家（VC）　合計	425	—	425	21.0%	△0.2%
	(425)	—	(425)	(20.9%)	(△0.2%)
外部投資家（事業会社）　合計	50	+20	70	3.5%	+1.0%
	(50)	(+20)	(70)	(3.4%)	(+1.0%)
不明分	123	—	123	6.1%	△0.1%
	(123)	—	(123)	(6.1%)	(△0.1%)

増加株式数内訳

株主名	種類	増加数	取引後株式数	取引後割合
salesforce.com, Inc.	A 種株式	+20	20	1.0% (1.0%)
合計	A 種株式	+20		

カッコ内は、新株予約権による潜在株式数を含めた計数。
新株予約権数は、上場時まで在籍した者に対するもののみ記載している。

取引概要

手法　第三者割当増資

発行株数　20 株

株種類　A 種株式

株価　2,252,252 円 / 株（前回調達時と同一）

調達額　4504 万円

時価総額　Pre 45 億 1126 万 0756 円 / Post?45 億 5630 万 5796 円？

株主　事業会社 1 社

取引の解説

　2013 年 04 月 26 日の取引に引き続き、A 種株式を用いた調達を実施している。Sansan と Salesforce Sales Cloud は 2008 年から機能連携を開始して

おり、Salesforce は機能連携を開始してから 5 年経過後に資本参加を行ったことになる。

　資本提携から 4 年経過した 2017 年に、Sansan と Salesforce のデータ連携方法に関連した新しいアプリケーションを発表しているが、この資本取引前後には新しい機能等は発表していない。

No.12　2014 年 5 月 23 日—B 種株式

資本取引の影響

株主	取引前株式数	増加株式数	取引後株式数	取引後割合	割合変化
創業者　合計	1,357	—	1,357	57.5%	△ 9.6%
	(1,357)	—	(1,357)	(57.3%)	(△ 9.6%)
その他役員・従業員　合計	48	—	48	2.0%	△ 0.3%
	(56)	—	(56)	(2.4%)	(△ 0.4%)
外部投資家（VC）　合計	425	+316	741	31.4%	+ 10.4%
	(425)	(+316)	(741)	(31.3%)	(+10.3%)
外部投資家（事業会社）　合計	70	+23	93	3.9%	+ 0.5%
	(70)	(+23)	(93)	(3.9%)	(+0.5%)
不明分	123	—	123	5.2%	△ 0.9%
	(123)	—	(123)	(5.2%)	(△ 0.9%)

増加株式数内訳

株主名	種類	増加数	取引後株式数	取引後割合
株式会社 INCJ	B 種株式	+174	174	7.4% (7.3%)
A-Fund, L.P. （DCM ベンチャーズ）	B 種株式	+69	69	2.9% (2.9%)
EEI クリーンテック投資事業有限責任組合 （株式会社環境エネルギー投資）	B 種株式	+69	69	2.9% (2.9%)
株式会社日本経済新聞社	B 種株式	+23	23	1.0% (1.0%)
ブログファンドビジネス投資事業有限責任組合 （GMO Ventrure Partners 株式会社）	普通株式	—	3	0.3% (0.3%)
	B 種株式	+4	4	
合計	B 種株式	+339		

カッコ内は、新株予約権による潜在株式数を含めた計数。
新株予約権数は、上場時まで在籍した者に対するもののみ記載している。

取 引 概 要

手法　第三者割当増資

発行株数 339 株

株種類　B 種株式

株価　4,310,344 円 / 株

調達額　14 億 6120 万円

時価総額　Pre 87 億 1982 万 5912 円 / Post101 億 8103 万 2528 円

株主　VC 等 4 社、事業会社 1 社

取引の解説

当第三者割当に際して、B 種株式を新たに設けている。

（1）B 種株式の設計サマリー

1. 優先配当：× 5%、非累積、非参加型

2. 優先残余財産分配：× 1.0 倍、非参加型

3. 普通株式への転換請求権：× 1.0 倍

4. ラチェット条項：ナローベース

5. 普通株式への強制転換：× 1.0 倍、上場時

6. 議決権：会社法第 322 条 1 項の規程による種類株主総会決議を要さない

　優先残余財産分配（及び優先配当）に関して、日本における種類株式実務としては非常に珍しい非参加型（優先残余財産分配が完了した後、追加の残余財産分配を行わない設計）となっている。PreValuation87.2 億円で 14.6 億円を調達しているが、PreValuation 並びに 2014 年 5 月期売上高（12 億 8937 万 3000 円）から算定すると、調達期の売上を用いた PSR は× 6.8 倍だった計算になる。

（2）業務提携先との資本関係について

　ニュースリリース上、DCM 並びに日本経済新聞社を新規株主として迎え入れた理由が説明されている。

特に、日本経済新聞社とは 2010 年から業務提携を行っており（同年 6 月に、日経人事ウォッチャーの情報が Sansan のトップ画面上に表示される機能を発表している）、提携開始から 4 年経過した後の資本参加となった。

Series A ラウンドで資本参加した Salesforce 同様に、業務提携先とは、まず提携による効果を数年検証した後に資本参加してもらう姿勢が伺える。

No.13　　2014 年 5 月 29 日―第三者割当

資本取引の影響

株主	取引前株式数	増加株式数	取引後株式数	取引後割合	割合変化
創業者　合計	1,357	―	1,357	57.0%	△ 0.4%
	(1,357)	―	(1,357)	(56.8%)	(△ 0.4%)
その他役員・従業員　合計	48	17	65	2.7%	+ 0.7%
	(56)	(+17)	(73)	(3.1%)	(+0.7%)
外部投資家（VC）　合計	741	―	741	31.1%	△ 0.2%
	(741)	―	(741)	(31.0%)	(△ 0.2%)
外部投資家（事業会社）　合計	93	―	93	3.9%	△ 0.0%
	(93)	―	(93)	(3.9%)	(△ 0.0%)
不明分	123	―	123	5.2%	△ 0.0%
	(123)	―	(123)	(5.2%)	(△ 0.0%)

増加株式数内訳

株主名	取引日役職	上場時役職	種類	増加数	取引後株式数	取引後割合
Sansan 従業員持株会			普通株式	+17	52	2.2%
						(2.2%)
合計			普通株式	+17		

カッコ内は、新株予約権による潜在株式数を含めた計数。
新株予約権数は、上場時まで在籍した者に対するもののみ記載している。

取引概要

手法　第三者割当増資

発行株数　17 株

株種類　普通株式

株価　2,252,252 円 / 株

調達額　3828 万円

時価総額　Pre 53 億 1981 万 9224 円 / Post53 億 5810 万 7508 円

株主　Sansan 従業員持株会

||| 取引の解説

　従業員持株会に対する新株の割当を実施している。この取引の 1 週間前に行われた SeriesB ラウンドの株価（4,310,344 円 / 株）ではなく、1 つ前の Series A ラウンドで用いられた株価（2,252,252 円 / 株）により普通株式が発行されている。

　当該取引は、B 種株式発行後に行われた B 種株式の普通株転換価額（4,310,344 円 / 株）以下の、普通株式の低廉発行に該当する。謄本上定められている内容だけみると強制的にラチェット条項が適用され、B 種株式の転換価額の調整が必要だった可能性があるが、その調整は行われていない。

　転換価額の調整を行わない場合の例外規定として、「当会社または当会社の子会社若しくは関連会社の従業員、役員、アドバイザー等に対して株式、新株予約権その他の証券または権利が発行または処分される場合」転換価額の調整を行わない旨が定められていた。そのため、この従業員、役員、アドバイザー「等」に従業員持株会が該当するため転換価額の調整が不要と解釈された可能性もある。

　B 種株式設計時に、「例外規定として従業員持株会に対して発行する場合も予め定めておく」「B 種株主の同意によって調整を不要とする規定を定めておく」などの対処をしていた方が、定款に則った適切な調整を行ったと主張しやすかっただろう。後者の対応を行う場合、以下のような文言をラチェット条項を定める箇所に追加することが多い。

　　　< 定款追加項目（案）>
　　前各項の定めにかかわらず、B 種株主の全員が、調整を不要とすることにつき書面により同意した場合には、B 種転換価額の調整は行わない。

||| この期間の資本取引について

　2014 年 5 月末日以降の主要な資本取引について、各取引の詳細が I の部に掲載されている。取引情報と上場時の株主構成を用いて逆算すると、2014

年5月末日時点の株主構成を推定することができる。

　一方、これまでの解説範囲については、推定部分が多く入る部分もあった。以下の株主の普通株式持株数（表内の「差分」の項）について、解説範囲内に何らかの資本取引があった可能性が高い。

表4-4

氏名	補足	No.13まで	逆算分	差分
寺田 親弘	代表取締役社長	1100	1120	20
Sansan 従業員持株会		52	120	68
田中 潤二	CFO 兼経営管理責任者	0	8	8
個人投資家		0	2	2
不明分		123	25	-98

　不明分として記載していた123株のうち、98株分について2014年5月末までに新株の割当もしくは株式譲渡されてる。

　特に、従業員持株会の持株数に着目したい。従業員持株会は上場時に上位5番目の保有株数となっている。2014年5月までの段階で、株式譲渡及び第三者割当増資時の新株引受を行うことにより、ある程度の株数を保有していたことが推測される。No.13で解説した資本構成に対して「不明分」を反映した資本構成は下表の通りとなる。

不明分を反映した資本構成

株主	取引前株式数	増加株式数	取引後株式数	取引後割合	割合変化
創業者 合計	1,357	+20	1,377	57.9%	+ 0.8%
	(1,357)	(20)	(1,377)	(57.7%)	(+0.8%)
その他役員・従業員 合計	65	+76	141	5.9%	+ 3.2%
	(73)	(+76)	(149)	(6.2%)	(+3.2%)
外部投資家（VC等） 合計	741	+2	743	31.2%	+ 0.1%
	(741)	(+2)	(743)	(31.1%)	(+0.1%)
外部投資家（事業会社） 合計	93	—	93	3.9%	—
	(93)		(93)	(3.9%)	—
不明分	123	△ 98	25	1.1%	△ 4.1%
	(123)	(△ 98)	(25)	(1.0%)	(△ 4.1%)

資本取引のまとめ

SeriesB ラウンドで、Pre87 億円にて 15 億円を B 種株式によって調達している（No.12）。

B 種株式発行直後に、従業員持株会に対して B 種株式より低い株価で普通株式を発行している。低廉取引による B 種株式の普通株への転換価額の調整がなされている形跡がないが、あらかじめ設計上、調整が不要とする旨、定めておいた方がいいだろう。

フェイズ2の資本取引の解説②（15年5月期・16年5月期、計3回）

||| 取引の背景

サービスの状況——Sansan 事業

CM の放映に伴い、全国各地に営業拠点を設立している。2016 年 1 月 4 日に大阪拠点を設立したことを皮切りに、2016 年中に国内複数拠点（福岡支店・名古屋支店他サテライトオフィス）を設立している。

表 4-5 株式数の情報・調達金額・Valuation の情報

解説 No.	日付	取引種類	発行済株式総数	新規発行株数	調達額（千円）	株価（円／株）	Post-Value（千円）	資本金（千円）
13 まで			2,379 (2,387)		2,220,896			1,107,948
14	2015/09/25	減資	2,379 (2,387)	—	—	2,252,252	5,358,107	420,590
15	2015/12/18	第三者割当増資	2,600 (2,608)	221	1,857,923	8,406,894	21,857,924	1,349,552
16	2016/01/08	第三者割当増資	2,615 (2,623)	15	126,103	8,406,894	21,984,027	1,412,604
累計					4,204,923			

カッコ内は、新株予約権による潜在株式数を含めた株式数。
新株予約権による潜在株式数は、上場時まで在籍した者に対するもの。
Valuation は潜在株式数を含めて計算している。

||| この期間における資本取引の情報

全3回（減資1回、第三者割当2回）

この期間中には、減資並びに Series C ラウンドの資金調達による資本取引のみ行っている。

取引概要

手法　減資

資本金の変動　（減資前）1,107,948,320 円 →（減資後）420,590,836 円

資本準備金　（減資前）1,107,948,320 円 →（減資後）0 円

利益剰余金への充当額　1,795,305,804 円

⦀ 取引の解説

　減資により、資本金を 6 億 8735 万円減額、資本準備金を 11 億 794 万円全額を減額し、利益剰余金に 17 億 9530 万円を充当している。

　2015 年 5 月期に計上された利益剰余金のマイナスを全額填補する、「欠損填補」の形式が取られている。

　当該欠損填補は法人事業税のうち資本割部分の節税効果がある。平成 22 年の税制改正により、欠損填補による減資を行った場合、その損失の填補に充てた金額を資本金等から控除して税額計算を行う。したがって、当該減資により、17 億 9530 万円 × 0.315%(当時の税率) ＝ 565 万円の節税となった計算になる。

2015 年 12 月 18 日、16 年 1 月 8 日—第三者割当

資本取引の影響

株主	取引前株式数	増加株式数	取引後株式数	取引後割合	割合変化
創業者　合計	1,377	—	1,377	52.7%	△ 5.2%
	(1,377)	—	(1,377)	(52.5%)	(△ 5.2%)
その他役員・従業員　合計	141	—	141	5.4%	△ 0.5%
	(149)	—	(149)	(5.7%)	(△ 0.6%)
外部投資家（VC）　合計	743	+221	964	36.9%	+ 5.6%
	(743)	(+221)	(964)	(36.8%)	(+5.6%)
外部投資家（事業会社）　合計	93	+15	108	4.1%	+ 0.2%
	(93)	(+15)	(108)	(4.1%)	(+0.2%)
不明分	25	—	25	1.0%	△ 0.1%
	(25)	—	(25)	(1.0%)	(△ 0.1%)

増加株式数内訳

株主名	種類	増加数	取引後株式数	取引後割合
DCM Ventures China Fund(DCM VII),L.P. （DCM ベンチャーズ）	C 種株式	+163	163	6.2% (6.2%)
DCM VII, L.P. （DCM ベンチャーズ）	C 種株式	+16	16	0.6% (0.6%)
ニッセイ・キャピタル５号投資事業有限責任組合 （ニッセイ・キャピタル）	普通株式	—	180	8.5% (8.5%)
	C 種株式	+42	42	
salesforce.com, Inc.	普通株式	—	20	1.3% (1.3%)
	C 種株式	+15	15	
合計	C 種株式	+236		

カッコ内は、新株予約権による潜在株式数を含めた計数。
新株予約権数は、上場時まで在籍した者に対するもののみ記載している。

> **取引概要**

< No.15　2015 年 12 月 18 日 >

手法　第三者割当増資

発行株数　221 株

株種類　C 種株式

株価　8,406,894 円 / 株

調達額　18 億 5792 円

時価総額　Pre 200 億 826 円 / Post218 億 5792 万 4400 円

株主　VC2 社

＜ No.16　2016 年 1 月 8 日＞

発行株数　15 株

調達額　1 億 2610 万円

時価総額　Pre 218 億 5792 万 4400 円 / Post219 億 8402 万 7810 円

株主　事業会社 1 社

||| 取引の解説

　既存投資家から 20 億円の資金調達を実施している。2016 年 5 月期の売上高（31.5 億円）を用いて計算すると、PSR × 7.0 倍前後の評価となっている。ニッセイ・キャピタルは Series A ラウンドから、DCM は Series B ラウンドから投資しており、投資した資金がどのような効果を産んだのか確認した上で、多額の追加資金を投じた形になる。

　このラウンドでは、前回 Series ラウンドにおいて用いた B 種株式の設計を踏襲した C 種株式を新設して調達時に発行している。

||| C 種株式の設計サマリー

1. 優先配当：× 5%、非累積、非参加型、優先順位先順位（C → B →普通株）
2. 優先残余財産分配：× 1.0 倍、非参加型、優先順位先順位（C → B →普通株）
3. 普通株式への転換請求権：× 1.0 倍 [B 種と同様、以下同じ]
4. ラチェット条項：ナローベース
5. 普通株式への強制転換：× 1.0 倍、上場時
6. 議決権：会社法第 322 条 1 項の規程による種類株主総会決議を要さない

||| 資本取引のまとめ

　期間中に、SeriesC ラウンドにおける資金調達を実施した（No.15）。Pre-

Mony Valuation200 億円超で約 20 億円を調達している。フェイズ 2 における調達を行う場合には SeriesC ラウンドも含めて放出率は 10％前後にとどめており、過剰に希薄化しないようにコントロールされている。外部投資家比率は、SeriesC ラウンド実施後で 4 割強まで達している。

　節税を目的とした減資を行っている（No.14）。なお、資本金を 1 億円未満とすると税法上の中小企業の取り扱いとなるため税制上の優遇措置を受けることが可能だったが、大型調達を頻繁に行うことを予定していたことを考えると、「節税を目的とした減資をするなら、この時点で資本金 1 億円未満にした方が目的に即していた」とは断言できない。

フェイズ 2 の資本取引の解説③（17 年 5 月期・18 年 5 月期、全 6 回）

取引の背景

サービスの状況——Eight 事業

　この期間中、Eight 事業に関して力を注いだことが伺えるニュースリリースが多く出されている。2017 年 8 月、Eight に関して国内・アジアにおけるマーケティング活動を行うことを発表した。具体的にアジアにおけるマーケティング活動として、2017 年 11 月にインドにおけるサービスの展開を発表している。

　2017 年 10 月には月額 1 万円から利用できる Eight の企業向け有料プランを発表している。この Eight の有料プランは、企業規模が 20 人前後の小規模事業者を想定利用者として設計されている。原則無料で利用している個人ユーザーを有料のプレミアムユーザーへ登録させるための導線を用意した形になる。2017 年 12 月 8 日、Eight に関するテレビ CM を全国ネットで放映開始している。

人事について

　共同創業者の角川氏が、2016 年 6 月から Sansan に対するコミットを徐々に減らすことを表明している。このことを背景とした株式譲渡取引が実施されている。

表4-6 株式数の情報・調達金額・Valuation の情報

解説 No.	日付	取引種類	発行済株 式総数	新規発行 株数	調達額 （千円）	株価 （円／株）	Post-Value （千円）	資本金 （千円）
16 まで			2,615 (2,623)		4,204,923			1,412,604
17	2016/08/10	現物配当（無 償の譲渡）	2,615 (2,623)	—	—	8,406	22,051,282	1,412,604
18	2017/04/18	減資	2,615 (2,623)	—	—	8,406	22,051,282	1,053,230
19	2017/07/28	第三者割当 増資	2,855 (2,863)	240	4,221,797	17,590	50,362,529	3,164,128
20	2017/08/25	株式譲渡	2,855 (2,863)	—	—	8,406	24,068,937	3,164,128
21	2017/11/07	株式譲渡	2,855 (2,863)	—	—	15,304	43,815,397	3,164,128
22	2018/01/31	株式譲渡	2,855 (2,863)	—	—	8,406	24,068,937	3,164,128
累計					8,426,721			

カッコ内は、新株予約権による潜在株式数を含めた株式数。
新株予約権による潜在株式数は、上場時まで在籍した者に対するもの。
Valuation は潜在株式数を含めて計算している。

||| この期間における資本取引の情報

全6回（減資1回、第三者割当1回、株式譲渡4回）

　2017年7月28日に42億円の出資を受けている（No.19）。この期間中に頻繁に株式譲渡取引が行われている。共同創業者の1人（角川氏）の関与割合が低下したことを背景に、当該共同創業者の持株の譲渡が行われている。

　また、他の共同創業者の保有株について、投資家に株式譲渡されている（No.21）。

No.17 　2016 年 8 月 10 日―現物配当（無償の譲渡）

資本取引の影響

株主	取引前株式数	増加株式数	取引後株式数	取引後割合	割合変化
創業者　合計	1,377	—	1,377	52.7%	—
	(1,377)	—	(1,377)	(52.5%)	—
その他役員・従業員　合計	141	—	141	5.4%	—
	(149)	—	(149)	(5.7%)	—
外部投資家（VC）　合計	964	△ 45	919	35.1%	△ 1.7%
	(964)	(△ 45)	(919)	(35.0%)	(△ 1.7%)
外部投資家（事業会社）　合計	108	+45	153	5.9%	+ 1.7%
	(108)	(+45)	(153)	(5.8%)	(+1.7%)
不明分	25	—	25	1.0%	
	(25)	—	(25)	(1.0%)	

増加株式数内訳

株主名	種類	増加数	取引後株式数	取引後割合
インキュベイトキャピタル４号投資事業有限責任組合（インキュベイトファンド）	普通株式	△ 150	—	— (-)
株式会社サイバーエージェント	普通株式	+9	59	2.3% (2.2%)
ジャパン・スプレッド・パートナーズⅢ投資事業有限責任組合（SBI インベストメント）	普通株式	+60	60	2.3% (2.3%)
赤浦 徹	普通株式	+43	43	1.6% (1.6%)
株式会社光通信	普通株式	+36	36	1.4% (1.4%)
WM グロース３号投資事業有限責任組合（WM パートナーズ）	普通株式	+2	2	0.1% (0.1%)
合計	普通株式	± 0		

カッコ内は、新株予約権による潜在株式数を含めた計数。

取引概要

手法　株式譲渡（ファンドの解散に伴うリミテッド・パートナー＜ LP ＞への現物配当）

譲渡人　インキュベイトキャピタル４号投資事業有限責任組合

株価　0 円

株数　普通株式　150 株

⫿ 取引の解説

　ファンドの満期到来に伴い、ファンドのリミテッド・パートナー（LP）
に対して Sansan 株が現物配当されている。

No.18　2017 年 4 月 18 日—減資

取引概要

手法　減資

資本金の変動　（減資前）1,412,604,328 円 →（減資後）1,053,230,010 円

資本剰余金　　（減資前）992,013,492 円 →（減資後）0 円

利益剰余金への充当額　1,351,387,810 円

⫿ 取引の解説

　2015 年 9 月に行った減資（No.14）と同様、2016 年 5 月期に計上された
利益剰余金のマイナスを全額塡補する、欠損塡補の形式が取られている。

　当該減資により法人事業税の資本割の節税を行っており、13 億 5138 万円
× 0.525%（当時の税率）＝ 709 万円の節税を行った計算になる。

資本取引の影響

株主	取引前株式数	増加株式数	取引後株式数	取引後割合	割合変化
創業者　合計	1,377	—	1,377	48.2%	△ 4.4%
	(1,377)	—	(1,377)	(48.1%)	(△ 4.4%)
その他役員・従業員　合計	141	—	141	4.9%	△ 0.5%
	(149)	—	(149)	(5.2%)	(△ 0.5%)
外部投資家（VC）　合計	919	+234	1,153	40.4%	+ 5.2%
	(919)	(+234)	(1,153)	(40.3%)	(+5.2%)
外部投資家（事業会社）　合計	153	+6	159	5.6%	△ 0.3%
	(153)	(+6)	(159)	(5.6%)	(△ 0.3%)
不明分	25	—	25	0.9%	△ 0.1%
	(25)	—	(25)	(0.9%)	(△ 0.1%)

増加株式数内訳

株主名	種類	増加数	取引後株式数	取引後割合
DCM Ventures China Fund(DCM VII),L.P. （DCM ベンチャーズ）	C 種株式	—	163	7.1% (7.1%)
	D 種株式	+40	40	
DCM VII, L.P. （DCM ベンチャーズ）	C 種株式	—	16	0.7% (0.7%)
	D 種株式	+4	4	
A-Fund, L.P. （DCM ベンチャーズ）	B 種株式	—	69	3.1% (3.1%)
	D 種株式	+19	19	
株式会社 SMBC 信託銀行　特定運用金外信託口 契約番号 12100440 （未来創生ファンド）	D 種株式	+171	171	6.0% (6.0%)
salesforce.com, Inc.	普通株式	—	20	1.4% (1.4%)
	C 種株式	—	15	
	D 種株式	+6	6	
合計	D 種株式	+240		

カッコ内は、新株予約権による潜在株式数を含めた計数。
新株予約権数は、上場時まで在籍した者に対するもののみ記載している。

取引概要

手法　第三者割当増資

発行株数　240 株

株種類　D 種株式

株価　17,590,823 円 / 株
調達額　42 億 2179 万 7760 円
時価総額　Pre 460 億 4760 円 / Post 502 億 2180 万 2520 円
株主　VC2 社、事業会社 1 社

||| 取引の解説

　Pre.Money Valuation460 億円で 42 億円を調達している。SeriesC までの各ラウンドでの放出割合は 10％強だったが、このラウンド（当 SeriesD および SeriesE）から放出割合が 10％以下になっている。

　新規株主として未来創生ファンドから 30 億円の出資を受けている。それ以外の調達資金は、Series C に出資した既存株主からの追加出資となっている。D 種株式は、これまでの C 種株式・B 種株式を踏襲した内容になり、このタイミングでは新しい条件や変更された条件は組み込まれていない。

||| D 種株式の設計サマリー

1. 優先配当：× 5％、非累積、非参加型、優先順位先順位（D → C → B → 普通）
2. 優先残余財産分配：× 1.0 倍、非参加型、優先順位先順位（D → C → B →普通）
3. 普通株式への転換請求権：× 1.0 倍 [B、C 種と同様、以下同じ]
4. ラチェット条項：ナローベース
5. 普通株式への強制転換：× 1.0 倍、上場時
6. 議決権：会社法第 322 条 1 項の規程による種類株主総会決議を要さない

資本取引の影響

株主	取引前株式数	増加株式数	取引後株式数	取引後割合	割合変化
創業者　合計	1,377	△ 16	1,361	47.7%	△ 0.6%
	(1,377)	(△ 16)	(1,361)	(47.5%)	(△ 0.6%)
その他役員・従業員　合計	141	+16	157	5.5%	+ 0.6%
	(149)	(+16)	(165)	(5.8%)	(+0.6%)
外部投資家（VC）　合計	1,153	—	1,153	40.4%	—
	(1,153)	—	(1,153)	(40.3%)	—
外部投資家（事業会社）　合計	159	—	159	5.6%	—
	(159)	—	(159)	(5.6%)	—
不明分	25	—	25	0.9%	—
	(25)	—	(25)	(0.9%)	—

譲渡取引詳細

株主名	取引日役職	上場時役職	種類	増加数	取引後株式数	取引後割合
Sansan 従業員持株会			普通株式	+16	136	4.8% (4.8%)
角川 素久	取締役	—	普通株式	△ 16	48	1.7% (1.7%)
合計			普通株式	—		

カッコ内は、新株予約権による潜在株式数を含めた計数。
新株予約権数は、上場時まで在籍した者に対するもののみ記載している。

取引概要

手法　株式譲渡
譲渡人　角川素久氏
譲受人　Sansan 従業員持株会
株価　8,406,894 円
株数　普通株式　16 株
譲渡価格　134,510,304 円

||| 取引の解説

　共同創業者の角川氏から Sansan 従業員持株会への譲渡取引。この取引の後、定期的に同様の取引が実施されている。譲渡は、2017 年 7 月 28 日に行

われた Series D ラウンドの株価ではなく、1つ前のラウンドである Series C ラウンドの株価である 1 株 8,406,894 円により実施されている。以降の取引も、この株価によって同様の取引が実施されている。

したがって、Series C ラウンドが行われた 2015 年 12 月 18 日以降、I の部の「特別利害関係者等の株式等の移動状況」の開示期間以前（2016 年 5 月 31 日以前）に、初回の取引が行われていたことが推測される。

取得価額（1 株 50,000 円、総額 800,000 円）との差額として譲渡益が 1 億 3371 万円生じている。

資本取引の影響

株主	取引前株式数	増加株式数	取引後株式数	取引後割合	割合変化
創業者　合計	1,361 (1,361)	△ 33 (△ 33)	1,328 (1,328)	46.5% (46.4%)	△ 1.2% (△ 1.2%)
その他役員・従業員　合計	157 (165)	△ 8 (△ 8)	149 (157)	5.2% (5.5%)	△ 0.3% (△ 0.3%)
外部投資家（VC）　合計	1,153 (1,153)	+66 (+66)	1,219 (1,219)	42.7% (42.6%)	+ 2.3% (+2.3%)
外部投資家（事業会社）　合計	159 (159)	— —	159 (159)	5.6% (5.6%)	— —
不明分	25 (25)	△ 25 (△ 25)	— —	— —	△ 0.9% (△ 0.9%)

増加株式数内訳

株主名	補足	種類	増加数	取引後株式数	取引後割合
寺田 親弘	共同創業者	普通株式	△ 28	1,100	38.5% (38.4%)
富岡 圭	共同創業者	普通株式	△ 1	106	3.7% (3.7%)
塩見 賢治	共同創業者	普通株式	△ 2	64	2.2% (2.2%)
常樂 諭	共同創業者	普通株式	△ 2	23	0.8% (0.8%)
田中 潤二	退職取締役	普通株式	△ 8	—	— (0.3%)
		第 1 回新株予約権	—	8	
不明分		普通株式	△ 25	—	— (-)
ニッセイ・キャピタル 5 号投資事業有限責任組合 （ニッセイ・キャピタル）		普通株式	△ 132	48	3.2% (3.2%)
		C 種株式	—	42	
A-Fund, L.P. （DCM ベンチャーズ）		普通株式	+35	35	4.3% (4.3%)
		B 種株式	—	69	
		D 種株式	—	19	
ジー・エス・グロース・インベストメント合同会社 （ゴールドマン・サックス）		普通株式	+130	130	4.6% (4.5%)
ジャパン・コインベスト投資事業有限責任組合 （三井住友トラスト・インベストメント株式会社）		普通株式	+33	33	1.2% (1.2%)
合計		普通株式	± 0		

カッコ内は、新株予約権による潜在株式数を含めた計数。
新株予約権数は、上場時まで在籍した者に対するもののみ記載している。

取引概要

手法　株式譲渡

譲渡人　（１）取引の理由となった投資家

　　　　　　　　ニッセイ・キャピタル５号投資事業有限責任組合　132 株

　　　　（２）共同創業者

　　　　　　　　寺田親弘氏　28 株

　　　　　　　　富岡圭氏　1 株

　　　　　　　　塩見賢治氏　2 株

　　　　　　　　常樂諭氏　1 株

　　　　（３）退任取締役 他

　　　　　　　　田中潤二氏　8 株

　　　　　　　　他不明分 25 株

譲受人　（１）新規投資家

　　　　　　　　ジー・エス・グロース・インベストメント合同会社　130 株

　　　　　　　　ジャパン・コインベスト投資事業有限責任組合　33 株

　　　　（２）既存投資家

　　　　　　　　DCM（A-Fund, L.P.）　35 株

株種類　普通株式

株価　15,304,016 円／株

取引総額　2,953,675,088 円

取引内容について

　既存株主のニッセイ・キャピタル（ニッセイ・キャピタル５号投資事業有限責任組合）が、「所有者の事業（ファンド運営方針の変更）」により、保有株式の６割に該当する 132 株の譲渡を行っている。当該譲渡に伴い、共同創業者及び退任する取締役の持分の譲渡を行っている。

　新規投資家であるゴールドマン・サックス（ジー・エス・グロース・インベストメント合同会社）及びジャパン・コインベスト、既存投資家である DCM（A-Fund、L.P.）が合計で約 30 億円を支払い、株式を譲り受けている。

　本件が行われた背景として、ニッセイ・キャピタルが 20 億円相当の株式の放出を希望していたことがある。

取引総額のうち残り 10 億円について第三者割当増資を行い、新株を発行することで会社の資金とする手法も選択肢としてあっただろう。しかしながら、一部役員が退任予定であり、株式譲渡がいずれ必要だったこと、共同創業者の一部持分について利益確定の機会を与えること、取引における株価が前回ラウンドと異なる価格となっていた（詳細は後述）ため、株式譲渡で取引を統一することが課税関係では最もシンプルだったこと等々、複数要因により株式譲渡が選択されたと考えられる。

‖ 株価について

　2017 年 7 月 28 日に行われた Series D ラウンド発行価格は、17,590,823 円であった。本取引は普通株式を対象に行われた取引だが、Series D ラウンドの株価から 13% 割り引いた 15,304,016 円で実施されている。

- 2017 年 7 月 28 日　D 種株式　17,590,823 円
- 2017 年 11 月 7 日　普通株式　15,304,016 円（△ 13%）

　譲渡した株主が有する株式が普通株式だったため、仮に第三者割当増資により種類株式を発行した場合の価格と比較して、各種優先条項が設けられていない分価格を割り引く交渉を行ったことが想像できる。本件における、13% 程度の乖離幅は、今後調達時の参考値として使われる可能性があるだろう。

資本取引の影響

株主	取引前株式数	増加株式数	取引後株式数	取引後割合	割合変化
創業者　合計	1,328	△ 8	1,320	46.2%	△ 0.3%
	(1,328)	(△ 8)	(1,320)	(46.1%)	(△ 0.3%)
その他役員・従業員　合計	149	+8	157	5.5%	+ 0.3%
	(157)	(+8)	(165)	(5.8%)	(+0.3%)
外部投資家（VC）　合計	1,219	—	1,219	42.7%	—
	(1,219)	—	(1,219)	(42.6%)	—
外部投資家（事業会社）　合計	159	—	159	5.6%	—
	(159)	—	(159)	(5.6%)	—
不明分	—	—	—	—	—
	—	—	—	—	—

増加株式数内訳

株主名	取引日役職	上場時役職	種類	増加数	取引後株式数	取引後割合
Sansan 従業員持株会			普通株式	+8	144	5.0% (5.0%)
角川 素久	取締役	—	普通株式	△ 8	40	1.4% (1.4%)
合計			普通株式	—		

カッコ内は、新株予約権による潜在株式数を含めた計数。
新株予約権数は、上場時まで在籍した者に対するもののみ記載している。

> **取 引 概 要**

手法　株式譲渡

譲渡人　角川素久氏

譲受人　Sansan 従業員持株会

株価　8,406,894 円

株数　普通株式　8 株

譲渡価格　67,255,152 円

⫼ 取引の解説

　共同創業者の角川氏から Sansan 従業員持株会への譲渡取引が行われてい

る。2017 年 8 月 25 日に続いて 2 回目の取引となる。譲渡時における株価は、前回と同一の 1 株 8,406,894 円となっている。

2017 年 11 月 7 日の譲渡時引（No.21）において、1 株 15,304,016 円で取引がなされている。当該価額基準として税務上の時価が決まるため（国税庁通達（所基通 23 〜 35 共 − 9(4) イ）、時価 15,304,016 円の株式を 8,406,894 円で譲渡した形になる。ただし、税務上の低額譲渡（時価の 1/2 未満）に該当しないため、課税関係は低額譲渡時と比較して複雑ではない。

前回の取引同様、取得価額（1 株 50,000 円、総額 400,000 円）との差額である 6685 万円の譲渡益の課税が生じている。

資本取引のまとめ

共同創業者の角川氏の関与度合いが低下したことに伴い、角川氏の保有する株式を従業員持株会に定期的に譲渡する取引が開始している（No.20、22）。

定期的に減資を実施しており、2015 年から 2018 年までの 4 年間のうち、2016 年を除いた 3 年間で 3 回、利益剰余金の欠損填補を行っている。期間内に行われた取引（No.18）により、税負担額が年 700 万円程度減少している。

期間内に、SeriesD ラウンドの資金調達を実施している（No.19）。新規株主（未来創生ファンド）から 30 億円の資金を調達をしている SeriesB ラウンドから SeriesD ラウンドでは、既存投資家からも繰り返し資金を調達していることが特徴的だ。

フェイズ 3 への移行期：第 12 期（2018 年 6 月 1 日〜2019 年 5 月 31 日）の資本政策

会社の状況

||| サービスの状況——Sansan 事業

①国内における展開

Sansan について、目立った機能のアップデートは行われていない。毎年 1 本のペースで新しい CM を放映しており、2018 年 10 月 19 日に CM の第

6 弾を放送開始している。

②グローバルにおける事業展開

2012 年から Sansan の多言語化をすすめており、2018 年 6 月には、累計 10 の言語に対応可能となっている。シンガポール子会社・米国子会社の 2 拠点を展開しているが、まだ大々的にサービスを展開できている状況ではない（2018 年 5 月期決算をみると、2 拠点合計で売上高は 1000 万円に達していない）。海外展開に際しては、日本で行っているような動画によるユーザー獲得も積極的に行っていない。

Sansan の Youtube チャンネルにある、海外向けの企業紹介動画の動画（"Sansan Conect Smarter"）の再生回数はわずか 2400 回（2021 年 9 月現在）でほとんど機能しているとは言えない。

多言語化をすすめることで検証可能な地域を増やし、必要最低限のリソースで、将来力を入れて展開させる地域を選定している状況だろう。

‖ サービスの状況——Eight 事業

大々的な機能変更を行わなかった Sansan 事業に対して、Eight 事業については、機能追加が行われている。

まず、2018 年 6 月 5 日に OCR 機能を公表している。後発の名刺管理ソフト、Line の「myBridge」・Wantedly の「Wantedly People」が OCR 機能により撮影したその場で名刺をデータ化可能であるため、それと同等の機能を Eight にも実装したものとなる。2018 年 12 月 17 日には、メジャーアップデートを行い、アプリの刷新を行っている。

‖ 人事の状況

2018 年 6 月に、CPO（最高製品責任者）に元 WACUL 代表取締役の大津裕史氏、CTO（最高技術責任者）にプロダクト開発部長だった藤倉成太氏、VPoE（マネジメント責任者）に Eight 事業部の開発統括責任者だった宍倉功一氏を就任させている。

この期間、CXO 職の拡充を図っており、2018 年 12 月に、CHRO（最高人事責任者）に大間祐太氏、CFO（最高財務責任者）に橋本宗之氏、CBO（最高ブランド責任者）に田邉泰氏が就任している。

資本取引の解説

表 4-5　株式数の情報・調達金額・Valuation の情報

解説No.	日付	取引種類	発行済株式総数	新規発行株数	調達額（千円）	株価（円/株）	Post-Value（千円）	資本金（千円）
22まで			2,615(2,623)		8,426,721			1,412,604
23	2018/06/15	株式分割	28,550,000(28,630,000)	28,547,145(79,992)	—	841	24,068,937	3,164,128
24	2018/06/16	新株予約権付与	28,550,000(28,810,000)	—(180,000)	—	1,795	51,713,950	3,164,128
25	2018/06/28	株式譲渡	28,550,000(28,810,000)	—	—	841	24,229,210	3,164,128
26	2018/09/26	減資	28,550,000(28,810,000)	—	—	841	51,713,950	1,312,501
27	2018/12/04	第三者割当増資	29,432,353(29,692,353)	882,353	3,000,000	3,400	100,954,000	2,812,501
28	2018/12/31	新株予約権放棄	29,432,353(29,557,353)	—(△135,000)	—	3,400	100,495,000	2,812,501
29	2019/01/31	新株予約権付与	29,432,353(29,884,383)	—(327,030)	—	3,400	101,606,902	2,812,501
30	2019/01/31	新株予約権付与	29,432,353(30,418,994)	—(534,611)	—	3,400	103,424,579	2,812,501
累計					11,426,721			

カッコ内は、新株予約権による潜在株式数を含めた株式数。
新株予約権による潜在株式数は、上場時まで在籍した者に対するもの。
Valuation は潜在株式数を含めて計算している。

この期間における資本取引の情報

全 8 回：株式分割、第三者割当、ストックオプション発行 3 回、ストックオプション放棄、株式譲渡、減資

　上場申請期において行われた 7 取引について、①外部からの調達、②上場に向けた準備、③内部向けインセンティブの設定、の 3 つに分類される。内部向けインセンティブの設定について、上場申請期においてはじめて社員全員を対象としたストックオプションの付与を行っている（No.29）。その付与割合や時期は、上場準備中の企業にとって参考になるだろう。

資本取引の影響

株主	取引前株式数	増加株式数	取引後株式数	取引後割合	割合変化
創業者　合計	1,320	+13,228,677	13,229,997	46.3%	+ 0.1%
	(1,320)	(+13,228,677)	(13,229,997)	(46.2%)	(+0.1%)
その他役員・従業員　合計	157	+1,559,844	1,560,001	5.5%	△ 0.0%
	(165)	(+1,639,836)	(1,640,001)	(5.7%)	(△ 0.0%)
外部投資家（VC）　合計	1,219	+12,168,783	12,170,002	42.6%	△ 0.1%
	(1,219)	(+12,168,783)	(12,170,002)	(42.5%)	(△ 0.1%)
外部投資家（事業会社）合計	159	+1,589,841	1,590,000	5.6%	—
	(159)	(+1,589,841)	(1,590,000)	(5.6%)	—
不明分	—	—	—	—	—
	—	—	—	—	—

取引概要

手法　株式分割

割合　1：10000

取引の解説

　創業から上場まで通して、1 回のみ行われた株式分割となる。直近調達時の株価（17,590,824 円 / 株）から計算すると、100 株当たりの金額は 17 万 5908 円となった。東証が求めている最小投資単位は 5 ～ 50 万円のレンジであり、上場後における当該最小投資単位を意識した分割が行われている。

資本取引の影響

株主	取引前株式数	増加株式数	取引後株式数	取引後割合	割合変化
創業者　合計	13,229,997	—	13,229,997	46.3%	—
	(13,229,997)	—	(13,229,997)	(45.9%)	(△0.3%)
その他役員・従業員　合計	1,560,001	—	1,560,001	5.5%	—
	(1,640,001)	(+180,000)	(1,820,001)	(6.3%)	(+0.6%)
外部投資家（VC）　合計	12,170,002	—	12,170,002	42.6%	—
	(12,170,002)	—	(12,170,002)	(42.2%)	(△0.3%)
外部投資家（事業会社）合計	1,590,000	—	1,590,000	5.6%	—
	(1,590,000)	—	(1,590,000)	(5.5%)	(△0.0%)
不明分	—	—	—	—	—
	—	—	—	—	—

増加株式数内訳

株主名	取引日役職	上場時役職	種類	増加数	取引後株式数	取引後割合
田中　陽	取締役	同左	第 2 回新株予約権	+180,000	180,000	—
						(0.6%)
合計			第 2 回新株予約権	+180,000		

カッコ内は、新株予約権による潜在株式数を含めた計数。
新株予約権数は、上場時まで在籍した者に対するもののみ記載している。

> **取引概要**

発行新株予約権　第 2 回新株予約権

手法　有償ストックオプション

取得者　取締役 1 名

発行価格　1 個（対象株式 1 株）　35 円

発行株数　普通株式 180,000 株

行使価格　1 株当たり 1,795 円

行使請求期間　2020 年 6 月 1 日 から 2028 年 6 月 1 日

||| 取引の解説

　2018 年 4 月に入社と同時に取締役に就任していた田中陽氏に、入社から 2 カ月経過したタイミングで有償ストックオプションの付与を行っている。

新任の取締役に対して付与した点では、第1回新株予約権と類似した新株予約権だったと言えるが、第1回を含む他の新株予約権の設計と比較すると、この回の新株予約権には、以下の特徴がある。

①時価発行新株予約権信託に伴い発行された第5回新株予約権を除き、これまで原則として無償ストックオプションを発行していること

②有償ストックオプションを発行するに伴い、払込額が個人負担額としては高額になったこと（1個当たり35円で発行されており、発行に際し会社に630万円払込をした計算になる）

③行使条件に、有償ストックオプションの設計上織り込まれやすい、業績達成条件が定められていないこと

特に、③については「インセンティブとして強く機能させる」ための他、「初期に振込が必要になる発行価格を下げる（＝付与者の初期負担を軽くする）」ことを目的として業績達成条件が設けられている場合が多い。

行使条件の設計はインセンティブとして強く機能させるものではないことから、新任取締役に対するインセンティブ目的のみを考えて有償新株予約権を選択したわけではない。なお、第2回新株予約権は、後日一部放棄されている（No.28）。

資本取引の影響

株主	取引前株式数	増加株式数	取引後株式数	取引後割合	割合変化
創業者　合計	13,229,997	△ 30,000	13,199,997	46.2%	△ 0.1%
	(13,229,997)	(△ 30,000)	(13,199,997)	(45.8%)	(△ 0.1%)
その他役員・従業員　合計	1,560,001	+30,000	1,590,001	5.6%	+ 0.1%
	(1,820,001)	(+30,000)	(1,850,001)	(6.4%)	(+0.1%)
外部投資家（VC）　合計	12,170,002	—	12,170,002	42.6%	—
	(12,170,002)	—	(12,170,002)	(42.2%)	—
外部投資家（事業会社）　合計	1,590,000	—	1,590,000	5.6%	—
	(1,590,000)	—	(1,590,000)	(5.5%)	—
不明分	—		—	—	—
	—		—	—	—

譲渡取引詳細

株主名	取引日役職	上場時役職	種類	増加数	取引後株式数	取引後割合
Sansan 従業員持株会			普通株式	+30,000	1,470,000	5.1% (5.1%)
角川　素久	取締役	—	普通株式	△ 30,000	1,470,000	5.1% (5.1%)
合計			普通株式	—		

カッコ内は、新株予約権による潜在株式数を含めた計数。
新株予約権数は、上場時まで在籍した者に対するもののみ記載している。

取引概要

手法　株式譲渡
譲渡人　角川素久氏
譲受人　Sansan 従業員持株会
株価　841 円
株数　普通株式　30,000 株
譲渡価格　25,230,000 円

取引の解説

　共同創業者の角川氏から Sansan 従業員持株会への譲渡取引を行っている。

2017 年 8 月 25 日、2018 年 1 月 31 日に続いて 3 回目の取引となる。譲渡価格における株価は、前回と同水準となっている（前 2 回は株式分割前で、8,406,894 円 / 株）。角川氏から従業員持株会へ、累計 54,000 株（分割後）2 億 2699 万円が譲渡された計算になる。

No.26 **2018 年 9 月 26 日―減資**

取引概要

手法　減資
資本金の変動　（減資前）3,164,128,890 円 →（減資後）1,312,501,521 円
資本剰余金　（減資前）2,110,898,880 円 →（減資後）0 円
利益剰余金への充当額　3,962,526,249 円

||| 取引の解説

　これまでに行った減資と同様、2018 年 5 月期に計上された利益剰余金のマイナスを全額填補する、欠損填補の形式が取られている。法人事業税の資本割節税額は、39 億 6252 万円 × 0.525% ＝ 2080 万円となっている。

No.27 2018年12月4日—株式（2）E種株式第三者割当増資

資本取引の影響

株主	取引前株式数	増加株式数	取引後株式数	取引後割合	割合変化
創業者　合計	13,199,997	—	13,199,997	44.8%	△ 1.4%
	(13,199,997)	—	(13,199,997)	(44.5%)	(△ 1.4%)
その他役員・従業員　合計	1,590,001	—	1,590,001	5.4%	△ 0.2%
	(1,850,001)	—	(1,850,001)	(6.2%)	(△ 0.2%)
外部投資家（VC）　合計	12,170,002	+352,942	12,522,944	42.5%	△ 0.1%
	(12,170,002)	(+352,942)	(12,522,944)	(42.2%)	(△ 0.1%)
外部投資家（事業会社）　合計	1,590,000	+529,411	2,119,411	7.2%	+ 1.6%
	(1,590,000)	(+529,411)	(2,119,411)	(7.1%)	(+1.6%)
不明分	—	—	—	—	—
	—	—	—	—	—

増加株式数内訳

株主名	種類	増加数	取引後株式数	取引後割合
A-Fund, L.P. （DCM ベンチャーズ）	普通株式	—	350,000	4.3% (4.3%)
	B 種優先株式	—	690,000	
	D 種優先株式	—	190,000	
	E 種優先株式	+50,000	50,000	
日本郵政キャピタル株式会社	E 種優先株式	+529,411	529,411	1.8% (1.8%)
SBI AI&Blockchain 投資事業有限責任組合 （SBI インベストメント）	E 種優先株式	+185,295	185,295	0.6% (0.6%)
T.Rowe Price Japan Fund	E 種優先株式	+117,647	117,647	0.4% (0.4%)
合計	E 種優先株式	+882,353		

カッコ内は、新株予約権による潜在株式数を含めた計数。
新株予約権数は、上場時まで在籍した者に対するもののみ記載している。

取引概要

手法　第三者割当増資

発行株数　E 種株式 882,353 株

株価　　3,400 円 / 株

時価総額 Pre970 億 7000 万円 / Post 1000 億 7000 万円 200 円

株主　VC 等 3 社、事業会社 1 社

調達額　30 億 200 万円

投資家について

　上場前に行った最後の資金調達となる。既存投資家 2 社（DCM,SBI グループ）、新規投資家 2 社（日本郵政キャピタル、T.Rowe Price Japan Fund）から調達している。日本郵政キャピタルは、日本郵政グループの事業と親和性の高いサービスに対して投資をする方針を有している。この点、同グループの日本郵便と Sansan は、2015 年 10 月に名刺データと連携した年賀状印刷サービス「B2B LoveLetter」を発表しており、事業上の提携を既に一部でおこなっていたことが投資の背景にある。

調達手法について

　当該調達に伴い、E 種株式を新設している。B から D 種株式までを踏襲した設計となっており、これまでと同様に後のラウンドが優先される× 1.0倍・非参加型の優先残余財産分配権が付されている。Post-Money Valuationは、1000 億 7000 万円となっており、2019 年 5 月期の売上高予想（100 億6900 万円）を用いると PSR × 9.94 となる。Series D ラウンドまでの PSRの水準（× 3.5 〜× 7.0）より高く評価されている。

　上場が近く投資のリスクが低いことから、相対的に高い評価額となっていることが伺える。上場時の公募価格は 4,500 円となった。本ラウンドで株価3400 円で調達を実施したことで、上場時の公募価格を決めるに際して当該価格が 1 つの基準値として働いただろう。

　高い評価額で調達を実施したことにより、当ラウンドによる放出割合は約3 ％と極めて低い水準となっている。この結果、ラウンド終了後も従業員持株会を含めた組織内部の役職者が保有する株の比率は 50% を超過している。

No.28 2018 年 12 月 31 日―新株予約権放棄

資本取引の影響

株主	取引前株式数	増加株式数	取引後株式数	取引後割合	割合変化
創業者　合計	13,199,997	―	13,199,997	44.8%	―
	(13,199,997)	―	(13,199,997)	(44.7%)	(+0.2%)
その他役員・従業員　合計	1,590,001	―	1,590,001	5.4%	―
	(1,850,001)	(△ 135,000)	(1,715,001)	(5.8%)	(△ 0.4%)
外部投資家（VC）　合計	12,522,944	―	12,522,944	42.5%	―
	(12,522,944)	―	(12,522,944)	(42.4%)	(+0.2%)
外部投資家（事業会社）合計	2,119,411	―	2,119,411	7.2%	―
	(2,119,411)	―	(2,119,411)	(7.2%)	(+0.0%)
不明分	―	―	―	―	―

増加株式数内訳

株主名	取引日役職	上場時役職	種類	増加数	取引後株式数	取引後割合
田中　陽	取締役	同左	第 2 回新株予約権	△ 135,000	45,000	―
						(0.2%)
合計			第 2 回新株予約権	△ 135,000		

カッコ内は、新株予約権による潜在株式数を含めた計数。
新株予約権数は、上場時まで在籍した者に対するもののみ記載している。

> **取引概要**
>
> 取引内容：新株予約権放棄
> 対象新株予約権：第 2 回新株予約権
> 放棄個数：135,000 個
> 放棄の理由：新株予約権者からの申し出

||| 取引の解説

　田中陽氏に対して、2018 年 6 月 16 日に発行・付与（No.24）された第 2 回新株予約権のうち、4 分の 3 に当たる 135,000 個について本人からの申し出により放棄された。第 2 回新株予約権は、有償（1 個 35 円）で発行されていたため、田中氏が、472 万 5000 円で取得した新株予約権を対価なしで放棄した形になる。

資本取引の影響

株主	取引前株式数	増加株式数	取引後株式数	取引後割合	割合変化
創業者　合計	13,199,997	―	13,199,997	44.8%	―
	(13,199,997)	―	(13,199,997)	(44.2%)	(△0.5%)
その他役員・従業員　合計	1,590,001	―	1,590,001	5.4%	―
	(1,715,001)	(+327,030)	(2,042,031)	(6.8%)	(+1.0%)
外部投資家（VC）　合計	12,522,944	―	12,522,944	42.5%	―
	(12,522,944)	―	(12,522,944)	(41.9%)	(△0.5%)
外部投資家（事業会社）　合計	2,119,411	―	2,119,411	7.2%	―
	(2,119,411)	―	(2,119,411)	(7.1%)	(△0.1%)
不明分	―	―	―	―	―
	―	―	―	―	―

増加株式数内訳

株主名	取引日役職	上場時役職	種類	増加数	取引後株式数	取引後割合
橋本 宗之	執行役員 CFO	同左	第3回新株予約権	+27,000	27,000	― (0.1%)
藤倉 成太	執行役員 CTO	同左	第3回新株予約権	+960	960	― (0.0%)
宍倉 功一	執行役員 VPoE	同左	第3回新株予約権	+960	960	― (0.0%)
大間 祐太	執行役員 CHRO	同左	第3回新株予約権	+960	960	― (0.0%)
田邉 泰	執行役員 CBO	同左	第3回新株予約権	+960	960	― (0.0%)
大津 裕史	執行役員 CPO	同左	第3回新株予約権	+960	960	― (0.0%)
2007年入社従業員2名			普通株式	―	100,000	0.0% (0.3%)
			第3回新株予約権	+1,920	1,920	
従業員（390名）			第3回新株予約権	+293,310	293,310	― (1.0%)
合計			第3回新株予約権	+327,030		

カッコ内は、新株予約権による潜在株式数を含めた計数。
新株予約権数は、上場時まで在籍した者に対するもののみ記載している。

＜発行新株予約権　第3回新株予約権＞

手法　無償ストックオプション

取得者　橋本 宗之氏（執行役員、CFO）他397人

発行株数　普通株式 327,030 株

行使価格　3,400 円 / 株

行使請求期間　2021 年 2 月 1 日 から 2029 年 1 月 8 日

⫴ 取引の解説

　付与時時点で会社に所属した、子会社取締役・子会社従業員含めた概ね全員に対して、新株予約権を無償発行している。発行した新株予約権の約1割は、2018 年まで CFO を勤めた田中潤二氏の後任として CFO に就任した橋本氏に付与している。

　残りの新株予約権については、付与対象の全員にほぼ同じ個数を付与している。役職付の主だった人間に、960 個ずつ付与していることが開示されている。一方で、開示対象外だった計 380 人に対して、最大でも 959 個、全体平均 750 個弱付与している計算となり、従業員間であまり新株予約権の付与個数にばらつきがなかったことが伺える。

　したがって、「キーマンにある程度の量のストックオプションを与える」「従業員全員にストックオプションを配る」という 2 つの目的から、この新株予約権発行がなされたことが伺える。

資本取引の影響

株主	取引前株式数	増加株式数	取引後株式数	取引後割合	割合変化
創業者　合計	13,199,997	—	13,199,997	44.8%	—
	(13,199,997)	—	(13,199,997)	(43.4%)	(△0.8%)
その他役員・従業員　合計	1,590,001	—	1,590,001	5.4%	—
	(2,042,031)	(+534,611)	(2,576,642)	(8.5%)	(+1.6%)
外部投資家（VC）　合計	12,522,944	—	12,522,944	42.5%	—
	(12,522,944)	—	(12,522,944)	(41.2%)	(△0.7%)
外部投資家（事業会社）　合計	2,119,411	—	2,119,411	7.2%	—
	(2,119,411)	—	(2,119,411)	(7.0%)	(△0.1%)
不明分	—	—	—	—	—
	—	—	—	—	—

増加株式数内訳

株主名	取引日役職	上場時役職	種類	増加数	取引後株式数	取引後割合
串田隆徳氏（受託者）			第 4 回新株予約権	+534,611	534,611	— (1.8%)
合計			第 4 回新株予約権	+534,611		

カッコ内は、新株予約権による潜在株式数を含めた計数。
新株予約権数は、上場時まで在籍した者に対するもののみ記載している。

取 引 概 要

＜発行新株予約権　第 4 回新株予約権＞

手法　時価発行新株予約権信託

取得者　串田隆徳（受託者）氏

発行株数　普通株式 534,611 株

行使価格　3,417 円 / 株

行使請求期間　2020 年 9 月 1 日から 2029 年 1 月 30 日

‖ 取引の解説

　　上場前に行った最後の資本政策として、漆間総合法律事務所の松田良成弁護士が考案し、プルータス・コンサルティングが設計した「時価発行新株予

約権信託」を運用するために、有償新株予約権を発行している。

　同スキームについて、「①新株予約権の分配タイミング」「②新株予約権の分配方法」の2点の観点から解説する。

①新株予約権の分配タイミング

　信託の設定に際し複数契約を締結することで、新株予約権を複数プールに分けて、段階的に新株予約権を配布できるようにする手法が取られることがある。

　Sansanが行った設計上では、以下3つのプールに分割することで、2023年まで段階的に3回にわけて新株予約権の分配を行う形式をとっている。

（A）318,903個：契約締結日（2019年1月30日）から2年が経過した日の翌営業日

（B）107,854個：契約締結日から3年が経過した日の翌営業日

（C）107,854個：契約締結日から4年が経過した日の翌営業日

　2023年1月30日までにすべての新株予約権を配り終わる。この付与方法を理解するためには、当該信託設定に伴い発行された有償ストックオプションに付された行使条件を確認すると良い。

第4回新株予約権
新株予約権の行使の条件②

　　新株予約権者は、2020年5月期から2022年5月期までいずれかの事業年度において当社損益計算書に基づき、当社Sansan事業のセグメント利益が、3,150百万円を超過した場合のみ本新株予約権を行使することができるものとする。

　2018年6月期におけるSansan事業のセグメント利益は14億3700万円であり、新株予約権をインセンティブとして期間中に分配することで、上場時から2022年までの3年間でSansan事業の利益を倍増させよう、という姿勢が見て取れる。

②新株予約権の分配方法

　信託の配分は、（1）ベースポイントに基づく付与、（2）社外評価委員会

の評点に基づく付与の2種類によって行われる。

　(1)のベースポイントに基づく付与は、多くの時価発行新株予約権信託の設定で見られる、評価制度と連動した付与を意図したものとなる。Sansanでは、信託の契約締結日時点(それ以降入社の人は入社日)で役職員の期待役割・期待貢献を設定し、その設定した役割・貢献に対してパフォーマンス評価を行い、評価結果付与されたポイントに準じて新株予約権を付与することとなっている。

　(2)の社外評価委員会の評点に基づく付与を行う旨を定めてあることが、Sansanが行った設定のなかでも独自性が光る。

　組織や個人の特別な貢献度合いや社内外へのインパクトを、社外評価委員会が測って新株予約権分配の基準となるポイントを付与する制度だ。このスキームを導入した多くの会社では、「評価制度結果」に加え、「(評価制度だけでは計測できない)定性評価」を会社が行うことにより、新株予約権を付与する設計になっている。

　この定性評価を行うときに「評価委員会」による決定が行われる旨が記されているが、社外評価委員会を設置していると明記している会社は希少性が高く、Sansanが、創業者たちの主観ではなく客観的な基準に基づいてインセンティブが付与される設計を目指したことがわかる(なお、リンクバル・イグニスなど上場「後」にこのスキームを導入した場合は、評価委員会を社外取締役を中心に組成していると明記するケースが多い)。

資本政策のまとめ

　株式分割、上場時のValuationを決定付けた外部調達、内部向けインセンティブ設計と、上場を意識した資本取引がなされている。特に、Series Eラウンドで高い評価額により調達したことで、①上場時に公募価格を可能な限り高い水準にする、②内部保有割合を保つ、というメリットを享受している。

まとめ　全取引から何を学ぶべきか

(1) 共同創業者・設立メンバーに対する比率・分配
　同社は、代表取締役である寺田氏を含めた5人の設立時取締役によって共

図4-6 創業から上場までの資本構成の変化

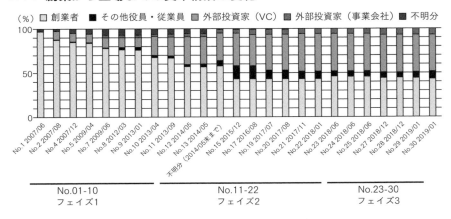

図4-6 創業から上場までの資本構成の変化

同創業された会社だ。共同創業者は全員、設立出資を行っている（No.01 参照）。設立出資時の比率は、代表取締役である寺田氏が78%を保有する形となっている。他の共同創業者の創業時持分比率をみると、富岡氏（現Sansan 事業部長）が7.5%、塩見氏（現 Eight 事業部長）・角川氏（元CWO）が4.5% ずつ、常樂氏（現 CISO）が1.6%と、代表以外の取締役間でも創業時における持分比率のばらつきがある。

　共同代表者間の持分比率に関する考え方は難しく、共同創業者間でほぼ等分するような会社もある。会社を代表する寺田氏に8割集める意思決定を行ったことについて強い思想を感じるが、寺田氏を除く4人に対して安易に同割合とせず、人によって割合を変えていることに対しても、Sansan の共同創業者の持分比率に対する強い思想を感じる。

　共同創業者間であっても持分比率を揃えず力量・役割によって差分をつけたことから、非常に論理的な意思決定を行ったように見える。Sansan の資本政策の興味深い点は、このように論理的な意思決定を行う傍ら、感情を汲み取ったような取引も実行していることだ。初期メンバーである、1人目の社員・2人目の社員に対するエクイティ・インセンティブとして、2007年12月14日に第三者割当増資を実施し、普通株式を両者に保有してもらっている（No.04）。この取引は、立上げ初期の経済的にまだ不安定な組織に飛び込んだ社員に対して報いる性質と解釈したほうが良いだろう。

（2）キーマンに対するエクイティ・インセンティブの付与

共同創業者を除く、その後入社した事業上のキーマンに対するエクイティ・インセンティブの付与方針について確認する。キーマンに対して付与する場合、入社後速やかに新株予約権を付与している。

2013年1月に入社したCFO兼経営管理部長（当時）である田中潤二氏に対して入社と同時に、当社にとって初めての新株予約権である「第1回新株予約権」を、持分比率0.5％相当（対象株式数は普通株式8株）を発行している（No.09）。

また、2018年4月に入社し、田中潤二氏の後任として経営管理部門統括となった田中陽氏に対して、入社から2カ月経過したタイミングで有償ストックオプションである第2回新株予約権を持分比率として0.6％相当を付与している（No.24）。田中潤二氏の後任として、2018年CFOに就任した橋本宗之氏に対して、2019年1月に第3回新株予約権を0.1％相当付与している（No.29）。

「キーマン入社後に新株予約権を付与した」と言えるのは、創業以降上場まで、この3つの取引に限定されている。他に取締役もしくはCXOに就任した者に対して、同様の性質の取引が実行されていることは確認できなかった。

（3）従業員向けのエクイティ・インセンティブの付与

同社は従業員向けのエクイティ・インセンティブを3種類設計している。

2012年3月、従業員向けの最初のエクイティ・インセンティブとして、従業員持株会を組成している（No.08）。エクイティ・インセンティブは上場直前に同時に2つ追加で設計しており、2019年1月31日、①在籍しているほぼ全従業員（執行役員であるH氏を除いて397名）に対して新株予約権（第3回新株予約権、No.29）を1.0％相当を付与しており、同時に、時価発行新株予約権信託を持分比率1.7％相当を発行している。時価発行新株予約権信託に発行された新株予約権は、信託を通じて、発行日から4年経過する日まで段階的に従業員に配布される。

①従業員持株会を通じた、所属年数と拠出金額に応じた持分の付与

②上場時まで所属した社員に対して、その時点までの貢献に即した新株予約権の付与

③時価発行新株予約権信託を通じた、付与後の貢献に基づく新株予約権の配布

という、3つの異なる性質のインセンティブを設計していることは特徴的だ。

（4）全体を通しての所見

⫶ 良かった点

設立当初から創業者を中心に自己資金を7000万円用意し、外部調達に頼らずサービスの作り込みをしたことで、多額の資金調達を開始する前に硬いビジネス基盤を作れたこと。累積110億円超を調達した後でも、内部保有割合が50%超と高い割合を保てた要因となった。

創業者自らが5500万円を投資することは、当然、全スタートアップが見習うことはできない。創業者が創業に際して資金的なリスクを取ると、高い保有割合を保ったまま上場までの資本政策が可能になることを示した例となった。

⫶ 悪かった点

B種株式発行直後に普通株で低廉発行したこと（No.12,No.13）。1週間だけ発行日付をずらしているが、同一日付で決議をまとめることもできた。

⫶ 興味深かった点

従業員に対するエクイティを用いたインセンティブは、原則、従業員持株会によるものとして、上場申請期までストックオプションを利用しなかった点。スタートアップで初期から従業員持株会を組成している企業は珍しく、設計背景を知りたい。

また、従業員持株会を組成しているのにも関わらず、上場申請期において、全員に対するストックオプション付与並びに時価発行新株予約権信託を設定している点が興味深い。3種類のインセンティブが共存することになっているため、どのような社内広報・社内告知がされているのか知りたいところだ。

第 5 章

UUUM——

YouTuber などキーマンに対する
独特のインセンティブ設計

　本章では、2017 年 8 月 30 日にマザーズに上場した UUUM 株式会社を取り扱う。UUUM は YouTuber のタレント・マネジメントを行う会社で、日本有数の YouTuber が数多く所属していることで知られている。新規株式公開時において所属する YouTuber にストック・オプションを付与していたことが明らかになり、当時注目を集めた。

　UUUM は 2013 年 6 月に創業し、第 4 期の会計期間（2017 年 5 月期）が終了した直後である 2017 年 8 月に上場している。同社の資本政策を理解するために、創業から上場までの全 17 回の資本取引を対象として、会計期間ごとにサービスの状況、組織の状況、業績といった背景を確認しながら、1 取引ずつ振り返っている。

　創業から背景を含めて資本取引を振り返ることで、
　　・創業時株主構成がその後の資本政策にどういう影響を及ぼすか、
　　・新株予約権を用いた内部向け（役員・従業員向け）のエクイティ・インセンティブ設計をどのように行うか、
　　・エクイティを用いた資金調達のタイミングとその資金使途、
を確認することができる。

第 1 期（2013 年 6 月 27 日～ 2014 年 5 月 31 日）の資本政策

会社の状況
||| サービスの状況

　UUUM は HIKAKIN をはじめとする専属 YouTuber のマネジメント並びに MCN（マルチ・チャンネル・ネットワーク）事業を営み、多数の YouTuber

の活動をサポートしていることで知られる。

創業した 2013 年 6 月当時の商号は「ON SALE 株式会社」といい、YouTuber による商品紹介を通した EC サイト「ON SALE」を運営していた。ON SALE 事業は、YouTuber による紹介経由で購入された商品の売上に応じた紹介料を得る、インフルエンサー・マーケティングを先駆けて行うようなビジネスだった。

ON SALE 事業は「思ったよりもモノが売れない」ことから、開始 3 カ月で継続は難しいとの結論に至った。この期間に YouTuber との仕事を通じて YouTuber マネジメントのニーズがあることに気がつき、2013 年 11 月から YouTuber のマネジメント・プロダクション事業を開始した。マネジメント・プロダクション事業開始とともに「uuum 株式会社」と商号を変更している（2014 年 12 月、「UUUM 株式会社」に商号変更）。

創業者の鎌田和樹氏は創業前から複数人の YouTuber の協力を取り付けており、8 人の YouTuber が所属する形でマネジメントプロダクション事業を開始した。マネジメント・プロダクション事業開始後の半年間は、1 カ月に 1、2 人のペースで所属 YouTuber を増やしている。この期間において新たに所属する YouTuber は、所属時のチャンネル登録者数が概ね 10 万人以上であり、ある程度ユーザーを摑んでいる状態の YouTuber を中心に勧誘していたことが伺える。

||| 組織の状況

機関の状況について説明する。創業第 1 期の時点で取締役会は設置しておらず、代表取締役の鎌田氏と、その前職上司にあたる服部義一氏が創業時取締役として名を連ねている。

第 1 期終了時点の従業員は 17 人。上場時の取締役を務める事業上のキーマンとなる者は入社していない。

||| 第 1 期の業績

YouTuber のマネジメント・プロダクション事業の業績について、事業開始時から堅調に推移し、事業開始から 3 カ月経過した 2014 年 2 月時点で月次損益が黒字化していたことが明かされている（鎌田氏の note 掲載「永遠

のベンチャー「UUUM」創業物語」から）。

　創業第1期の業績を確認すると、売上高1億6471万円・当期純損失△1870万円を計上している。創業当初のON SALES事業からYouTuberのマネジメント・プロダクション事業に転換する際に2100万円を調達しており、初期投資をすべて費消する前に黒字化するビジネスを作ることに成功したことがわかる。

　なお、初年度から売上高が1億円を超えているが、YouTube広告費は全額売上高として計上され、そのうちYouTuberに対する支払（広告費の場合概ね80%）が売上原価として計上される。初年度は売上総利益は約4000万円（売上総利益25%で計算）、販管費は約6000万円程度だったと推定した。

資本取引（5回）の解説

表5-1　株式数の情報・調達金額・Valuation の情報

解説No.	日付	取引種類	発行済株式総数	新規発行株数	調達額（千円）	株価（円/株）	Post-Value（千円）	資本金（千円）
01	2013/06/27	設立	1,000	1,000	10,000	10,000	10,000	10,000
02	2013/10/10	第三者割当増資	1,175	175	21,000	120,000	141,000	31,000
03	時期不明	株式譲渡	1,175	0	0	—	—	31,000
04	2014/04/08	普通株式の種類株式への変更	1,175	0	0	120,000	141,000	31,000
05	2014/04/21	第三者割当増資	1,425	250	500,000	2,000,000	2,850,000	281,000
累計					531,000			

||| この期間における資本取引の情報

全5回（設立登記、第三者割当増資2回、株式譲渡1回、種類株式への転換1回）

　2013年6月の設立以降、エクイティを用いた資金調達（第三者割当増資）を2回実施している。

　1回目の資金調達では、ON SALE事業からのピボットを決めた2013年10月に2100万円を調達している。2回目の資金調達では、YouTuberのプロダクション・マネジメント事業の黒字化後である2014年4月、事業拡大を目的として5億円を調達している。なお、この期間における金融機関から

の借入による資金調達は行っていない。

資本取引の影響

株主	取引前株式数	増加株式数	取引後株式数	取引後割合	割合変化
創業者　合計	―	+750	750	75.0%	+ 75.0%
その他役員・従業員　合計	―	―	―	―	―
外部投資家　合計	―	+250	250	25.0%	+ 25.0%
YouTuber 等　合計	―	―	―	―	―

増加株式数内訳

株主名	取引日役職	上場時役職	種類	増加数	取引後株式数	取引後割合
鎌田 和樹	代表取締役	代表取締役CEO	普通株式	+750	750	75.0%
服部 義一	取締役	辞任済	普通株式	+100	100	10.0%
梅田裕真（個人投資家）			普通株式	+150	150	15.0%
合計			普通株式	+1,000		

取引概要

手法　設立出資

発行株数　1,000 株

株価　10,000 円 / 株

調達額　1000 万円

株主　鎌田和樹氏、梅田裕真氏、服部義一氏

||| 各株主の新株引受数について

　掲載した取引された株数は推定値となっている。鎌田氏が note に寄稿した「永遠のベンチャー「UUUM」創業物語」上に、外部投資家 3 人から 100 万円ずつ投資してもらった旨の記載がある。I の部を見ると設立時株主は記載の 3 人（鎌田氏＋外部投資家 2 人）となっていて、鎌田氏の記述とは異なる箇所がある。また、取引を逆算すると、個人投資家の梅田裕真氏の初期投資額は note に記載されていた 100 万円ではなく、150 万円となる。投資

家のうち、鎌田氏の前職上司にあたる服部氏が創業時取締役に名を連ねている（翌 2014 年中に辞任）。

複数の鎌田氏に対するインタビュー記事において（2017 年 10 月の Signifiant Style の記事、2017 年 11 月の週刊東洋経済の記事等参照）、ANRI のパートナーを務める佐俣アンリ氏から会社設立時に出資を受けている旨の記載がある。

これらの記事を踏まえると、会社設立時は佐俣氏から鎌田氏が個人的に資金を借り入れ、鎌田氏がその資金を利用して会社を設立したと推測した。

||| 取引の解説

創業時取締役（代表取締役）である鎌田和樹氏が 75％出資にとどまり、設立時に株主として梅田裕真氏、服部氏が計 25％を出資している。共同創業者ではない（少なくともフルタイムで関与していない）外部投資家に対して創業時株価で株式を発行している点は、UUUM の初期の資本政策の 1 つの特徴だ。

初期から外部株主に 25％を割当している点と、その放出割合に対して調達金額が 250 万円と低額だった点は、上場した会社が実施した創業時の資本取引として異例であったように見える。

個人投資家からエンジェル投資を受ける場合、創業時の株価で投資を受けるのではなく、創業後から僅かでも期間をあけて、株価を上げて投資を受けることが一般的だろう。固有の強い事情がない限り、創業時にはフルタイムで働く共同創業者にのみ創業時株価で出資してもらうことが望ましい。

資本取引の影響

株主	取引前株式数	増加株式数	取引後株式数	取引後割合	割合変化
創業者　合計	750	—	750	63.8%	△ 11.2%
その他役員・従業員　合計	—	—	—	—	—
外部投資家　合計	250	+175	425	36.2%	+ 11.2%
YouTuber 等　合計	—	—	—	—	—

増加株式数内訳

株主名	種類	増加数	取引後株式数	取引後割合
ANRI1 号投資事業有限責任組合(ANRI 株式会社)	普通株式	+175	175	14.9%
合計	普通株式	+175		

取引概要

手法　第三者割当増資

発行株数　175 株

発行株式種類　普通株式（みなし優先株式）

株価　120,000 円 / 株 (前回取引より +1100%)

調達額　2100 万円

株主　ANRI1 号投資事業有限責任組合

||| 取引の解説

　創業から 3 カ月経過した 2013 年 10 月、佐俣氏が運営するファンドである、ANRI1 号投資事業有限責任組合を引受人として第三者割当増資を行っている。本ラウンド（Series A ラウンドと呼ぶ）における資金調達に伴い、普通株式を発行している。当該株式は、2014 年 4 月 21 日に行われた次回ラウンド（Series B ラウンドと呼ぶ）直前の同年 4 月 8 日に、A 種優先株式に転換されている。

　普通株式発行時に、次回ラウンド前に発行した普通株式を優先株式に転換する旨、あらかじめ株主間契約書の締結などにより確約しておく手法は、2014 年に刊行された磯崎哲也氏の著書『起業のエクイティ・ファイナン

ス』で「みなし優先株式方式」と命名されている。

　解説している今回の第三者割当増資が、磯崎哲也氏が紹介した「みなし優先株式方式」の形式通り、普通株式発行時においてあらかじめ締結した契約に基づき次回ラウンド時に転換されたかは定かではない。しかし、「みなし優先株式方式」の名前が広く知られる前の期間に、概ね同様のスキームが使われたことになる。

No.03　時期不明—株式譲渡

資本取引の影響

株主	取引前株式数	増加株式数	取引後株式数	取引後割合	割合変化
創業者　合計	750	△ 100	650	55.3%	△ 8.5%
その他役員・従業員 合計	—	—	—	—	—
外部投資家　合計	425	+100	525	44.7%	+ 8.5%
YouTuber 等　合計	—	—	—	—	—

増加株式数内訳

株主名	取引日役職	上場時役職	種類	増加数	取引後株式数	取引後割合
鎌田 和樹	代表取締役	代表取締役 CEO	普通株式	△ 100	650	55.3%
ANRI1 号投資事業有限責任組合 （ANRI 株式会社）			普通株式	+100	275	23.4%
合計			普通株式	± 0		

> **取引概要**

手法　株式譲渡

譲渡人　鎌田和樹氏（推定）

譲受人　ANRI1 号投資事業有限責任組合

株価　不明

株数　普通株式 100 株

||| 取引の解説

取引推定箇所について

Ⅰの部等の外部公表情報から創業時からの資本取引を分解すると、ANRI1号投資事業有限責任組合に対して創業時株主の誰かから 100 株を株式譲渡したことが伺える。

　この取引は、Ⅰの部における「特別利害関係者等の株式等の移動状況」の記載対象期間（上場申請日の直前事業年度の末日の 2 年前の日から上場日の前日までの期間）より前における、会社を設立した 2013 年 6 月から翌 2014 年 5 月までの期間において実施されていることになる。

　取引 No.01 の解説でも触れた通り、ANRI のパートナーである佐俣アンリ氏が創業時から会社に対して何らかの形で資金提供していただろうことを背景として、第三者割当増資と同時期に鎌田氏から ANRI1 号投資事業有限責任組合に対して当該 100 株の株式譲渡が行われたと推測した。

株式譲渡取引について

　インタビューからのみ推測できた事項である「創業時に佐俣アンリ氏が資金を援助していたこと」に加え、当該株式譲渡取引が一連の流れであると仮定すると、以下の①〜④の取引が行われた可能性がある。

　①佐俣氏（または氏が運営するファンド）から鎌田氏が 700 万円借り入れる

　②鎌田氏が当該資金を用いて会社を設立する

　③佐俣氏が運営するファンドに鎌田氏が普通株式を譲渡する

　④鎌田氏が、③で得た資金を元手に、佐俣氏に対して①の借入を返済する資金を出した当初は返済義務のある負債の形式を取り、後日エクイティに転換するスキームについて転換社債型新株予約権付社債（CB. Convertible Bond）など知られたものも存在する。この取引が行われていたとしたら創業当初のスタートアップに対して投資を行う投資家のリスクを軽減する 1 つの手法として参考になるだろう。

2014年04月08日―普通株式のA種優先株式の転換

取引内容詳細

株主名	種類	増加数	取引後株式数	取引後割合
ANRI1号投資事業有限責任組合 （ANRI株式会社）	普通株式	△175	100	23.4%
	A種優先株式	+175	175	
合計	普通株式	△175		
	A種優先株式	+175		

取引概要

手法　発行済普通株式の一部の種類株式への変更

株主　ANRI1号投資事業有限責任組合

変更内容　普通株式からA種優先株式への変更

株式数　175株

||| 取引の解説

　本取引の2週間後の2014年4月21日に行われる第三者割当増資（No.05）に先んじて普通株式の一部をA種優先株式に変更している。A種優先株式に変更された普通株式は、2013年10月にANRI1号投資事業有限責任組合が第三者割当（No.02）により取得したもの。No.02の取引解説の通り、普通株式の出資時にあらかじめ、次回ラウンド前に発行した普通株式を優先株式に転換することを定めていたものと考えられる。

資本取引の影響

株主	取引前株式数	増加株式数	取引後株式数	取引後割合	割合変化
創業者　合計	650	—	650	45.6%	△ 9.7%
その他役員・従業員　合計	—	—	—	—	—
外部投資家　合計	525	+250	775	54.4%	+ 9.7%
YouTuber 等　合計	—	—	—	—	—

増加株式数内訳

株主名	種類	増加数	取引後株式数	取引後割合
ジャフコ SV4 共有投資事業有限責任組合（ジャフコグループ株式会社）	B 種優先株式	+250	250	17.5%
合計	B 種優先株式	+250		

取引概要

手法　第三者割当増資

発行株数　250 株

発行株式種類　B 種優先株式

株価　2,000,000 円 / 株（前回取引より +1566.7%）

調達額　5 億円

時価総額　Pre 23 億 5000 万円 /Post 28 億 5000 万円

株主　ジャフコ SV4 共有投資事業有限責任組合

||| 取引の解説

　2014 年 4 月 21 日に株式会社ジャフコ（現ジャフコグループ株式会社。以下、運営するファンドを含め「ジャフコ」）が運営するファンドから 5 億円を調達した。このラウンド（「Series B ラウンド」とする）ではジャフコが単独で出資している。

　当該調達が、上場前最後に行なったエクイティを用いた資金調達となる。資金調達前の株式時価総額を 23 億 5000 万円と設定して 250 株（株価 1 株 200 万円）を発行している。

　資金調達の結果、鎌田氏の持分比率は取引前の 55.3％から 45.6％に低下

しており、鎌田氏単独での議決権保有比率がこの資金調達により過半数を割ったことになる。

　当該ラウンドにおいて種類株式である「B種優先株式」を新設して用いている。B種優先株式と、それに合わせて発行されたA種優先株式の内容を確認する。

表5-2　UUUM の優先株式の設計

発行日時 種類株式名		2014 年 4 月 8 日 A 種優先株式	2014 年 4 月 21 日 B 種優先株式
優先配当		設定なし	
優先残余財産分配	倍率	× 1.0 倍	
	順位（発行時）	B ＞ A	
	優先分配後	参加型（AND 型）	
	優先分配後倍率	× 1.0 倍	
	優先分配後上限	なし	
金銭と引き換えにする取得請求権	行使条件	（ⅰ）吸収分割又は新設分割により当会社の主たる事業の全部もしくは実質的なすべてを他の会社に承継させた場合、又は（ⅱ）当会社の主たる事業の全部もしくは実質的なすべてを第三者に譲渡した場合	
	倍率	× 1.0 倍	
	原資	（ⅰ）の吸収分割又は新設分割に際して吸収分割承継会社または新設分割設立会社が当会社に交付する当該会社の株式及び金銭その他の財産の価額、又は前項（ⅱ）の事業の譲渡の対価として事業の譲受人が当会社に支払う金額	
	優先分配後	参加型（AND 型）	
普通株式と引き換えにする取得請求権	株主行使権	2014 年 4 月 21 日以降いつでも	
	取得比率	× 1.0 倍	
希薄化防止条件	対象取引	低廉発行（SO 発行含む）	
	調整方法	ナローベース	
	その他	―	
取得条項	条件	取締役会上場決議	
	取得比率	× 1.0 倍	
議決権		有	

　Series B ラウンド時点で、内部（役員・社員）向けのエクイティを用いたインセンティブが設計されていなかったことに着目したい。エクイティ・インセンティブ未設計の状態において、創業時株価の 200 倍、前回普通株式を用いた調達時の 16 倍超の発行価額で調達を実施したことになる。

　実際に、このラウンド終了後に内部向けインセンティブ設計に着手したことを踏まえると、結果論的になるが、B種優先株式の発行価額より低廉の行

使価額で行使可能な新株予約権の発行を認めるように、種類株式を設計することも考えられただろう。

　種類株式の設計上、優先株式の発行価額を下回る価額において株式が発行された時や優先株式の発行価額を下回る行使価額が設定された新株予約権を発行する時に、優先株式の普通株式への転換比率を調整する「希薄化防止条項（ラチェット条項）」を定めることがある。この条項が定められている場合であっても、この希薄化防止条項の適用対象から内部向けインセンティブ付与を目的とした発行を除外する規定を設けることで、種類株式発行後であっても、事業に携わる社員・外部協力者が経済的利益を得やすい条件で新株予約権を発行することも可能になる。

　具体例を確認すると、以下に参照する文言を種類株式の設計上に織り込むことで実現される。

株式会社 VALU
発行可能種類株式総数及び発行する各種類の株式の内容
普通株式への転換請求権 4.(5) 但書
本号による取得価額の調整は、当会社又は当会社の子会社の役職員又はアドバイザーに対してインセンティブ付与を目的として発行される新株予約権については、その目的とする普通株式の総数（発行された新株予約権の行使により発行された普通株式を含む累計とする。）が、その時点における発行済普通株式総数（但し、自己株式及び本号但書きにより発行された新株予約権を行使することによって発行された普通株式の数を控除するものとし、普通株式以外の種類株式については、その全てが当初の条件で取得され普通株式が交付されたものとみなして計算する。）の10％に至るまで（但し、行使期間満了等により失効し又は当会社が無償取得した新株予約権が目的とする株式を含まないものとする。）適用されないものとする。

　UUUM が発行した種類株式はこの点、希薄化防止条件の例外規定として上記のような内容を設定していない。ただし、この時期は上場時に役員を務める者はまだ入社しておらず、上場時に要となっていた YouTuber もまだ全

員 UUUM に所属する前であった。そのため内部向け・YouTuber にどのようなエクイティ・インセンティブプランを設けるか思い描くことが難しい状況だった。

第1期資本取引のまとめ

創業時に創業時株価で、個人投資家からの出資を受けている。創業時に（フルタイムではない共同創業者を含む）個人投資家から出資を受ける場合、強い固有の事象がない限り、創業時株価で出資を受けることは避けた方が良かっただろう。

創業後、佐俣氏が代表を務める ANRI から出資を受けている。出資を受ける際、「みなし優先株式方式」と概ね同様のスキームが用いられている。取引が行われた年代を踏まえると、先鋭的な取り組みだった。

YouTuber のマネジメント・プロダクション事業にピボットして、その事業を黒字化した後に SeriesB ラウンドで5億円を調達した。この後、上場まで外部からの調達を行っていない。第2期にこの5億円を使って組織を拡大させており、適切なタイミングに適切な金額の成長資金を調達できたように見える。

SeriesB ラウンドでは優先株式を用いて調達を実施している。優先株式の発行価額より低廉な株価を行使価額とした新株予約権を発行できるように、条件設定を行う方法も考えられた。

第2期（2014年6月1日〜2015年5月31日）の資本政策

会社の状況
||| サービスの状況

第1期から継続して YouTuber のマネジメント・プロダクション事業を継続している。第2期における所属 YouTuber の拡大戦略について、2つの大きな取り組みを実施しているため、それぞれについて解説する。

① UUUM 専属クリエイターに加え、「ネットワーククリエイター」というクリエイター枠を増設

2014年12月、YouTube の MCN（マルチ・チャンネル・ネットワーク）

機能を用いて「UUUM ネットワーク」を立ち上げることを発表した。UUUM ネットワークに参加するクリエイターであるネットワーククリエイターは、ネットワークに参加することで動画制作上利用可能な素材の提供や個人単独だと難しいリアルイベント企画等のサポートを受けることができる。

　UUUM は、直接マネジメントしなくても多数の YouTuber を UUUM の管理下におくことができると共に、将来専属クリエイターとして登用する可能性がある YouTuber を先んじて囲い込むことができる。ネットワーククリエイターに関する手数料設定は、当初、クリエイターが GoogleAdsense から受け取る収益の 20% を UUUM が得る、専属クリエイターと同様の条件となっていた。

　2017 年から、月額 5000 円以上の収益を得ている月に参加料として月額500 円（税抜）を UUUM に支払う形式に変更されている。

②チャンネル登録者数が少ないクリエイターの専属クリエイターへの登用

　専属クリエイターとして契約を締結する YouTuber について、第 1 期から戦略が変わっている点がある。YouTuber の加入時期並びに加入を伝えるニュースリリースに記載されている加入時のチャンネル登録者数を、表5-3 にまとめた。

表5-3　YouTuber の加入時期とチャンネル登録者数

	加入時期	名前（加入時）	UUUM ネットワーク加入時点のチャンネル登録者数	2020 年 3 月 1 日時点のチャンネル登録者数（代表的なチャンネル）
1	創業時	HIKAKIN	73 万 7453 人	798 万人
2	創業時	ABTVnetwork	不明	8.81 万人
3	創業時	Kazu	不明	177 万人
4	創業時	めぐみちゃんねる！	不明	22.1 万人
5	創業時	ジェットダイスケ	11 万 9276 人	27.6 万人
6	創業時	ビロガーのアリ	不明	5.13 万人
7	2013年11月	瀬戸弘司	30 万 0448 人	159 万人
8	2013年11月	sasakiasahi	21 万 5592 人	93.6 万人
9	2014年2月	SEIKIN	46 万 2618 人	378 万人
10	2014年2月	レオンチャンネル	18 万 3153 人	130 万人
11	2014年3月	Masuo	17 万 2801 人	117 万人

12	2014年4月	アシヤ	1万1387人	21.1万人
13	2014年4月	はじめしゃちょー	22万7195人	837万人
14	2014年6月	PDS	40万6000人	159万人
15	2014年10月	k2eizo	4万6547人	56.3万人
16	2014年10月	みやゆう	9万1760人	86.8万人
17	2014年10月	ベイビーチャンネル	4万8226人	38.7万人
19	2014年10月	木下ゆうか	4649人	542万人
20	2014年10月	まえちゃんねる	4万1086人	39.7万人
21	2014年10月	Pocky Sweets	8万1006人	273万人
22	2014年10月	さとちんTV	2万3289人	46.7万人
23	2014年10月	西川瑞希（みずきてぃ）	2167人	10.2万人
24	2014年11月	ぐっちの部屋	8万7093人	131万人 (2020年2月15日時点,現在非公開)
25	2014年11月	Noelchannel	9万2414人	34.9万人
26	2014年12月	Chihiro	6万8625人	閉鎖済
27	2014年12月	もるさん	23万5723人	64.2万人
28	2014年12月	たこらいす	9万8068人	40.6万人
29	2014年12月	akkoni717	13万4232人	77万人
30	2015年3月	カードキングダムサンダー	加入時未公表	13.6万人
31	2015年3月	HiROKi	加入時未公表	7.66万人
32	2015年4月	アバンティーズ	加入時未公表	162万人
33	2015年5月	三浦TV	加入時未公表	33.9万人

　時期に応じて、UUUM に勧誘する YouTuber の選定基準が変わっていることが推察できる。具体的には、「創業から 2014 年 6 月まで」と「2014 年 10 月から 12 月まで」の期間は、UUUM に加入した YouTuber の層が異なっているように観察される。さらに、具体的に期間ごとに振り返る。

創業から 2014 年 6 月まで：人気 YouTuber との契約時期
　この時期には、最低でも 10 万人以上チャンネル登録者を抱えている、自力で視聴者を獲得する能力がある YouTuber と専属契約を締結していた。契約時点のチャンネル登録者数の平均値は 30 万人程度となっている。この期間において、1 カ月当たり 1 〜 2 名のペースで YouTuber と専属契約を締結している。

2014 年 10 月から 12 月まで：YouTuber の発掘時期

2014 年 6 月以降、3 カ月間 YouTuber の加入が停止しており、加入再開後のこの 3 カ月間に集中して 15 人のクリエイターと契約している。15 人中 13 人が契約時点のチャンネル登録者数 10 万人以下（平均約 7 万人）となっている。

「創業から 2014 年 6 月まで」の期間に、視聴者を獲得する能力がある YouTuber と契約して共に仕事をすることで、① YouTuber のマネジメント手法、②チャンネル登録者数・視聴数を増加させる再現性ある手法を確立し、その手法を用いることで将来ユーザー獲得が見込まれそうな YouTuber を発掘した時期が「2014 年 10 月から 12 月まで」の 3 カ月であると考えられる。

2014 年 10 月から 12 月までの 3 カ月間に契約したクリエイターの中には、2020 年 3 月時点で日本 5 位のチャンネル登録者数である木下ゆうか（ただし、2020 年 2 月に UUUM を脱退）の名前がある。加入時のチャンネル登録者数は 4,649 人であり、将来伸びる可能性のある YouTuber を発掘できた成功例と言えるだろう。

ニュースリリースについて

ニュースリリースの書き方についても時期によって変化しており、2014 年 12 月までは加入を伝えるニュースリリース上、加入時点のチャンネル登録者数を掲載していたが、2015 年 3 月以降はチャンネル登録数の掲載をやめている。この変更からも、加入時のチャンネル登録者数を重視しなくなった姿勢が見える。

2016 年以降、UUUM は企業ページとして UUUM 公式クリエイターサイト（uuum.jp）と会社の HP（uuum.co.jp）の 2 つを運用している。専属クリエイターの新規所属を伝えるアナウンスは、2016 年 1 月以降、公式クリエイターサイト（uuum.jp）上で再開される。2017 年 7 月まで、1 年半停止していた。

2016 年時点で UUUM は国内トップ YouTuber が所属するところだと世間に認識されていたこと、ある程度クリエイターの所属人数が増えたことから、新たにクリエイターが UUUM に所属したことを会社から発表する意味合いが変化したことに合わせて、発表方法・内容を変えていると思われる。

||| 組織の状況

「サービスの状況」記載の通り、第2期は、はじめしゃちょーや木下ゆうか など上場時に YouTuber のトップ層となっていたタレントを数多く囲い込ん だ時期となる。従業員についても同様、上場時に取締役を務めるキーマンが 数多く入社した。

監査等委員を務める取締役を除けば、上場時取締役は鎌田氏を含めて5人 いる。創業者である鎌田氏以外の4人が全員、第2期に入社している。

上場時 CFO を務める渡辺崇氏が 2014 年 12 月、収益部門全体を統括する 梅景匠之氏が 2014 年 7 月、コーポレートユニット担当の中尾光宏氏が 2014 年 7 月、ビジネス開発ユニットを担当する高田順司氏が 2015 年 4 月、それ ぞれ入社している。

2014 年 7 月に行われた定時株主総会にて、取締役会並びに監査役を設置 している。第1期に行われたジャフコの投資を受けて、ジャフコの専務取締 役を勤めていた山田裕介氏が監査役に就任している。

定時株主総会後に、設立時取締役であった服部義一氏が取締役を辞任して いる。最低3人必要な取締役会を保つため、投資家であった梅田祐真氏と佐 俣アンリ氏が一時的に取締役として就任している。

2014 年 12 月、前述の上場時取締役を務める渡辺氏、梅景氏、中尾氏が取 締役として就任している（高田氏は入社前）。

2014 年 9 月、オフィスを六本木ヒルズに移転している。このオフィスは 上場後まで利用しており（2020 年 3 月 23 日に東京ミッドタウンに移転して いる）、上場時の規模まで組織を拡大させるための準備をこの期に行った形 となっている。

上場時期から考えると、遅くともこの期から上場準備を開始しており、第 2期は上場直前々期（N-2 期）に該当する。

||| 第2期の業績

第2期の売上高は 13 億 1858 万円。主な収益源である YouTuber が投稿し た動画に関する広告収益に関して 80％が YouTuber に支払われるため、売上 総利益は売上高の約 23％にあたる 2 億 9862 万円となっている。

販売費及び一般管理費として5億6195万円計上している。大半は、組織拡大に伴う人員に関連する費用となる（Ⅰの部に開示されている給与手当・役員報酬・業務委託料を合計して3億2505万円）。販管費を多額に計上したことにより△2億7168万円の当期純損失を計上している。

　第1期末に行なったSeries Bラウンドにて5億円調達しているが、第2期終了時点で現預金を1億円保有しており、資金を残して事業年度を終えた形となっている。

　UUUMは、第1期のSeriesBラウンドにおける調達前に一度黒字化を達成している。したがって、SeriesBラウンドにおける調達の影響を整理すると、黒字化している状況において資金調達を行い、調達した資金の範囲内で先行して組織拡大のための投資を行い、資金が枯渇する前に黒字化を図った。翌第3期から黒字化しており、SeriesBラウンドにおける調達資金を使うことにより、事業規模を広げた上で黒字化する体制構築に成功したと言えるだろう。

資本取引（2回）の解説

表5-4　株式数の情報・調達金額・Valuationの情報

解説 No.	日付	取引種類	発行済 株式総数	新規発行 株数	調達額 （千円）	株価 （円/株）	Post-Value （千円）	資本金 （千円）
05まで			1,425		531,000			281,000
06	2014/12/01	株式分割	142,500	141,075	0	20,000	2,850,000	281,000
07	2014/12/31	新株予約権 発行	142,500 (151,050)	0 (8,550)	0	20,000	3,021,000	281,000
累計					531,000			

カッコ内は、新株予約権による潜在株式数を含めた株式数。
新株予約権による潜在株式数は、上場時まで在籍した者に対するもの。
Valuationは潜在株式数を含めて計算している。

⦀ この期間における資本取引の情報

全2回（株式分割、新株予約権発行）

　第1期にて外部投資家からの実施が完了しており、第2期から内部向けにエクイティを用いたインセンティブとして新株予約権の付与を開始している。上場時取締役の多くがこの時期に入社しており、事業上のキーマンに対して、どのように新株予約権を配布するか、参考になるだろう。

第2期には、インセンティブ付与に備えた株式分割と、新株予約権の付与
を実施している。

No.06　2014 年 12 月 01 日　株式分割

資本取引の影響

株主	取引前株式数	増加株式数	取引後株式数	取引後割合	割合変化
創業者　合計	650	+64,350	65,000	45.6%	—
その他役員・従業員　合計	—	—	—	—	—
外部投資家　合計	775	+76,725	77,500	54.4%	—
YouTuber 等　合計	—	—	—	—	—

取引概要

手法　株式分割
割合　1：100

取引の解説

　内部向けのエクイティ・インセンティブ実行前に、1:100 の株式分割を行
っている。分割前の発行済株式総数は 1425 株であり、大人数に配布するに
は粒度が粗い。この状況で最小単位である 1 株を発行すると発行した相手に
0.07％付与することになる。
　UUUM は資本金 1000 万円で会社設立されたが、（1 株 1 円以上で設定す
るとした場合）最大 1000 万株を発行することもできた。結果論となるが、
インセンティブ目的で新株予約権を利用するのであれば、設立当初の発行済
株式総数をもう少し多く発行しておくことも考えられただろう。

No.07 2014 年 12 月 31 日―新株予約権発行

資本取引の影響

株主	取引前株式数	増加株式数	取引後株式数	取引後割合	割合変化
創業者　合計	65,000	—	65,000	45.6%	—
	(65,000)	—	(65,000)	(43.0%)	(+43.0%)
その他役員・従業員　合計	—	—	—	—	—
	—	(+7,050)	(7,050)	(4.7%)	(+4.7%)
外部投資家　合計	77,500	—	77,500	54.4%	—
	(77,500)	—	(77,500)	(51.3%)	(+51.3%)
YouTuber 等　合計	—	—	—	—	—
	—	(+1,500)	(1,500)	(1.0%)	(+1.0%)

増加株式数内訳

株主名	取引日役職	上場時役職	種類	増加数	取引後株式数	取引後割合
開發光（HIKAKIN）	—	最高顧問	第 1 回新株予約権	+1,500	1,500	— (1.0%)
渡辺 崇	取締役	取締役 CFO	第 2 回新株予約権	+2,850	2,850	— (1.9%)
中尾 充宏	取締役	同左	第 2 回新株予約権	+1,500	1,500	— (1.0%)
梅景 匡之	取締役	取締役 COO	第 2 回新株予約権	+1,500	1,500	— (1.0%)
後藤 大輔	—	執行役員	第 2 回新株予約権	+50	50	— (0.0%)
金子 宗之		執行役員バディユニット担当	第 2 回新株予約権	+50	50	— (0.0%)
従業員（新規）7名			第 2 回新株予約権	+1,100	+1,100	(0.8%)
合計			第 1 回新株予約権	+1,500		
			第 2 回新株予約権	+7,050		

カッコ内は、新株予約権による潜在株式数を含めた計数。
新株予約権数は、上場時まで在籍した者に対するもののみ記載している。

取引概要

手法①　無償新株予約権

新株予約権の種類　第 1 回新株予約権

取得者　開發光（HIKAKIN）氏

発行株数　1,500 株

株種類　普通株式

行使価額　20,000 円 / 株

行使請求期間　無期限（株式公開がなされた日から 10 年を経過した日を上
　限とする）

その他条件：行使可能割合

　　　　株式公開の日から株式公開後 1 年間が経過する日まで：割当数の 0%

　　　　株式公開後 1 年間が経過する日以降株式公開後 2 年間が経過する日
　　　　まで：割当数の 50%

　　　　株式公開後 2 年間が経過する日以降株式公開後 3 年間が経過する日
　　　　まで：割当数の 50%

　　　　株式公開後 3 年間が経過した日以降：行使数の制限はない

手法②　無償新株予約権

新株予約権の種類　第 2 回新株予約権

取得者　取締役 3 名（渡辺氏、中尾氏、梅景氏）、従業員 9 名

発行株数　7,050 株

株種類　普通株式

行使価額　20,000 円 / 株

行使請求期間　2016 年 12 月 2 日から 2024 年 12 月 1 日

その他条件：行使可能割合

　　　　株式公開の日から株式公開後 1 年間が経過する日まで：割当数の 0%

　　　　株式公開後 1 年間が経過する日以降株式公開後 2 年間が経過する日
　　　　まで：割当数の 50%

　　　　株式公開後 2 年間が経過する日以降株式公開後 3 年間が経過する日
　　　　まで：割当数の 50%

　　　　株式公開後 3 年間が経過した日以降：行使数の制限はない

||| 取引の解説

　2014 年 12 月 31 日、YouTuber 向けに設計した第 1 回新株予約権と役員向

け・従業員向けに設計した第2回新株予約権を発行している。同日に発行しているが、YouTuber 向けの新株予約権の方を「第1回」と銘打つところに思想を感じる。

（1）第1回新株予約権について

第1回新株予約権は開發光（HIKAKIN）氏1人に対して発行されている。付与した新株予約権の対象となる株式数は1500株であり、これは発行後株式総数の約1%に該当する。

新株予約権の形式について、今回無償新株予約権を発行している。開發光（HIKAKIN）氏は同社の従業員・役員の身分を有していないため、同新株予約権は税制適格の要件を満たさず、そのため、税制非適格となる。税制適格とすることだけを重んじて、付与対象時点に従業員・役員としておく方法も考えられなくもないが、そのような手は講じずに税制非適格を前提とした設計になっている（行使期間について無期限としており、この時点で税制非適格となる）。

UUUM が上場前に発行したすべてのストックオプションに共通する事項として、上場時から1年毎に行使可能割合が定まるベスティング条項が設定されている。株式公開後1年間は行使できず、1年経過後から1年間は50%、その次の1年で残りの50%が行使できる設定となっている。

開發光（HIKAKIN）氏に付与された税制非適格ストックオプションを行使した場合、行使時点の株価と行使価額の差額が給与所得として課税される、本人に税負担が大きい税務上不利なものとなる。開發光（HIKAKIN）氏はファウンダーとして明記されることもある立場であり、雇用契約ないし取締役としておいて税務上有利になる税制適格ストックオプションを付与するか、税制適格ストックオプションと同様に税務上有利となる有償ストックオプションを設計・付与する手段も考えられただろう。

（2）第2回新株予約権について

第1回新株予約権と同日に内部（従業員・役員）向けに発行した第2回新株予約権について解説する。上場時 CFO を務める渡辺崇氏の取締役就任と合わせて同新株予約権の付与決議がなされている。

2014年に入社した新任取締役の3人に対して、渡辺氏に新株予約権を

2850 株分（発行後持分比率 1.9%）、中尾氏・梅景氏の両名に対して 1500 株分（同 1.0%）を付与している。加えて、従業員 9 人に対して、1 人当たり 50 株分（同 0.03%）から 250 株分（同 0.17%）の新株予約権を付与している。

　新株予約権の設計は、第 1 回ベスティング条項を除き、税制適格ストックオプションとして標準的なものとなっている。

第 2 期資本取引のまとめ

　YouTuber 向け、内部（役員・従業員）向けに新株予約権を発行した。YouTuber 向けの発行は HIKAKIN 氏 1 人にのみ付与している。氏に対して付与した新株予約権（第 1 回新株予約権）は、税制非適格となる設計となっていた。YouTuber は原則外部協力者としての立場だと考えられるが、氏はファウンダーとして明記される立場であるため、雇用契約ないし役員に就任して税制適格ストックオプションを付与する手もあっただろう。税務上有利になる、有償ストックオプションを付与する手もあった。

　新任役員に対して 1 〜 2% の新株予約権を入社直後に付与している。この期から上場準備を開始しているため、上場準備を開始した企業が新たに取締役を向かい入れるときの参考値になるだろう。

第 3 期（2015 年 6 月 1 日〜 2016 年 5 月 31 日）の資本政策

会社の状況
||| サービスの状況

　第 3 期（2016 年 5 月期）は、第 2 期に設けた「専属クリエイター」「ネットワーククリエイター」の 2 種類のクリエイターについて、その人数・動画再生回数を増進させた期間となっている。期末所属チャンネル数は 2015 年 5 月末時点の 1,141 チャンネルから 2016 年 5 月末時点で 2,209 チャンネルに増加した。動画再生回数は、第 2 期の 56 億回から 138 億回（2.5 倍）に伸びている。

　ネットワーククリエイターの募集について、2 回目の募集を 2015 年 4 月 20 日から 6 月 30 日までの期間に実施している。期間を限定して呼びかけることで PR を兼ねたクリエイターの募集は 2 回目の募集で終了しており、

2015年中からは誰でもいつでもネットワーククリエイターに応募可能な形式に変更されている。

　UUUMのビジネスモデル的には、ネットワーククリエイターの獲得は急務だ。ネットワーククリエイターの増加に伴い、チャンネル数が増加する。それに比例する形で動画再生回数が増加し、広告収入が増加する。第3期の事業年度に該当するこの期間中、UUUM所属のクリエイターをどのようにして獲得するかを検証する施策を複数個打っている。

　第3期に入る直前の2015年5月26日に、スマホから動画編集できるアプリ『MUUUVER』をリリースして、スマホから手軽に動画を作成・投稿可能にする環境作りをめざした。『MUUUVER』はリリース後3カ月後の2015年9月1日、早々にクローズしたが、動画投稿環境を良くしようとする方向性が伺える。

　この時期にはゲーム実況に適したスマホゲームを数多く発表している。2015年7月に育成ゲーム『はじめ兄さん』、2015年8月13日にスクロールアクションゲーム『TrapTrip』、2016年3月24日に、はじめしゃちょーの人気動画をモチーフとした『電球でテニスをしてみた』、2016年5月9日には育成ゲーム『もやししゃちょー』を発表している。

　自社開発のゲームだけでなく、YouTuberを題材にしたスマホゲームについて他社が開発・提供できるようにする仕組みづくりも行っている。2016年1月28日、スマートフォン向け広告マネタイズプラットフォームを提供する株式会社ADFULLYと共同提供という形で、『カジュアルゲームコラボプログラム』を発表した。同プログラムを利用するディベロッパーは、UUUM所属のYouTuberのIPを利用したコラボ企画（例えば、YouTuberがキャラとして出演するなど）を行うことができる。

　このような自社IPを活用したスマホゲームについて、当時の鎌田氏はインタビューで、「動画と実況に結びつくコンテンツ」を増やす目的で開発したことを明らかにしている。ゲーム実況は、著作権の観点から、取り扱えるゲームの種類は限定されている。自社のみならず他社にも自社IPを利用したゲームを作らせる戦略は、ゲームそのものから得られる収益より、ゲーム実況の対象となる選択肢を増やし、動画数を増やすことを優先していたことが伺える。

||| 組織の状況

　2015 年 8 月 27 日に開催された第 2 回定時株主総会時に、監査等委員会設置会社に移行している。監査等委員会設置会社は、2015 年 5 月 1 日施行の平成 26 年会社法改正により新たに導入された株式会社の機関設計であり、UUUM は比較的早いタイミングで導入した企業と言える。この点、投資家であるジャフコも 2015 年 5 月の定時株主総会から監査等委員会設置会社となっており、監査等委員会設置会社の機関設計・運営について知見を入手しやすい状況だった。

　従業員数は、期末時点で 74 人（前年度末から＋ 28 人）となっている。

　なお、翌年に上場申請を行っていることから、第 3 期は上場直前期（N-1期）に該当する。上場時の会計監査人は、EY 新日本有限責任監査法人が務めており、遅くとも第 2 期から監査法人と契約を締結して上場に向けた体制構築を行っている。

||| 第 3 期の業績

　第 3 期の売上高は 32 億 9971 万円。売上高の内訳を確認すると、YouTubeの動画経由の広告収入（アドセンス売上）が売上高の 50% 程度、企業からの広告収入が売上高の 40% 程度を占めている。

　「サービスの状況」で確認した通り、期間中の動画の再生回数は前年の 2.5倍に増加している。それに従いアドセンスによる売上高・広告による売上高も 2.5 倍程度に増加した形になる。

　期間中、UUUM 専属クリエイター・ネットワーククリエイターの両方とも、クリエイター事業に関してアドセンス収益の 20% を UUUM が得て、残りの 80% をクリエイター（YouTuber）が得るビジネスモデルとなっている。売上総利益は、売上の約 26％にあたる 8 億 5777 万円が計上されていた。以上の情報から計算すると、広告案件に関してスポンサー企業から得る広告収入からクリエイターに対する報酬や原価を控除した UUUM の取り分は 30%強だったと推定できる。

　売上高並びに売上総利益の増加率（それぞれ第 2 期の 2.5 倍程度）に対して、販売費及び一般管理費は第 2 期の 1.17 倍に相当する 6 億 5777 万円が計

上されている。

　販売費及び一般管理費に関して人件費関連が多くを占めており、Ⅰの部に開示されている人件費関連費用（給与手当、役員報酬、業務委託費）の合計額が、販管費全体の48.3％にあたる3億1772万円（前年度3億2505万円）計上されている。

　組織内の人数増加に伴い業務委託費を減少（第2期計上額1億5615万円から第3期計上額2737万円に減少）させており、販管費（人件費）総額の増加を抑えている。結果、この期から黒字化を果たしており、1億8592万円の当期純利益を計上している。

資本取引（5回）の解説

表5-5　株式数の情報・調達金額・Valuation の情報

解説No.	日付	取引種類	発行済株式総数	新規発行株数	調達額（千円）	株価（円／株）	Post-Value（千円）	資本金（千円）
07まで			1,425		531,000			281,000
08	2015/07/30	新株予約権発行	142,500（153,520）	—（2,470）	—	22,000	3,377,440	281,000
09	2015/10/30	新株予約権発行	142,500（154,810）	—（1,290）	—	22,000	3,405,820	281,000
10	2015/11/30	新株予約権発行	142,500（156,810）	—（2,000）	—	22,000	3,449,820	281,000
11	2016/01/12	株式譲渡	142,500（156,810）	—	—	22,000	3,449,820	281,000
12	2016/02/29	新株予約権発行	142,500（157,010）	—（200）	—	22,000	3,454,220	281,000
累計					531,000			

カッコ内は、新株予約権による潜在株式数を含めた株式数。
新株予約権による潜在株式数は、上場時まで在籍した者に対するもの。
Valuation は潜在株式数を含めて計算している。

||| この期間における資本取引の情報

全5回（新株予約権発行4回、株式譲渡1回）

　上場直前期に当たる第3期に、新株予約権を4回発行している（YouTuber向け1回、内部向け3回）。加えて、創業者の鎌田氏並びに創業時株主の1人であった服部義一氏の保有する株式を活用して、内部が保有する株式数の調整を行っている。第1期の解説で述べた通り、エクイティによる資金調達

は第2期以降上場まで行っていない。通年黒字化した第3期から、金融機関からの借入により資金調達を行っている。

キャッシュフロー計算書並びに「長期借入金の決算日後の返済予定額」記載の情報から借入金の額面・期間・実行時期を推測すると、以下2回にわけて借入で資金調達を行っている。

①額面3億2000万円・期間2年の借入を上半期に実施

②額面8000万円・期間7年の借入を期末日付近に実施

黒字化が見えたタイミング（もしくは黒字化したタイミング）で期間が短い借入を行い、黒字化が確定した期末日近辺に長期の借入を実施している。

資本取引の影響

株主	取引前株式数	増加株式数	取引後株式数	取引後割合	割合変化
創業者　合計	65,000 (65,000)	— —	65,000 (65,000)	45.6% (42.3%)	— (△ 0.7%)
その他役員・従業員　合計	— (7,050)	— (+2,470)	— (9,520)	— (6.2%)	— (+1.5%)
外部投資家　合計	77,500 (77,500)	— —	77,500 (77,500)	54.4% (50.5%)	— (△ 0.8%)
YouTuber 等　合計	— (1,500)	— —	— (1,500)	— (1.0%)	— (△ 0.0%)

増加株式数内訳

株主名	上場時役職	種類	増加数	取引後株式数	取引後割合
髙田 順司	取締役	第3回新株予約権	+50	50	(0.0%)
尾藤 正人	執行役員 CTO	第3回新株予約権	+1,400	1,400	(0.9%)
金子 宗之	執行役員バ ディユニット 担当	第2回新株予約権	—	50	—
		第3回新株予約権	+600	600	(0.4%)
従業員（新規）29 名		第3回新株予約権	+420	420	(0.3%)
合計		第3回新株予約権	+2,470		

カッコ内は、新株予約権による潜在株式数を含めた計数。
新株予約権数は、上場時まで在籍した者に対するもののみ記載している。

取引概要

手法　無償新株予約権

新株予約権の種類　第 3 回新株予約権

取得者　従業員 32 名

発行株数　2,470 株（上場時残存分。発行時は 2,560 株分）

株種類　普通株式

行使価額　22,000 円 / 株

権利行使期間　2017 年 8 月 1 日から 2025 年 7 月 30 日まで

その他条件：行使可能割合

　　　　株式公開の日から株式公開後 1 年間が経過する日まで：割当数の 0%

　　　　株式公開後 1 年間が経過する日以降株式公開後 2 年間が経過する日

まで：割当数の 50%

株式公開後 2 年間が経過する日以降株式公開後 3 年間が経過する日
まで：割当数の 50%

株式公開後 3 年間が経過した日以降：行使数の制限はない

||| 取引の解説

　2015 年 7 月に第 3 回新株予約権を発行している。発行株数 2,560 株のう
ち 2,000 株は尾藤氏（上場時執行役員 CTO）と金子氏（上場時執行役員バ
ディユニット担当）の両名に付与されている。付与割合は、尾藤氏に対して
0.9%、金子氏に対して 0.4% となる。

　尾藤氏は 2015 年 6 月に入社するとともに執行役員・CTO に就任している。
金子氏は 2014 年に入社しており第 2 回新株予約権に続いて 2 回目の付与と
なる。金子氏は第 3 回新株予約権付与前に執行役員に就任しており、重要な
ポジションに就任するに伴い付与される新株予約権の量を増やした形となる。
その他、従業員 30 人に対して合計 560 株分第 3 回新株予約権を付与してい
る。

　第 3 回新株予約権は、概ね第 2 回新株予約権を踏襲して設計されているが、
会計年度が変わったことに伴い、行使価額が 20,000 円 / 株から 22,000 円 /
株に変更されている。なお、第 3 期中に発行した新株予約権（第 3 回新株予
約権から第 6 回新株予約権まで）はすべて行使価額が 22,000 円 / 株となっ
ている。

資本取引の影響

株主	取引前株式数	増加株式数	取引後株式数	取引後割合	割合変化
創業者　合計	65,000	—	65,000	45.6%	—
	(65,000)	—	(65,000)	(42.0%)	(△ 0.4%)
その他役員・従業員　合計	—	—	—	—	—
	(9,520)	(+1,290)	(10,810)	(7.0%)	(+0.8%)
外部投資家　合計	77,500	—	77,500	54.4%	—
	(77,500)	—	(77,500)	(50.1%)	(△ 0.4%)
YouTuber等　合計	—	—	—	—	—
	(1,500)	—	(1,500)	(1.0%)	(△ 0.0%)

増加株式数内訳

株主名	取引日役職	上場時役職	種類	増加数	取引後株式数	取引後割合
髙田 順司	—	取締役	第3回新株予約権	—	50	—
			第4回新株予約権	+430	430	(0.3%)
後藤 大輔	—	執行役員	第2回新株予約権	—	50	—
			第4回新株予約権	+430	430	(0.3%)
市川 義典	—	執行役員	第4回新株予約権	+430	430	—
						(0.3%)
合計			第4回新株予約権	+1,290		

カッコ内は、新株予約権による潜在株式数を含めた計数
新株予約権数は、上場時まで在籍した者に対するもののみ記載している

取引概要

手法　無償新株予約権

新株予約権の種類　第 4 回新株予約権

取得者　従業員 3 名

発行株数　1,290 株

株種類　普通株式

行使価額　22,000 円 / 株

権利行使期間　2017 年 11 月 1 日から 2025 年 10 月 30 日まで

その他条件：行使可能割合

　　　株式公開の日から株式公開後 1 年間が経過する日まで：割当数の 0％

株式公開後1年間が経過する日以降株式公開後2年間が経過する日まで：割当数の50%

株式公開後2年間が経過する日以降株式公開後3年間が経過する日まで：割当数の50%

株式公開後3年間が経過した日以降：行使数の制限はない

▒ 取引の解説

高田氏、後藤氏、市川氏の3名に対して第4回新株予約権を発行している。3名とも第4回新株予約権を付与される前に執行役員に就任している。第3回新株予約権の尾藤氏、金子氏両氏に対する付与同様、重要なポジションに新たに人が就任するに従い新株予約権を付与する思想が見られる。

付与割合は全員0.3%（430株分）となっている。取締役・CXOに対しては0.9%〜1.8%、執行役員に対しては0.3〜0.4%が付与されている。

資本取引の影響

株主	取引前 株式数	増加株式数	取引後 株式数	取引後 割合	割合変化
創業者　合計	65,000	—	65,000	45.6%	—
	(65,000)	—	(65,000)	(41.5%)	(△ 0.5%)
その他役員・従業員　合計	—	—	—	—	—
	(10,810)	—	(10,810)	(6.9%)	(△ 0.1%)
外部投資家　合計	77,500	—	77,500	54.4%	—
	(77,500)	—	(77,500)	(49.4%)	(△ 0.6%)
YouTuber 等　合計	—	—	—	—	—
	(1,500)	(+2,000)	(3,500)	(2.2%)	(+1.3%)

増加株式数内訳

株主名	上場時役職	種類	増加数	取引後 株式数	取引後 割合
愛場 大介 （ジェットダイスケ）	アドバイザ リーボード	第5回新株予約権	+200	200	— (0.1%)
瀬戸弘司	—	第5回新株予約権	+200	200	— (0.1%)
坂上恵 （めぐみちゃんねる！）	—	第5回新株予約権	+200	200	— (0.1%)
荻野龍登 （ABTVnetwork）	—	第5回新株予約権	+200	200	— (0.1%)
佐々木あさひ （sasakiasahi）	—	第5回新株予約権	+200	200	— (0.1%)
勝村和央 （Kazu）	—	第5回新株予約権	+200	200	— (0.1%)
開發聖也 （SEIKIN）	—	第5回新株予約権	+200	200	— (0.1%)
ペインダンテ将之介 （PDS）	—	第5回新株予約権	+200	200	— (0.1%)
宮本将男 （Masuo）	—	第5回新株予約権	+200	200	— (0.1%)
江田元 （はじめしゃちょー）	—	第5回新株予約権	+200	200	— (0.1%)
合計		第5回新株予約権	+2,000		

カッコ内は、新株予約権による潜在株式数を含めた計数。
新株予約権数は、上場時まで在籍した者に対するもののみ記載している。

取引概要

手法　無償新株予約権

新株予約権の種類　第5回新株予約権

取得者　外部協力者

発行株数　2000株

株種類　普通株式

行使価額　22,000円/株

権利行使期間　無期限（株式公開がなされた日から10年を経過した日を上限とする）

その他条件：行使可能割合

　　株式公開の日から株式公開後1年間が経過する日まで：割当数の0％

　　株式公開後1年間が経過する日以降株式公開後2年間が経過する日まで：割当数の50％

　　株式公開後2年間が経過する日以降株式公開後3年間が経過する日まで：割当数の50％

　　株式公開後3年間が経過した日以降：行使数の制限はない

取引の解説

　2015年11月、YouTuber向けに新株予約権を発行している。付与対象となったYouTuberは、創業期から2014年6月までにUUUMに加入した10人に限定されている。その後加入したYouTuberに対しては新株予約権を付与していない。

　第2期「サービスの状況」で確認した通り、創業時から2014年4月までは所属時点である程度人気を獲得しているチャンネル登録者数が一定数以上いるYouTuberを獲得していた。この時期に加入したYouTuberはUUUMのブランドイメージの形成に強く貢献しており、新株予約権はそれに報いる形で付与している。

　内部向けに発行する新株予約権は、主に以下2つに類型化される。

　①付与後の期待値に応じて付与されるもの。この場合、新しい職位についた人に対して、その人が負う職責に従い付与される。例えば、新任取締役に

対する付与が該当する。

　②付与前までの組織貢献に対するもの。例えば、創業第1期に入社した社員全員に対して発行するものや、人事評価に基づいて付与するものが該当する。

　UUUMがこれまで発行していた新株予約権は、新任取締役・CXO・執行役員に対して付与する「①付与後の期待値に応じて付与されるもの」の側面に伴う付与が目立っていた。対してこの第5回新株予約権は「②付与前までの組織貢献に対するもの」に該当するだろう。

　新株予約権の設計を確認する。第5回新株予約権は、HIKAKIN氏に発行した第1回新株予約権と同様の税制非適格となる無償新株予約権となる。

　第1回新株予約権（No.01）の解説でも述べたが、税務上有利となる有償ストックオプションを発行することも手の1つだろう。有償ストックオプションを発行する場合、付与対象者は発行に先立ち、全額を会社に対して払込する必要があるため、無償新株予約権と比べて新株予約権付与時に付与対象者は多少なりとも経済的・心理的負担が生じる。加えて、UUUMの発行する新株予約権の設計上、上場後1年間新株予約権を行使せずに保有し続けることが望まれていたことを踏まえると、初期に経済的負担が生じるうえに当面リターンが得られない有償ストックオプションは好まれなかったのかもしれない。

資本取引の影響

株主	取引前株式数	増加株式数	取引後株式数	取引後割合	割合変化
創業者　合計	65,000	△ 735	64,265	45.1%	△ 0.5%
	(65,000)	(△ 735)	(64,265)	(41.0%)	(△ 1.0%)
その他役員・従業員　合計	—	2,160	2,160	1.5%	+ 1.5%
	(10,810)	(+2,160)	(12,970)	(8.3%)	(+1.3%)
外部投資家　合計	77,500	△ 1,425	76,075	53.4%	△ 1.0%
	(77,500)	(△ 1,425)	(76,075)	(48.5%)	(△ 1.5%)
YouTuber 等　合計	—	—	—	—	—
	(3,500)	—	(3,500)	(2.2%)	(+1.3%)

譲渡取引詳細

株主名	取引日役職	上場時役職	種類	増加数	取引後株式数	取引後割合
鎌田 和樹	代表取締役	同左	普通株式	△ 735	64,265	45.3%
						(41.0%)
服部 義一	取締役辞任済	同左	普通株式	△ 1,425	8,575	6.0%
						(5.5%)
UUUM 従業員持株会			普通株式	+1,060	1,060	0.7%
						(0.7%)
山田 裕介	社外取締役監査等委員	同左	普通株式	+500	500	0.4%
						(0.3%)
砂田 浩孝	社外取締役監査等委員	同左	普通株式	+500	500	0.4%
						(0.3%)
中村 隆夫	社外取締役監査等委員	同左	普通株式	+100	100	0.1%
						(0.1%)
合計			普通株式	± 0		

カッコ内は、新株予約権による潜在株式数を含めた計数。
新株予約権数は、上場時まで在籍した者に対するもののみ記載している。

取引概要

手法　株式譲渡

譲渡人　①鎌田和樹氏

　　　　②服部義一氏

譲受人　① UUUM 従業員持株会

　　　　② UUUM 従業員持株会、山田裕介氏、砂田浩孝氏、中村隆夫氏

株価　22,000 円

株数　①普通株式　735 株

②普通株式　1,425 株（合計）

譲渡価格　① 16,170,000 円

②31,350,000 円（総額）

▌取引の解説

　同一日付に株式譲渡を 5 件行なっている。鎌田和樹氏から UUUM 従業員持株会（以下「持株会」と呼ぶ）に対する株式譲渡と、創業時投資家であった服部義一氏から持株会並びに監査等委員取締役 3 名に対する株式譲渡が行われた。

　なお、複数人で共同創業する場合、共同創業者の 1 人の関与が終了した場合、当該共同創業者の保有する株式を会社ないし別の共同創業者が買い取る形で持株比率の是正を測るように、創業者株主間契約書（創業者間契約）に定めておくことがある。服部義一氏は、自らが運営する会社と平行してUUUM 社の創業時取締役を務めていたが、2014 年に UUUM の取締役を辞任している。氏が創業時取締役だったことだけ考えると、当該取引が創業者株主間契約書に基づいて行われた可能性も考えられる。この点は、当該取引のタイミング（辞任後 2 年弱経過している）を踏まえると、そのような契約がなされていなかったが、契約に基づいて実行されていない可能性が高いだろう。なお、Ⅰ の部内には当該取引の移動理由を「所有者の事情による」と明記されており、背景について断定することができない。

　服部氏の保有する株式は、持株会に加えて監査等委員を務める 3 名の取締役に譲渡されている。なお、今回の取引で従業員持株会に対する譲渡がなされている。持株会から鎌田氏と服部氏に対して支払われた金額は合計 2332万円に達しており、すでに多額の資金が持株会に拠出されていたことが伺える。当時の従業員規模（50 人前後）を考えると、この取引の 1 〜 2 年前から持株会自体が組成されており、ある程度の金額が蓄積されたことを契機として、この取引が実行されたと推測される。

資本取引の影響

株主	取引前 株式数	増加株式数	取引後 株式数	取引後割合	割合変化
創業者　合計	64,265	―	64,265	45.1%	―
	(64,265)	―	(64,265)	(40.9%)	(△ 0.1%)
その他役員・従業員　合計	2,160	―	2,160	1.5%	―
	(12,970)	(+200)	(13,170)	(8.4%)	(+0.1%)
外部投資家　合計	76,075	―	76,075	53.4%	―
	(76,075)	―	(76,075)	(48.5%)	(△ 0.1%)
YouTuber 等　合計	―	―	―	―	―
	(3,500)	―	(3,500)	(2.2%)	(△ 0.0%)

増加株式数内訳

株主名	種類	増加数	取引後 株式数	取引後割合
従業員（持分保有者）2 名	第 3 回新株予約権	―	60	―
	第 6 回新株予約権	+200	200	(0.2%)
合計	第 6 回新株予約権	+200		

カッコ内は、新株予約権による潜在株式数を含めた計数
新株予約権数は、上場時まで在籍した者に対するもののみ記載している

取引概要

手法　無償新株予約権

新株予約権の種類　第 6 回新株予約権

取得者　従業員 2 名

発行株数　200 株（上場時残存分。発行時は 300 株分）

株種類　普通株式

行使価額　22,000 円 / 株

行使可能期間　無期限

その他条件：行使可能割合

　　株式公開の日から株式公開後 1 年間が経過する日まで：割当数の 0%

　　株式公開後 1 年間が経過する日以降株式公開後 2 年間が経過する日ま
　　で：割当数の 50%

株式公開後 2 年間が経過する日以降株式公開後 3 年間が経過する日まで：割当数の 50％

株式公開後 3 年間が経過した日以降：行使数の制限はない

‖ 取引の解説

上場後執行役員に就任する従業員を含めた 2 人に対して計 200 株分第 6 回新株予約権を付与している。両者は 2015 年に入社しており、入社直後に第 3 回新株予約権を付与されている。第 6 回新株予約権は、入社当初の付与数を調整する意味合いが強いと考えられる。

設計について 1 つ注目した方がいい点がある。新株予約権に関する登記上、行使可能期間について「無期限」と定めている。無償新株予約権を税制適格とするための要件の 1 つとして、行使可能期間を「付与決議日後、2 年を経過した日から 10 年を経過する日まで」と設定する必要があるため、第 6 回新株予約権は税制非適格となっていた可能性もある。

なお、第 6 回新株予約権の行使期間に関して、Ⅰの部上では「2017 年 2 月 10 日から 2025 年 2 月 9 日まで」と明記されている。したがって、定款上・登記上の行使期間を「無期限」としても、割当契約で行使可能期間を別途定めることで税制適格としている可能性もある（し、恐らくそうしていると思われる）が、登記上を一見税制非適格となるように擬態する必要性もなく、意図が読みにくい。

第 3 期資本取引のまとめ

新任取締役・新任執行役員が就任する都度、新株予約権を速やかに付与している。新任取締役、執行役員に対してどの程度付与したらいいのか参考にできるだろう。

YouTuber 向け新株予約権を発行している（No.10）。付与時点のチャンネル登録者数（つまりその時点の貢献度）に基づいた付与ではなく、初期に参画したことに報いる付与を行なっている。外部協力者を用いる会社は参考にしたい。ただし、付与した新株予約権は税制非適格となっていた。税制上有利となる有償ストックオプションを発行することも検討したい。

従業員向けに発行した第 6 回新株予約権は、登記上の文言を見る限り税制

非適格ストックオプションとなっているように見える。割当契約上で行使期間を定めることなどの手立てをすることにより、税制適格としている可能性もあるのだろうが、登記上なぜ非適格と見えるように擬態しているのか解釈が難しい。

第4期から上場申請までの期間（2016年6月1日〜2017年7月27日）の資本政策

会社の状況
▌サービスの状況

上場申請期に該当する第4期について、サービスの状況を確認する。チャンネル数・動画再生回数共に、堅調に増加している。第2期から3期間継続して動画再生回数は1年当たり20億回強に達している。UUUMの所属するチャンネル数は1000〜2000チャンネル増加している。

この期間中に、ビジネスモデルについて大きな変更を行なっている。MCNに属するネットワーククリエイターに対する料金について、従前は専属クリエイターと同条件であった、アドセンス広告料の20%をUUUMが得る契約であったが、2017年1月から月額500円（税抜）（累計の総収益が5000円に満たない場合は発生しない）と変更された。

専属クリエイターと比べて、ネットワーククリエイターは動画再生回数とそれに連動する動画収益も少ない。そのため、ネットワーククリエイターから動画収益を一定割合徴収するのではなく、低廉な金額で会費を設定することで、所属するネットワーククリエイター数を増やすことを優先したと考えられる。

なお、この期間はリアルイベントにも力をいれており、2014年に開始したYouTuberとファンが会えるイベント「U-FES」は、2014年、2015年は東京でのみ開催していたが、2016年に実施した「U-FES 2016」は大阪、東京の2カ所で実施した。加えて、広島、仙台、名古屋、福岡で「Meet&Greet」という名称のファンミーティングを実施している。

組織の状況

　機関設計上大きな変更は行われていない。2015年4月に入社して、同年10月から執行役員を務めていた高田順司氏が、2016年8月に行われた定時株主総会で取締役に就任している。

　従業員数は144人（前年＋70人）と、前年から倍増している。

　UUUM Pay という子会社を設立して、YouTuber 向けの支払業務を子会社に委託している。財務情報を見る限り、当該子会社から外部に対する売上は生じておらず、外部向けのサービスは提供していないことが推測される。

第4期の業績

　第4期の売上高は69億8335万円（前年比＋111％）と概ね倍増している。ネットワーククリエイターへの支払金額を期中変更しているが、売上高売上総利益率は第3期の26.6％（売上総利益は8億8027万円）から27.4％（同19億1093万円）へと良化している。また、アドセンス収益の売上高の比率は、第3期の51％から58％に増加している。

　ネットワーククリエイターから生じる動画再生により得るアドセンス収益の売上高に関して、1人当たり月額500円（税抜）という、ネットワーククリエイター側に有利な条件（従前はアドセンス収益の20％をUUUMが得る形となっていた）に変更された。業績を見る限り、ネットワーククリエイターからUUUMが得る収益について、契約の変更は業績に影響を及ぼさなかったように見える。

　なお、第3期まで抑制されていた販売費及び一般管理費だが、組織人員が倍増したに伴い15億5209万円（前年6億5777万円）を計上している。最終損益は黒字を保っており、連結ベースで2億5763万円の当期純利益を計上している。

資本取引（全5回）の解説

表5-6 株式数の情報・調達金額・Valuation の情報

解説No.	日付	取引種類	発行済株式総数	新規発行株数	調達額（千円）	株価（円/株）	Post-Value（千円）	資本金（千円）
12まで			142,500（157,010）		531,000			281,000
13	2016/08/01	株式名義変更	142,500（157,010）	—	0	22,000	3,454,220	281,000
14	2017/02/24	新株予約権発行	142,500（161,375）	0（4,365）	0	44,000	7,100,500	281,000
15	2017/02/24	株式譲渡	142,500（0）	—	0	44,000	7,100,500	281,000
16	2017/5/16	種類株式の変換	142,500（0）	—	0	44,000	7,100,500	281,000
17	2017/05/25	株式分割	5,700,000（6,455,000）	5,557,500（736,125）	0	1,100	7,100,500	281,000
18	2017/07/03	新株予約権発行	5,700,000（6,481,000）	0（26,000）	0	2,050	13,286,050	281,000
累計					531,000			

カッコ内は、新株予約権による潜在株式数を含めた株式数。
新株予約権による潜在株式数は、上場時まで在籍した者に対するもの。
Valuation は潜在株式数を含めて計算している。

▓ この期間における資本取引の情報

全5回（株式名義変更、株式分割、種類株の普通株式への転換、新株予約権発行2回）

　上場申請期に該当するこの期間について、新株予約権の付与の他、上場に備えた取引（株式分割・種類株の普通株式への転換）を行っている。

No.13　2016 年 8 月 1 日―株式名義変更

取引内容詳細

株主名	取引日役職	上場時役職	種類	増加数	取引後 株式数	取引後割合
髙田 順司	取締役	同左	普通株式	+24	24	0.0% (0.3%)
			第 3 回新株予約権	—	60	
			第 4 回新株予約権	—	430	
UUUM 従業員持株会			普通株式	△ 24	1,036	0.7% (0.7%)
合計			普通株式	—		

カッコ内は、新株予約権による潜在株式数を含めた計数。

> **取 引 概 要**

手法　株式名義書換

譲渡人　従業員持株会

譲受人　髙田順司氏

株数　普通株式　24 株

▌取引の解説

　元々、従業員の立場だった髙田氏が、2016 年 8 月に取締役に就任した。それに伴い、従業員持株会で購入されていた普通株式のうち、髙田氏割当の株式分に対する名義変更がされている。従業員持株会が株式譲渡により取得した株価（22,000 円 / 株）を考えると、少なくとも 52 万 8000 円（22,000円 / 株× 24 株）を従業員持株会に拠出していた計算になる。

資本取引の影響

株主	取引前株式数	増加株式数	取引後株式数	取引後割合	割合変化
創業者　合計	64,265	―	64,265	45.1%	―
	(64,265)	―	(64,265)	(39.8%)	(△ 1.1%)
その他役員・従業員　合計	2,160	―	2,160	1.5%	―
	(13,170)	(+4,265)	(17,435)	(10.8%)	(+2.4%)
外部投資家　合計	76,075	―	76,075	53.4%	―
	(76,075)	―	(76,075)	(47.1%)	(△ 1.3%)
YouTuber 等　合計	―	―	―	―	―
	(3,500)	(+100)	(3,600)	(2.2%)	(+0.0%)

増加株式数内訳

株主名	取引日役職	上場時役職	種類	増加数	取引後株式数	取引後割合
中尾 充宏	取締役	同左	第 2 回新株予約権	―	1,500	―
			第 7 回新株予約権	+500	500	(1.2%)
梅景 匡之	取締役	取締役 COO	第 2 回新株予約権	―	1,500	―
			第 7 回新株予約権	+500	500	(1.2%)
髙田 順司	取締役	同左	普通株式	―	24	0.0%
			第 3 回新株予約権	―	60	
			第 4 回新株予約権	―	430	(1.0%)
			第 7 回新株予約権	+1,020	1,020	
後藤 大輔	―	執行役員	第 2 回新株予約権	―	50	―
			第 4 回新株予約権	―	430	(0.6%)
			第 7 回新株予約権	+20	430	
市川 義典	―	執行役員	第 4 回新株予約権	―	430	―
			第 7 回新株予約権	+70	70	(0.3%)
従業員（持分保有者）4 名			第 3 回新株予約権	―	80	―
			第 6 回新株予約権	―	100	(0.5%)
			第 7 回新株予約権	+520	520	
従業員（新規）104 名			第 7 回新株予約権	+1,635	420	― (0.3%)
外部協力者 1 名			第 8 回新株予約権	+100	100	― (0.1%)
合計			第 7 回新株予約権	+4,265		
			第 8 回新株予約権	+100		

カッコ内は、新株予約権による潜在株式数を含めた計数。
新株予約権数は、上場時まで在籍した者に対するもののみ記載している。

取引概要

手法① 無償新株予約権

新株予約権の種類 第 7 回新株予約権

取得者 中尾氏、梅景氏、高田氏、他従業員 107 名

発行株数 4,265 株

株種類 普通株式

行使価額 44,000 円 / 株

行使請求期間 無期限

その他条件：行使可能割合

　　株式公開の日から株式公開後 1 年間が経過する日まで：割当数の 0％

　　株式公開後 1 年間が経過する日以降株式公開後 2 年間が経過する日ま
　　で：割当数の 50％

　　株式公開後 2 年間が経過する日以降株式公開後 3 年間が経過する日ま
　　で：割当数の 50％

　　株式公開後 3 年間が経過した日以降：行使数の制限はない

　手法② 無償新株予約権

新株予約権の種類 第 8 回新株予約権

取得者 外部協力者 1 名

発行株数 100 株

株種類 普通株式

行使価額 44,000 円 / 株

行使請求期間 期限（株式公開がなされた日から 10 年を経過した日を上限
　　とする）

その他条件：行使可能割合

　　株式公開の日から株式公開後 1 年間が経過する日まで：割当数の 0％

　　株式公開後 1 年間が経過する日以降株式公開後 2 年間が経過する日ま
　　で：割当数の 50％

　　株式公開後 2 年間が経過する日以降株式公開後 3 年間が経過する日ま
　　で：割当数の 50％

株式公開後 3 年間が経過した日以降：行使数の制限はない

⫽ 取引の解説

（1）第 7 回新株予約権

2017 年 2 月に内部向けに第 7 回新株予約権を発行している。新任取締役である高田氏に対して 1,020 株分、他の取締役（鎌田氏・渡辺氏）より持分比率が低かった梅景氏、中尾氏に 500 株分新株予約権を発行している。従業員向けには、2245 株分の新株予約権を 107 名に対して発行している。

期末日の従業員数（144 人）を考えると、付与時点で所属しているほぼすべての人に対して新株予約権を付与したことが推察される。

なお、第 7 回新株予約権についても、第 6 回新株予約権と同様に、従業員向け・役員向けであったにも関わらず、行使可能期間を「無期限」と設計しており、税制非適格ストックオプションとなっている可能性がある。なお、Ⅰの部内では第 7 回新株予約権の行使請求期間は「2018 年 2 月 23 日から 2026 年 2 月 22 日まで」と記載されているため、割当契約内で行使可能期間の制約を設けることにより、税制適格としている可能性がある。これが意図していない登記ミスなのか（そして単純な登記ミスは IPO をめざす会社では時々起こる）、意図して行使可能期間を無期限として登記したのか、そもそも税制非適格として設計したかどうか判断がつかない。

なお仮に税制非適格とすると、上場後 3 年間を経過すれば無期限に行使可能になるという（YouTuber 向けに発行した新株予約権のような、株式公開後 10 年間で行使できなくなる設計になっていない）メリットもあるが、そのことで損なわれる経済的不利益と釣り合っていない。

（2）第 8 回新株予約権

第 7 回新株予約権と同日に、外部協力者とされる 1 名に対して無償新株予約権（税制非適格）100 株分を付与している。該当者のポジションについて Web 上に公開されている情報上では特定できなかった。第 8 回新株予約権は、YouTuber 向けに発行した第 1 回新株予約権・第 5 回新株予約権と同様の設計となっている。

資本取引の影響

株主	取引前株式数	増加株式数	取引後株式数	取引後割合	割合変化
創業者　合計	64,265	△ 350	63,915	44.9%	△ 0.2%
	(64,265)	(△ 350)	(63,915)	(39.6%)	(△ 0.2%)
その他役員・従業員　合計	2,160	+350	2,510	1.8%	+ 0.2%
	(17,435)	(+350)	(17,785)	(11.0%)	(+0.2%)
外部投資家　合計	76,075	-	76,075	53.4%	-
	(76,075)	-	(76,075)	(47.1%)	-
YouTuber 等　合計	-	-	-	—	—
	(3,600)	—	(3,600)	(2.2%)	—

譲渡取引詳細

株主名	取引日役職	上場時役職	種類	増加数	取引後株式数	取引後割合
鎌田 和樹	代表取締役	同左	普通株式	△ 350	63,915	44.9% (39.6%)
山田 裕介	社外取締役 監査等委員	同左	普通株式	+250	750	0.5% (0.5%)
砂田 浩孝	社外取締役 監査等委員	同左	普通株式	+100	600	0.4% (0.4%)
合計			普通株式	± 0		

カッコ内は、新株予約権による潜在株式数を含めた計数。
新株予約権数は、上場時まで在籍した者に対するもののみ記載している。

取引概要

手法　株式譲渡

譲渡人　鎌田和樹氏

譲受人　山田裕介氏、砂田浩孝氏

株価　44,000 円 / 株

株数　普通株式　350 株（合計）

譲渡価格　15,400,000 円

||| 取引の解説

　監査等委員を務める山田氏、砂田氏に対して鎌田氏の持分を譲渡している。
Ⅰの部上「当社へのコミットメント向上のため」当該取引を行なったとされ

る。本来、コミットメント向上のためのエクイティ・インセンティブを設ける手段として、両者に対して税制適格ストックオプションを付与する手段もあったように思える。

両者ともポジションとしては監査役に準じる立場にあるが、UUUM はこの時点で監査等委員会設置会社に移行済であったため、両者の地位は取締役に該当する。そのため、身分だけ考えると税制適格ストックオプションの設計・付与が可能であったように思える。なお監査役会設置会社の場合、両者の立場は監査役になることから、税制適格ストックオプションが付与できない。

No.16　2017 年 05 月 16 日—A、B 種優先株式から普通株式への転換

取引内容詳細

株主名	種類	増加数	取引後株式数	取引後割合
ジャフコ SV4 共有投資事業有限責任組合（ジャフコグループ株式会社）	B 種優先株式	△ 25,000	0	17.5%
	普通株式	+25,000	25,000	(15.5%)
ANRI1 号投資事業有限責任組合（ANRI 株式会社）	A 種優先株式	△ 17,500	0	19.3%
	普通株式	+17,500	27,500	(17.0%)
合計	普通株式	+42,500		
	A 種優先株式	△ 17,500		
	B 種優先株式	△ 25,000		

カッコ内は、新株予約権による潜在株式数を含めた計数。
新株予約権数は、上場時まで在籍した者に対するもののみ記載している。

取引概要

手法　A、B 種優先株式から普通株式への転換

||| 取引の解説

上場が決定したことに伴い、A 種優先株主・B 種優先株主が、持株である種類株式を普通株式へ転換することを請求する「株式取得請求権」を行使した。それに伴い、①会社が自己株式として A 種優先株式・B 種優先株式を自己株式として取得し、②対価として各種優先株式 1 株に対して普通株式 1

株を交付している。合わせて、③会社が取得した A 種優先株式・B 種優先株式を消却している。

資本取引の影響

株主	取引前株式数	増加株式数	取引後株式数	取引後割合	割合変化
創業者　合計	63,915	+2,492,685	2,556,600	44.9%	―
	(63,915)	(+2,492,685)	(2,556,600)	(39.6%)	―
その他役員・従業員　合計	2,510	+97,890	100,400	1.8%	―
	(17,785)	(+693,615)	(711,400)	(11.0%)	―
外部投資家　合計	76,075	+2,966,925	3,043,000	53.4%	―
	(76,075)	(+2,966,925)	(3,043,000)	(47.1%)	―
YouTuber 等　合計	―	―	―	―	―
	(3,600)	(+140,400)	(144,000)	(2.2%)	

カッコ内は、新株予約権による潜在株式数を含めた計数。
新株予約権数は、上場時まで在籍した者に対するもののみ記載している。

取引概要

手法　株式分割
割合　1：100

||| 取引の解説

　上場に備えて 1:100 の株式分割を行なっている。当該株式分割により、有価証券届出書提出時における想定発行価額 1,880 円 / 株を用いた最小売買単位（100 株）の取引額は 18 万 8000 円となり、東証が求めている最小投資単位 5 ～ 50 万円のレンジに収まった形となる。ただし、分割時点でこの株価がある程度見えていたとしたら、1:100 ではなく、より細かく分割しておくべきだっただろう。日本の IPO 環境上、想定発行価額より株式公開後の株価が上昇することの方が多く、想定発行価額の 3 倍超の株価となった時点で東証が求める最小投資単位のレンジを超えることになる。

　事実、UUUM は上場時に公募価額 2,050 円 / 株、初値 6,700 円 / 株の値をつけており、初値がついた段階で、最小投資単位のレンジを超えている。な

お、上場後の 2018 年 10 月 1 日を基準として 1：3 の株式分割を行なっているが、この上場前のタイミングで 1：300 の株式分割は検討することはできただろう。

No.18　2017 年 7 月 3 日―新株予約権発行

資本取引の影響

株主	取引前株式数	増加株式数	取引後株式数	取引後割合	割合変化
創業者　合計	2,556,600	—	2,556,600	44.9%	—
	(2,556,600)	(+20,000)	(2,576,600)	(39.8%)	(+0.1%)
その他役員・従業員　合計	100,400	—	100,400	1.8%	—
	(711,400)	—	(711,400)	(11.0%)	(△ 0.0%)
外部投資家　合計	3,043,000	—	3,043,000	53.4%	—
	(3,043,000)	—	(3,043,000)	(47.0%)	(△ 0.2%)
YouTuber 等　合計	—	—	—	—	—
	(144,000)	(+6,000)	(150,000)	(2.3%)	(+0.1%)

増加株式数内訳

株主名	補足	種類	増加数	取引後株式数	取引後割合
松山奨	上場後執行役員	第9回新株予約権	+20,000	20,000	—
					(0.3%)
鳩山玲人	顧問	第10回新株予約権	+6,000	6,000	—
					(0.1%)
合計		第9回新株予約権	+20,000		
		第10回新株予約権	+6,000		

カッコ内は、新株予約権による潜在株式数を含めた計数
新株予約権数は、上場時まで在籍した者に対するもののみ記載している

取引概要

手法①　無償新株予約権

新株予約権の種類　第 9 回新株予約権

取得者　松山奨氏

発行株数　20,000 株

株種類　普通株式

行使価額　株式公開時の公開価格（2,050 円 / 株）

行使請求期間　無期限（Ⅰの部上「2018 年 6 月 23 日から 2026 年 6 月 22

日」と記載されている）

その他条件：行使可能割合

　　株式公開の日から株式公開後 1 年間が経過する日まで：割当数の 0%

　　株式公開後 1 年間が経過する日以降株式公開後 2 年間が経過する日
　　まで：割当数の 50%

　　株式公開後 2 年間が経過する日以降株式公開後 3 年間が経過する日
　　まで：割当数の 50%

　　株式公開後 3 年間が経過した日以降：行使数の制限はない

手法②　無償新株予約権

新株予約権の種類　第 10 回新株予約権

取得者　鳩山玲人氏

発行株数　6,000 株

株種類　普通株式

行使価額　株式公開時の公開価格（2,050 円 / 株）

行使請求期間　無期限（株式公開がなされた日から 10 年を経過した日移行
　行使ができない）

その他条件：行使可能割合

　　株式公開の日から株式公開後 1 年間が経過する日まで：割当数の 0%

　　株式公開後 1 年間が経過する日以降株式公開後 2 年間が経過する日
　　まで：割当数の 50%

　　株式公開後 2 年間が経過する日以降株式公開後 3 年間が経過する日
　　まで：割当数の 50%

　　株式公開後 3 年間が経過した日以降：行使数の制限はない

⦙ 取引の解説

　2017 年に入社し、上場後に執行役員に就任する松山氏に対して 20,000 株
分（持分比率として 0.3% に該当する）新株予約権を付与している。これま
での執行役員、CXO、役員が新任した時と同様に、就任したキーマンに対
して速やかに職責に則った新株予約権を付与していることが UUUM の資本
政策の特徴の 1 つだ。

第7回新株予約権と同様に、従業員向けのストックオプションを発行しているが、登記上の権利行使期間は、税制適格を意識した「付与決議日後、2年を経過した日から10年を経過する日まで」と設定されていない。Ⅰの部の新株予約権記載箇所には、第7回新株予約権と同様に、行使期間を「2018年6月23日から2026年6月22日」と記載されているため、割当契約により税制適格と主張している可能性がある。

　上場時、顧問（アドバイザリーボード）としてHP上に記載されている鳩山氏に対して税制非適格無償ストックオプションを付与している。外部協力者（主にYouTuber）宛に発行されていた第1回新株予約権、第5回新株予約権、第8回新株予約権と同様の設計となっている。

第4期以降の資本取引まとめ

　上場申請期に該当するため、上場に伴い必要な取引を実施している。株式分割を行なっているが、想定発行価額を用いて算定される最小売買単位が、東証の求める最小売買単位の下限額に近くなるように株式分割を行うべきだった。

　新株予約権を2回発行している。発行後に従業員・役員の持分比率は11.3%に達している。創業者以外の役員・CXOは1〜2%、執行役員はそれぞれ0.3%程度を保有する形になっており、職階に合わせた付与が徹底されている。

　YouTubeを含めた外部協力者に対しては徹底して税制非適格となる無償ストックオプションを付与している。YouTuber以外の外部協力者に対してもストックオプションの発行を行っているが、有償ストックオプションとする方法もあった。

まとめ　全取引から何を学ぶべきか

図5-1　創業から上場までの資本構成の変化

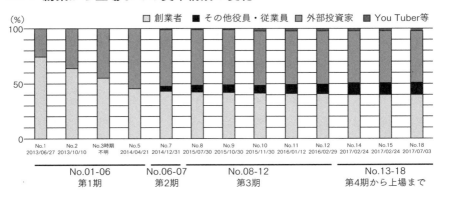

（1）共同創業者・設立メンバーに対する比率・分配

UUUM は、鎌田氏の単独創業であり、主だった共同創業者はいない。創業時から在籍している従業員に対して、他の従業員より優遇したエクイティ・インセンティブの付与は行っていない。

（2）キーマン（幹部候補）に対する新株予約権の付与

キーマンにたいする新株予約権の付与動向について解説する。UUUM にとって①取締役・執行役員、② YouTuber がキーマンに該当するだろう。

　取締役・執行役員に対しては、就任時に新株予約権を発行することを徹底している。2014 年 12 月 31 日に発行した第 2 回新株予約権（No.07）では、新任取締役の 3 人に対して、1.0％〜 1.9％の持分比率に相当する新株予約権を発行している。2015 年に発行した第 3 回新株予約権（No.08）、第 4 回新株予約権（No.09）、上場直前に発行した第 9 回新株予約権（No.19）で、新たに執行役員に就任した者に対して、0.3％〜 0.9％の持分比率に相当する新株予約権を付与している。

　YouTuber 向けのエクイティ・インセンティブとして、2014 年 12 月に第 1 回新株予約権（No.07）、2015 年 11 月に第 5 回新株予約権（No.10）をそれぞれ発行している。付与対象となった YouTuber は初期に（2014 年 6 月

までに）加入したものに限定されている。この取引は、初期の UUUM のブランドの構築に貢献したことに対して報いる性質を持っている。

（3）従業員向けの新株予約権の付与

2014 年 12 月 31 日に発行した第 2 回新株予約権（No.07）において、取締役に対する付与に合わせて従業員 9 人に付与している。半年経過した 2015 年 7 月 30 日に発行した第 3 回新株予約権（No.08）を用いて従業員 32 人に付与している。第 3 回新株予約権の付与から 1 年半経過した、2017 年 2 月に第 7 回新株予約権（No.15）を発行しており、107 人に対して新株予約権を付与している。従業員に対しては対象者を広げながら順次付与を行っていたことが伺える。また、従業員持株会を組成しており、従業員持株会・新株予約権の 2 つの手法を用いて、従業員向けのエクイティ・インセンティブを設計していることが特徴の 1 つとなっている。

（4）全体を通しての所見

⫶ 良かった点

　従業員向け・役員向けの新株予約権は、①執行役員・取締役はその職位に合わせてまとまった量（取締役は 1 〜 2%、執行役員は 0.4%）の持分比率となるように付与、②全従業員が少量でも保持するように設計されている。上場時において慣習的に目安とされている 10% 前後（11.8%）の新株予約権を発行して、かつ、①と②の両方を満たそうとする場合、参考になるだろう。従業員に対する新株予約権の付与数は多いと言えないが、従業員向けに上場前から従業員持株会を組成することでその課題にもアプローチしている

　ビジネスが立ち上がる第 1 期にすべて外部資金を調達している。成長に必要な資金を調達し、それを正しく第 2 期に投下したことで、エクイティを用いた調達回数を最小限にすることができた。黒字化達成後は金融機関からの借入によって資金調達を行っている。

⫶ 悪かった点

　創業時の株主構成に関しては論点があるだろう。創業時株価で 2 人の外部株主（うち 1 人は兼業取締役だったとしても）を創業時株主として迎い入れ

ているが、個人株主から創業時に出資を受ける場合は、強い固有事情がない限り、創業時株価から株価を変えて出資を受けるべきだった。創業者の持分比率が低い状態から資本政策が始まったため、生株を用いた内部向けの持分比率の調整（一例として、簿価純資産による低廉価格の譲渡）をすることができなかった。

　税制非適格となる無償新株予約権を用いて、外部向けにインセンティブ設計を行っている。税制非適格ストックオプションより税務上相対的に有利な有償ストックオプションを発行することも手だっただろう。

||| 興味深かった点

　外部協力者という立場になる YouTuber に対するインセンティブ設計は興味深い。従業員に対しては、将来のパフォーマンスに期待した付与（新たに職位が上がったとき、一定の職位に就く人を採用したときに付与）を行っているのに対して、YouTuber に対しては過去の組織貢献に対して付与を行っている。

　上場前に鎌田氏の持分を監査等委員の2人に譲渡している取引について背景が気になった。監査等委員会設置会社のメリットの1つが、監査等委員を務める取締役に対して税制適格ストックオプションを付与できる点にあるため、最初期から監査等委員会設置会社となっている UUUM がそのメリットを生かさず、監査等委員の取締役に対して株式譲渡を行っていた意図が知りたい。

第 6 章
ニューラルポケット──
設立 3 年以内のスピード上場はどのように行われたか?

　本章では、2020 年 7 月 10 日に上場が承認されたニューラルポケット株式会社(上場日 2020 年 8 月 20 日、証券コード:4056)を題材として、創業から上場に至るまでの資本政策を検証する。同社は、マッキンゼー・アンド・カンパニーでパートナーを務めていた重松路威氏が 2018 年 1 月 22 日に設立した。画像並びに動画の解析技術を軸に、toB 向けで、属性・ペルソナ別にカスタマイズした広告を表示させるサイネージ広告(屋外デジタル広告)提案やアパレル業界の商品企画をサポートするファッションのトレンド解析を行っている。

　同社は、設立から上場承認まで 2 年 6 カ月を切るスピード上場を果たしている。2014 年以降に上場した企業のうちスピード上場を果たしている企業を表 6-1 に示した。

表6-1　スピード上場を果たした主な企業（2014 年以降上場）

企業名	創業日 (会社設立日)	新規上場日 (※ 1)	創業から上場までの 月数 (※ 2)
株式会社 Gunosy	2012 年 11 月 14 日	2015 年 4 月 28 日	2 年 5 カ月
ニューラルポケット株式会社	2018 年 1 月 22 日	2020 年 8 月 20 日	2 年 7 カ月
株式会社リンクバル	2011 年 12 月 9 日	2015 年 4 月 28 日	3 年 4 カ月
株式会社ファイズ	2013 年 10 月 10 日	2017 年 3 月 15 日	3 年 5 カ月
株式会社ダブルスタンダード	2012 年 6 月 6 日	2015 年 12 月 15 日	3 年 6 カ月

※ 1　いずれもマザーズに上場。
※ 2　創業者が個人でサービスを作っていた期間は含まない。

　第 3 章で取り上げた Gunosy や株式会社リンクバルは創業者が設立前にサービスを展開したことが知られており、それを考えると、ニューラルポケットが成し遂げた創業から 2 年 7 カ月での新規上場は近年では異例のスピー

ド上場といえる。

　上場準備の必要期間を考えると、設立時から上場をめざさない限り、このレベルのスピード上場は成し遂げられない。一連の資本取引は、スピード上場を前提とした資本政策に基づき実行されたと考えた方がいいだろう。

　創業からの上場までの2年7カ月で、3回の第三者割当による資金調達と8回の新株予約権発行含めた19回の資本取引を行っている。この期間内において、①外部協力者含めたキーマンへのエクイティ付与、②サービス展開に必要な資金調達、③従業員へのエクイティ・インセンティブ設計、の3つの性質の資本取引が行われている。これらの資本取引について、サービスの状況・組織の状況と共に振り返ることで、スピード上場を成功させた企業の資本政策はどのようなものだったか検討する。

第1期の資本政策

会社の状況

　設立期であり、上場準備を開始した第1期について会社の状況を確認する。資本取引を考える上で前提条件となる、資本取引が実施された時期の会社の状況を確認し、背景知識を得たうえで資本取引を確認すると、何故その取引がなされたのか理解がしやすい。

‖ サービスの状況

　ファッションポケット（現・ニューラルポケット）は、2018年1月22日に設立された、画像・映像解析技術をコアに複数分野におけるサービスを提供する企業だ。

　設立時のCEOとして元マッキンゼー・アンド・カンパニーでパートナーを務めていた重松路威氏が、CTOとして元IBMの渡邊直樹氏（2018年4月退任）が就任している。創業当初は「経営コンサルティングおよび技術者により創業」された旨、ホームページ上で公開している。

　創業当初、ファッション・コーデの解析技術を主軸として、アパレル業界向けトレンド予測・商品企画サービスを開発していた。起業準備を設立前の2017年11月頃から行っており、起業準備の期間中に大阪商工会議所が開催

した「AI ビジネス創出アイデア・コンテスト」に応募して、会社設立直後の 2018 年 2 月、アパレル企業向けトレンド予測発信に関するアイデアで最優秀賞を獲得している。

アイデア・コンテストやピッチイベントを調達活動やメディアの露出につなげる企業も存在し（第 2 章スペースマーケットの事例を参考）、ファッションポケットも本件直後に資金調達を実施している。

会社設立後半年間はあまり積極的なビジネス上の展開を行っておらず、この時期には基幹技術である独自のアルゴリズムの開発を行っていた。ビジネス上の展開として、画像解析技術を用いたファッション商品企画サービス「AI MD」の提供を 2018 年 8 月から開始している。同分野については、創業当初から大手企業と提携しており、第 1 期から上場企業のユナイテッドアローズやクロスプラスにサービス提供や業務提携している。

創業時はアパレル業界向けにサービスを開始したが、上場時に I の部内で紹介されている同社サービスは、①スマートシティ関連サービス、②サイネージ広告関連サービス、③ファッショントレンド解析関連サービスの 3 つとされている。この 3 つのサービスは、2018 年下期にはすでに開発を着手していることがホームページに掲載されていた情報から想定される。

||| 業績

創業第 1 期の業績を確認する。第 1 期における売上高は 6021 万円。売上高のほぼすべて（全売上高の 99.7％に当たる 6000 万円）はクロスプラス 1 社に対する売上高となっている。ファッション商品企画サービス「AI MD」を複数社に提供していることと収益が 1 社依存の状況を考慮すると、同社に対しては「AI MD」をベースとした商品企画のコンサルティングなど、踏み込んだサービス提供を行っていたことが推測される。

サービスを提供されているクロスプラスについて確認する。同社は、東証 2 部に上場する名古屋に本社があるアパレルメーカであり、婦人服業界でトップクラスの企画力・生産力があることを自社の強みとして認識している。

同社のビジネスの中心は製造卸売業であるが、近年の業績は減収減益傾向にあった。ファッションポケットが得意とする領域は、ファッショントレンド解析結果に基づく商品企画と、それに伴うプロパー消化率（商品が値引

き・廃棄されず、定価で売れた割合）の向上だ。同社関与前後の、クロスプラスの業績を表 6-2 にまとめた。

表6-2　クロスプラス株式会社の直近 5 年間の業績推移（単位：百万円）

		2016 年 1 月期	2017 年 1 月期	2018 年 1 月期	関与開始期 2019 年 1 月期	商品企画 1 期目 2020 年 1 月期
（損益計算書上の計数）						
売上高		72,978	65,130	62,780	62,901	58,493
売上原価		58,180	52,083	50,302	50,747	45,527
	内　棚卸 資産評価損	524	467	292	400	301
売上総利益		14,798	13,047	12,478	12,154	12,966
（貸借対照表上の係数） 期末商品計上額		2,283	2,144	1,901	2,173	2,268
（財務指標） 売上総利益率		20.28%	20.03%	19.88%	19.32%	22.17%
評価損割合（棚卸資産 評価損 / 評価前商品計上額）		18.67%	17.89%	13.32%	15.55%	11.72%

　毎期期末に保有する商品（BS 上「商品」に計上される）のうち、売れなかった商品などから評価損が計上されている。ファッションポケットが企画提案を開始する 2019 年 1 月期まで、評価損割合（評価前の商品計上額と評価損の比率）は 13％〜 18％で推移している。ファッションポケットが商品企画に影響した 2020 年 1 月期には同割合が 11.72％に低下している。それに伴い、売上総利益率も改善傾向を見せており、直近 5 会計年度で最も高い値（22.17％）となっている。1 事業年度のみ業績数値でサービスの効果を断ずるべきではないが、同社のサービスに一定の効果がある可能性が確認できた。
　ファッションポケットに関する売上高以外の財務計数を確認する。売上高6021 万円に対して、△ 1 億 8262 万円の当期純損失を計上している。費用の大半は販売費及び一般管理費 2 億 4049 万円であり、そのうち研究開発費が1 億 2192 万円計上されている。

||| 機関・組織の状況
　同社は、代表取締役 CEO の重松路威氏と CTO 渡邊直樹氏で共同創業した。

創業時取締役は重松路威氏のみ登記されている。CTO である渡邉氏は、2018 年 3 月に行った資金調達後の 2018 年 4 月に同社を退社している。後任の CTO として 2018 年 7 月 27 日に佐々木雄一氏が入社し、同日付けで取締役に就任している。佐々木氏は欧州原子核研究機構（CERN）で研究チームに所属した後、マッキンゼー、AI 開発の受注会社を歴任しており、マッキンゼー在職中に代表の重松氏と出会っている。

なお、2018 年 3 月と 8 月に UTEC（東京大学エッジキャピタルパートナーズ）から出資を受けており、2 回目の投資を実行した 2018 年 8 月、同社パートナーの坂本教晃氏が社外取締役に就任し、取締役会を組成している。取締役会の設置に伴い、監査役として司法書士である真下幸宏氏が就任している（後日、正式に監査役会が組成された 2019 年 3 月 27 日に辞任）。

2018 年中に取締役がもう 1 人就任している。UTEC でベンチャーパートナーなどを歴任していた公認会計士である染原友博が 2018 年 11 月 7 日に入社し、取締役に就任している。従業員は、期末日（2018 年 12 月 31 日）時点で 7 人。

||| 上場準備の状況

第 3 期に上場準備を行っている都合上、創業第 1 期から有限責任監査法人トーマツの監査を受けている。ショートレビューに対する報酬は 150 万円、上場直前々期の監査報酬は 950 万円となっている。

トーマツは、かつては IPO に強い監査法人として知られていたが、近年は IPO クライアントの受託を限定しており、近年担当した IPO 企業数が減少傾向にあった。2018 年は新規クライアントを限定していた時期であり、その中で第 1 期の企業について新たに契約し、その企業がスピード上場を達成したことは特筆に値する。

資本取引（全 6 回）の解説

表6-3　株式数の情報・調達金額・Valuation の情報

解説 No.	日付	取引種類	発行済株式総数	新規発行株数	調達額（千円）	株価（円 / 株）	Post-Value（千円）	資本金（千円）
01	2018/01/22	設立	10,000 (10,000)	10,000	5,000	500	5,000	5,000
02	2018/03/01	株式①	11,490 (11,490)	1,490	64,815	43,500	499,815	37,407
03	2018/07/27	新株予約権①	11,490 (11,801)	— (311)	—	43,600	514,523	37,407
04	2018/08/17	株式②	12,157 (12,468)	667	271,148	406,520	5,068,491	172,981
05	2018/11/07	新株予約権②	12,157 (12,627)	— (159)	—	406,521	5,133,140	172,981
06	2018/12/19	減資	12,157 (12,627)	—	—	406,521	5,133,140	100,000
累計					340,963			

カッコ内は、新株予約権による潜在株式数を含めた株式数。
新株予約権による潜在株式数は、上場時まで在籍した者に対するもの。
Valuation は潜在株式数を含めて計算している。

||| この期間における資本取引の情報

全 6 回（設立、第三者割当増資 2 回、新株予約権発行 2 回、減資 1 回）

　設立から 1 カ月超経過した 2018 年 3 月 1 日、創業後初めての資金調達となるシードラウンドで 6500 万円、2018 年 8 月 17 日に 2 億 7000 万円調達している。それぞれの調達後、内部向けのエクイティ・インセンティブとして新株予約権を発行している。

　資金調達の時期についてこれまで振り返ったビジネス状況や人事情報と照らして確認しよう。初回の 6500 万円の調達は、創業時 CTO と共に「AI ビジネス創出アイデア・コンテスト」最優秀賞を獲得した後に行われている。設立時 CTO が退任し、上場時取締役である佐々木氏が CTO に就任し、同社のサービスである「AI MD」の提供を開始した時期に、2 億 7000 万円を調達している。

　デット・ファイナンスについて確認する。第 1 期中に、長期借入金を 1 億 2000 万円借入している。1 の部の公表情報から推測すると、2000 万円と 1 億円の 2 つの借入を実行している。2000 万円の借入の条件は、1 カ月当た

り 28.5 万円返済・返済期間は 2019 年 5 月〜 2025 年 3 月と推測される。1億円の借入の条件は、期間 6 年の期日一括返済となっている（日本政策金融公庫が提供する資本性ローンのような商品だろう）。いずれの借入も返済期間が長く、短期借入を実行する場合と比較して資金が活用しやすい条件で借入を行っている。

No.01 2018 年 1 月 22 日―会社設立

資本取引の影響

株主	取引前株式数	増加株式数	取引後株式数	取引後割合	割合変化
創業者　合計	10,000	+10,000	10,000	100.0%	+ 100.0%
その他役員・従業員　合計	―	―	―	―	―
外部協力者・顧問　合計	―	―	―	―	―
機関投資家　合計	―	―	―	―	―
個人投資家　合計	―	―	―	―	―

増加株式数内訳

株主名	取引日役職	上場時役職	種類	増加数	取引後株式数	取引後割合
重松 路威	代表取締役社長	同左	普通株式	+10,000	10,000	100.0%
合計			普通株式	+10,000		

取引概要

手法　設立出資

発行株数　10,000 株

株価　500 円 / 株

調達額　500 万円

株主　重松路威氏

||| 取引の解説

2018 年 1 月 22 日に創業者である重松氏による、ファッションポケット（現ニューラルポケット）が設立された。設立時株主・設立時取締役は重松氏 1 人となっている。

設立に伴い、重松氏は500万円を出資しており、1株500円で1万株の株式を発行している。設立時の株式数1万株の設定は、内部向けにエクイティ・インセンティブを設けることまで視野に入れると良い設定だ。これより少ない株式数、例えば1株5万円で100株を発行して設立したケースを想定すると、最小単位である1株を付与した時点で持分比率を約1%渡すことになり、細かい資本政策の設計が難しくなる。この点、設立時1万株を発行した同社の場合、この状態から1株を付与した者の持分比率は約0.01%となる。言い換えると、0.01%の単位で、資本政策の設計が可能になる。

||| 是正すべき点

設立時の登記の課題を指摘すると、設立時において発行可能株式総数について発行済株式総数と同数の1万株と定めてしまった。この点について会社も早々に是正しており、設立から1カ月後に行われた次回調達時に、発行可能株式総数を1000万株として登記し直している（形式上、2018年2月15日に臨時株主総会を開催し、そこで発行可能株式総数の変更の決議を行っている）。

資本取引の影響

株主	取引前株式数	増加株式数	取引後株式数	取引後割合	割合変化
創業者　合計	10,000	—	10,000	87.0%	△ 13.0%
その他役員・従業員　合計	—	—	—	—	—
外部協力者・顧問　合計	—	—	—	—	—
機関投資家　合計	—	+459	459	4.0%	+ 4.0%
個人投資家　合計	—	+1,031	1,031	9.0%	+ 9.0%

増加株式数内訳

株主名	種類	増加数	取引後株式数	取引後割合
UTEC4 号投資事業有限責任組合（株式会社東京大学エッジキャピタル）	普通株式	+459	459	4.0%
Dmitry Mishustin	普通株式	+229	229	2.0%
株式会社オフィス千葉（千葉 功太郎）	普通株式	+459	459	4.0%
篠塚 孝哉	普通株式	+229	229	2.0%
上野山 勝也	普通株式	+114	114	1.0%
合計	普通株式	+1,490		

取引概要

手法　第三者割当増資

発行株数　1,490 株

株種類　普通株式（みなし優先株式）

株価　43,500 円 / 株

調達額　6481 万 5000 円

時価総額　Pre 4 億 3500 万円 /Post 4 億 9981 万 5000 円

株主　機関投資家 1 社（UTEC）、個人投資家 4 名

||| 取引の解説

　創業から 1 カ月強経過した時期にシードラウンドによる資金調達を実施している。2018 年 3 月 1 日を払込期日として、個人投資家・機関投資家から

6500万円を調達している。株価は、創業時の1株500円の87倍にあたる1株43,500円となっている。6500万円調達後の時価（Post-Money Valuation）を5億円として、株価設定が行われたことが推測される。

投資家について

当該投資の直前（2018年1月17日）にUTECが組成したUTEC4号投資事業有限責任組合から、2000万円を調達している。UTEC4号投資事業有限責任組合は、設立からの4カ月間で立て続けに8社に投資しており、この時期にファッションポケットの他、メディカルテック系のスタートアップであるソシウム株式会社（2017年9月創業）、AI教育に特化したEdtechの株式会社アイデミー（2014年6月創業）に投資を行っており、UTECが比較的年数の若いAIに関連するTech銘柄に出資していることが伺える。

個人からは、以下の通り、事業家・代表の前職関係者・投資家と属性の違う者から出資を受けている。

- 千葉功太郎氏／個人投資家　2000万円
- Dmitry Mishustin氏／マッキンゼー・アンド・カンパニー　パートナー　1000万円
- 篠塚孝哉氏／株式会社Loco Partners代表取締役（当時）　1000万円
- 上野山勝也氏／PKSHA Technology代表取締役　500万円

投資金額から推測すると、最小投資単位として1口500万円という条件を定め、合計6500万円分出資する投資家を集めたように見える。

普通株式発行方法の特色

本件により発行した普通株式は、2019年3月4日に行われたSeriesBラウンドの出資に伴い「A1種優先株式」に転換されている。後日、優先株式を用いた調達を行った場合、優先株式に転換する旨、予め株主間契約書や投資契約書等の契約書で定めておく普通株式を「みなし優先株式」といい（『起業のエクイティ・ファイナンス』で提案された手法）、本件について「みなし優先株式」が用いられていると推測される。

||| 推測可能なその他の条件について

2018年7月27日に行われた第三者割当増資、2019年3月5日に行われた第三者割当増資において、本ラウンドの投資家がプロラタ（Pro-Rata、投資前持分比率）による投資を行っている。そのため、本ラウンドにおいて投資に伴い締結した契約上で、前述したみなし優先株式に係る優先株式への転換権の他、優先的引受権（プロラタ権ともいう）を投資家に対して付与したことが推測される。

||| エンジェル税制ついて

当該投資は創業後まもない企業に対する個人の投資（＝エンジェル投資）としての側面も強いが、投資後において創業者である重松氏が6分の5（約83%）超保有している資本構成のため、当該投資はエンジェル税制の対象となっていない。

私見であるが、当該取引による外部放出比率（約13%）は適切な水準であり、このような投資がエンジェル税制の対象とならず、起業直後の会社に投資をした投資家が税制面の優遇を受けられない制度設計となっている現状については早急に改善すべきだろう。

資本取引の影響

株主	取引前株式数	増加株式数	取引後株式数	取引後割合	割合変化
創業者　合計	10,000	—	10,000	87.0%	—
	(10,000)	—	(10,000)	(84.7%)	(△ 2.3%)
その他役員・従業員　合計	—	—	—	—	—
	—	(+311)	(311)	(2.6%)	(+2.6%)
外部協力者・顧問　合計	—	—	—	—	—
	—	—	—	—	—
機関投資家　合計	459	—	459	4.0%	—
	(459)	—	(459)	(3.9%)	(△ 0.1%)
個人投資家　合計	1,031	—	1,031	9.0%	—
	(1,031)	—	(1,031)	(8.7%)	(△ 0.2%)

増加株式数内訳

株主名	取引日役職	上場時役職	種類	増加数	取引後株式数	取引後割合
佐々木 雄一	取締役 CTO	同左	第 1 回新株予約権	+230	230	— (1.9%)
従業員（新規）2 名			第 1 回新株予約権	+81	81	— (0.7%)
合計			第 1 回新株予約権	+311		

カッコ内は、新株予約権による潜在株式数を含めた計数。
新株予約権数は、上場時まで在籍した者に対するもののみ記載している。

取引概要

手法　無償新株予約権（第 1 回新株予約権）

取得者　取締役 1 名、従業員 2 名

発行株数　311 株

株種類　普通株式

行使価額　43,600 円 / 株

行使請求期間　2020 年 7 月 28 日から 2028 年 7 月 27 日

||| 取引の解説

　2018 年 8 月 17 日に行った第三者割当増資（No.04）に先立ち、2018 年 7

月 27 日に設立以降初めてとなる新株予約権を発行している。付与対象者は、同日に取締役に就任した佐々木雄一氏に 230 株（持分比率 1.94％に相当）、会社設立時のメンバーなど 2 人に計 81 株（0.7％）を付与している。

　2018 年 12 月末時点の従業員数が 7 人であることを踏まえると、この時点で所属している設立初期のメンバー全員（役員 1 人、従業員 2 人）に対して新株予約権を付与した可能性が高い。新株予約権の行使価額は、シードラウンドにおける調達時の株価 43,500 円 / 株より 100 円高い、43,600 円 / 株と設定されている。

▏▏▏新株予約権の設計について

（1）税制適格にするための設計

　新株予約権の設計について確認する。付与した新株予約権は、割当時に払込を要さない無償新株予約権（無償ストック・オプション）となっている。付与された役員、従業員が税務上優遇を受けることができる「税制適格」になるように、第 1 回新株予約権の設計がされている。

　権利行使期間について、定款上の記載を確認すると「当社株主総会の付与決議の日後 2 年を経過した日である 2020 年 7 月 28 日から、当該付与決議の日後 10 年を経過する日である 2028 年 7 月 27 日までとする」と、税制適格となるための税法上の文言（租税特別措置法 29 条の 2 第 1 項 1 号）を強く意識した書き方となっている。行使条件について定めている箇所についても同様の書き方の傾向を見ることができる。行使の条件として、年間行使価額について定款上では以下のように記述している。

　　・新株予約権の行使の条件④

　　本新株予約権の行使価額の年間の合計額が金 1,200 万円（法令の改正により、税制適格要件の一つである年間行使価額の上限金額が変更され、当該変更後の上限金額が本新株予約権に適用される場合には、その変更後の上限金額）を上回らない範囲で行使することができる。

（2）税制適格要件以外の設計

　税制適格に関連する諸条件以外の箇所について確認する。

日本における新株予約権実務に従い、行使時において付与対象者が同社（もしくは同社の子会社）の取締役もしくは従業員の地位を保全していることが行使条件として定められてる。加えて、新株予約権の行使条件として上場後にしか行使できないように定めている。この2点については、未上場会社で付与されるエクイティ・インセンティブ目的で発行されるほぼすべての新株予約権に定めてある。

　ベスティング条項（一定の時間の経過に応じて行使可能となる新株予約権の割合を定める条件）において、この新株予約権に関する思想が込められている。

　初期に付与する新株予約権に対してベスティング条項について、スタートアップ企業が付与している新株予約権を調べると、基準日を上場時点として期間設定をするケースをよく見ることができる。例えば、上場日から1年経過した場合には全体の3分の1を行使可能にして、2年経過した場合3分の1を追加した3分の2まで行使可能にして、3年経過した場合全部を行使可能にする、という設定方法だ。上場後も継続して組織に所属することを期待した設定条件と言えるだろう。

　ニューラルポケットが付与した新株予約権上では上場日を基準日とせず、付与日のみを基準日としたベスティング条項を定めている。定款上の具体的な記述を確認しよう。

・新株予約権の行使の条件⑥
　本新株予約権は、当社の普通株式が国内外を問わずいずれかの証券取引所、店頭市場その他の公開市場に上場又は登録された日以降に行使することができる。この場合において、本新株予約権は以下の（i）乃至（iii）に定める区分に従って、順次、行使可能となるものとする。
　（i）割当日から2年後の応当日から割当日から3年後の応当日の前日までは、割当てられた本新株予約権の個数の3分の1（1個に満たない数が生じる場合は、1個の単位に切り上げる。）について、行使可能となる。
　（ii）割当日から3年後の応当日から割当日から4年後の応当日の前日までは、行使された本新株予約権の累積個数（上記（i）の期間中に行

使された本新株予約権の個数を含む。）が割当てられた本新株予約権の個数の３分の２（１個に満たない数が生じる場合は、１個の単位に切り上げる。）に満つるまで行使可能となる。

（iii）割当日から４年後の応当日から行使期間末日までは、割当てられた本新株予約権の全ての個数について、行使可能となる。

　上場日を基準にせず、割当日から２年経過した後から１年間は３分の１、３年経過後から１年間は３分の２、４年経過後はすべて行使することが可能な設計となっている。上場時を基準とする設定方法と比べると、付与時点からの働いた期間に対する報酬としての側面が強い。上場可否は、ビジネス状況による影響（組織内の要因による影響）も勿論のこと、マクロ環境の影響（組織外の要因による影響）により決まるため、付与された従業員・役員にとっていつ上場するのか判断できない。付与時点のみを基準とした方が付与された役員・従業員からするとベスティング条項の期間が明確であり、上場時期が読めない期間であっても組織に対してコミットしてくれることが期待しやすい。

　一方、上場が長期化した場合（例えば付与後４年以上経過したあと上場した場合）、上場直後に新株予約権がすべて行使可能になり、付与された従業員が上場後すみやかにすべてを行使して退職してしまう可能性がある。

　この点、第１回新株予約権のベスティング条項を踏まえると、2020年7月27日から2021年7月26日までに３分の１が行使可能となる。ニューラルポケットがスピード上場を果たしたことで、上場日（上場予定日は2020年8月20日）を基準としたベスティング設計をした場合と、概ね同様の期間設定となっており、付与対象者が上場後も継続して組織に所属することも期待できるようになっている。

資本取引の影響

株主	取引前株式数	増加株式数	取引後株式数	取引後割合	割合変化
創業者 合計	10,000	—	10,000	82.3%	△ 4.8%
	(10,000)	—	(10,000)	(80.2%)	(△ 4.5%)
その他役員・従業員 合計	—	—	—	—	—
	(311)	—	(311)	(2.5%)	(△ 0.1%)
外部協力者・顧問 合計	—	—	—	—	—
	—	—	—	—	—
機関投資家 合計	459	+615	1,074	8.8%	+ 4.8%
	(459)	(+615)	(1,074)	(8.6%)	(+4.7%)
個人投資家 合計	1,031	+52	1,083	8.9%	△ 0.1%
	(1,031)	(+52)	(1,083)	(8.7%)	(△ 0.1%)

増加株式数内訳

株主名	種類	増加数	取引後株式数	取引後割合
UTEC4 号投資事業有限責任組合（株式会社東京大学エッジキャピタル）	普通株式	+615	1,074	8.8% (8.6%)
Dmitry Mishustin	普通株式	+13	242	2.0% (1.9%)
株式会社オフィス千葉（千葉 功太郎）	普通株式	+26	485	4.0% (3.9%)
篠塚 孝哉	普通株式	+13	242	2.0% (1.9%)
合計	普通株式	+667		

カッコ内は、新株予約権による潜在株式数を含めた計数。
新株予約権数は、上場時まで在籍した者に対するもののみ記載している。

取引概要

手法　第三者割当増資

発行株数　667 株

株種類　普通株式（みなし優先株式）

株価　406,520 円 / 株

調達額　2 億 7114 万 8840 円

時価総額　Pre 47 億 9734 万円 /Post 50 億 6849 万円

株主　機関投資家 1 社（UTEC）、個人投資家 3 名

∥取引の解説

　新株予約権付与後 1 カ月経過した 2018 年 8 月 17 日、SeriesA ラウンドとして既存株主から第三者割当増資を行い、2 億 7115 万円資金調達している。Post-money Valuation(投資後時価総額) は 50 億 6849 万円となり、前回調達時（No.02）から約 10 倍の水準となっている。

　このラウンドでは主に UTEC（UTEC4 号投資事業有限責任組合）から調達しており、UTEC 単独で 2 億 5000 万円出資している。前回ラウンドで投資した個人株主のうち、上野山氏を除いた 3 人が優先的引受権（プロラタ権）を行使したことに伴う引受を行っている。出資額は、Demitry Mishustin 氏と篠塚孝哉氏が 528 万円、千葉功太郎氏が 1057 万円と前回ラウンド出資額の 2 分の 1 に当たる金額を出資した計算になる。このラウンドにおける出資からエンジェル税制の摘要対象要件は満たしているため、追加出資に際してこの制度が使われていた場合、投資家が追加投資をする一助となった可能性もあるだろう。

みなし優先株式を用いる弊害

　このラウンドでもみなし優先株式を用いており、当該ラウンドで発行された普通株式は、2019 年 3 月 4 日に行われた SeriesB ラウンドの出資に伴い、「A2 種優先株式」に転換されている。UTEC は、同時期でアイデミーに対して行った投資においても、優先株式を発行せず「みなし優先株式」を用いて投資を行っていた。ファンド方針として出資時に優先株式を発行することにこだわらず、「みなし優先株式」を活用したことが推測できる。

　ただし、このラウンドにおいては、優先株式による出資を行ったほうが内部向けインセンティブが設計しやすかっただろう。みなし優先株式を用いると形式上は普通株式を発行することになるため、当該みなし優先株式による調達を行うと当然に普通株式の時価が上がることになる。その場合、みなし優先株式による調達を行った後に発行する新株予約権から、新株予約権の行使価額は当該みなし優先株式の発行価額を基準として決められることになる。

　このラウンドで優先株式を用いて調達した場合、優先株式と普通株式に株

価の違いがあることをもって（普通株式の方が優先株式より相対的に時価が低い）、調達価額より低い金額を行使価額として新株予約権を発行することができた。今回、みなし優先株式を活用するにより資金調達したことで、設立から1年未満の設立メンバーを集めている段階を活用することで付与する新株予約権が、高値（時価総額50億円）の行使価額となった点については留意したい。ニューラルポケットはスピード上場で、かつ、想定時価総額200億円弱として上場することになるため、当該新株予約権は十分なインセンティブとして機能することが期待できるが、ビジネスが十分に成長せずに小型案件として上場してしまった場合はインセンティブとして機能しなかっただろう。

No.05　2018年11月07日—第2回新株予約権

資本取引の影響

株主	取引前株式数	増加株式数	取引後株式数	取引後割合	割合変化
創業者　合計	10,000	—	10,000	82.3%	—
	(10,000)	—	(10,000)	(79.2%)	(△1.0%)
その他役員・従業員　合計	—	—	—	—	—
	(311)	(+159)	(470)	(3.7%)	(+1.2%)
外部協力者・顧問 合計	—	—	—	—	—
	—	—	—	—	—
機関投資家　合計	1,074	—	1,074	8.8%	—
	(1,074)	—	(1,074)	(8.5%)	(△0.1%)
個人投資家　合計	1,083	—	1,083	8.9%	—
	(1,083)	—	(1,083)	(8.6%)	(△0.1%)

増加株式数内訳

株主名	取引日役職	上場時役職	種類	増加数	取引後株式数	取引後割合
染原 友博	取締役CFO	同左	第2回新株予約権	+122	122	— (1.0%)
従業員（新規）1名			第2回新株予約権	+37	37	— (0.3%)
合計			第2回新株予約権	+159		

カッコ内は、新株予約権による潜在株式数を含めた計数。
新株予約権数は、上場時まで在籍した者に対するもののみ記載している。

取引概要

手法　無償新株予約権（第2回新株予約権）

取得者　取締役1名、他従業員1名

目的となる株の種類および数　普通株式　159株

行使価額　406,520円/株

行使請求期間　2020年11月8日から2028年11月7日

取引の解説

　染原友博氏が取締役に就任した2018年11月7日、氏に対して122株（持分比率0.97%に相当）、他従業員1人に対して37株（同0.29%）第2回新株予約権を付与している。

　ベスティング条項含む新株予約権の設計は第1回新株予約権と同様のものとなっており、行使価額は前回ラウンドの出資時の株価と同値の406,520円/株となっている。既述の通り、前回ラウンドでみなし優先株式を用いて調達を行ったため、第1回新株予約権の10倍の行使価額となっている。

　第1回新株予約権同様、新任取締役が就任すると同時にまとまった割合の新株予約権を付与する形になっており（約1%。前回の佐々木氏に対しては1.8%）、新任取締役に対して就任の際に新株予約権を付与する方針が見える。

No.06　2018年12月19日—減資

取引概要

手法　減資（減額した資本金はその他資本剰余金に振り替える）

取引の解説

　資本金を1億7298万1920円から1億円まで減資。当該減資により税務上の大法人から中小法人の扱いに変更され、税務上の優遇措置を受けることができた。税務上の大法人のままでいた場合、外形標準課税の対象となり、資本金の金額に応じた「資本割」が資本金等（資本金＋資本準備金）の0.525%（90万8155円、%は当時の税率）が生じた。中小法人となったこ

とで、少なくとも当該金額以上の節税が行われたことになる。

第1期資本取引のまとめ

調達の特徴について

　みなし優先株式を用いた調達を2回行い、3億3500万円調達した。みなし優先株式を用いることで、本件調達時に種類株式を用いずに普通株式で調達を行っている。手続が煩雑になりがちな種類株式総会に関する会社法実務を行う時期を後にずらすことになっている。みなし優先株式を用いて調達を実施したことで、普通株式の時価（とみなされる金額）が上がり、内部に向けて発行した新株予約権の行使価格も上がった。

共同創業者・幹部に対する割当の特徴

　設立時、共同創業者に名前を連ねた者がいたが、株式の割当等を行っていない。共同創業者は設立後4カ月で退社しており、株式の買い戻し等は生じていない。退社後に入社し、取締役に就任した佐々木氏、染原氏に対して、就任に際して合計3%弱を付与している。新株予約権は、付与時点からの期間に応じたベスティング条項を設けている。

その他

　減資を行ったことで節税を行っている。資本金を1億円とする減資は第2期にも実施しており、減資による節税を徹底している。

第2期の資本政策

会社の状況

⦀ サービスの状況

　上場時に展開していた、①スマートシティ関連サービス、②サイネージ広告関連サービス、③ファッショントレンド解析関連サービスの3つのサービスに関して、2018年の下期から研究開発が進められていた。第2期はそれぞれの分野において、プロダクトの研究・サービス化が進められた1年となった。

創業当初掲げていた「ファッショントレンド解析関連サービス」から、展開する領域が多様化している。2019年3月には社名を「ニューラルポケット株式会社」に変更している。

各分野の主な取り組み（以下表参照）について、振り返る。

①「スマートシティ関連サービス」における事業展開

スマートシティ関連サービスに関して同社が取り組んでいる事業は、(i) スマート物流／スマートファクトリー (ii) AI搭載スマートフォン・ドライブレコーダー (iii) パーキングの3分野に分かれる。このうち、(i)、(ii) の2分野に関する業務提携が発表されている。

2019年11月、倉庫運営に対するコンサルティングサービスを三菱地所が開始するための実証実験を行うことを三菱地所とニューラルポケットがそれぞれ発表した。当該実証実験では、ニューラルポケットの画像解析技術を用いて、三菱地所が保有する実際の倉庫内の作業効率や動線解析を行う。同技術での倉庫の解析を行うことで三菱地所が他社に対してコンサルティングを提供することをめざしたものとなっている。ニューラルポケットはこの実証実験を通して、他社に提供可能な、ソフトウェア・ハードウェアの双方面での倉庫内の解析サービスの開発を行う形になる。

2019年12月、スマートフォン向けドライブレコーダー・アプリ「スマートくん」をリリースした。スマホで撮影した映像を解析することで、周辺に映る物体（自動車、歩行者、信号機、障害物など）を検知してユーザーに知らせる機能や、急発進・急停止などの動作感知を行う。スマホのセンサーやカメラから取得した情報を端末内で処理しており、通信不要で利用可能になっている。

このアプリは無料で提供されており、ニューラルポケットはユーザー同意の上で当該アプリが取得した運転データ・道路情報の解析元となるデータを収集している。将来的にはアプリを通して収集されたデータを元に、toB向けの有償サービスを展開することを狙っている。

なお、当該ドラレコ・アプリは2019年8月、「社員が駐車中に車をぶつけられ、ドラレコを搭載していなかったことを後悔したことがきっかけ」（東洋経済ONLINEの記事から引用）で、わずか3カ月半で開発されており、

ニューラルポケットの技術力の高さが垣間見える。

②「サイネージ広告関連サービス」における事業展開

第1期から検証を進めていたサイネージ広告関連サービスを第2期から他社に提供しており、ソフトバンク向けに全売上高の56.2％にあたる1億7500万円の売上を計上している。当該サービスは、大手通信会社（ソフトバンク）と大手広告代理店と提携したうえでサービスを開発している。

Iの部の記載を元に、ニューラルポケットが取り組むサイネージ広告関連サービスについて解説する。従前のデジタルサイネージ広告は、端末は通信機能を有せず、1台ずつ設置時に端末を個別設定することで広告配信を行っていた。

これに対して大手と提携して開発しているデジタルサイネージ広告に関する取り組みを確認する。ニューラルポケットがサービス開発を行うデジタルサイネージ広告では、配信する端末に設置したカメラを端末内で解析し、通行人の属性（例えば、家族連れかビジネス中か）に合わせた広告が配信される。加えて、端末から得られた通行人情報・広告視聴情報を元に、広告端末を設置した施設主と広告を出稿した広告主のそれぞれに情報提供を行う仕組みを開発している。

第2期の段階では検証段階であるため、各種関係者を取り持つ旗振り役であるソフトバンクから、ニューラルポケットの技術に対して固定報酬が支払われている。サービスが本格的に運用されるようになると、広告収益から一定割合を受領する報酬形態となることが検討されている。

ソフトバンクとは、2019年11月に新規事業開発における業務提携契約を締結しており、協業体制を構築している。

③「ファッショントレンド解析関連サービス」における事業展開

「ファッショントレンド解析関連サービス」について、第1期から引き続きサービスを展開している。2019年2月、アパレルメーカーの三陽商会と、トレンド予測・消費者ニーズの把握に係る商品企画領域に関して業務提携を発表した。

当時の三陽商会の置かれた立ち場を考えると、この業務提携の立ち位置が

理解しやすい。三陽商会は 2015 年 6 月に当時の主力ブランドであったバーバリーとのライセンス契約が終了したことを契機に業績が低迷していた。ライセンス契約終了の翌 2016 年 12 月期から、業務提携開始直前の 2018 年 12 月期まで 3 期連続営業赤字となっていた（2019 年 12 月期も営業赤字で、4 期連続営業赤字となっている）。2015 年 12 月期から在庫量が増加する傾向にあり、ライセンス契約終了前の 2014 年 12 月期には 3.9 カ月だった棚卸資産回転期間は、2018 年 12 月期には 5.56 カ月と悪化していた（表 6-4）。

表6-4　三陽商会の業績推移（単位：百万円）

（会計年度）	2014	2015	2016	2017	2018
（損益計算書上の計数）					
売上高	110,996	97,415	67,611	62,549	59,090
売上原価	57,372	49,408	39,381	33,399	30,506
売上総利益	53,623	48,007	28,230	29,149	28,583
営業利益	10,213	6,577	△ 8,430	△ 1,907	△ 2,176
（貸借対照表上の計数）					
商品及び製品	18,575	18,098	16,045	11,717	14,145
（財務指標）					
棚卸資産回転期間（月）	3.89	4.4	4.89	4.21	5.56

　三陽商会は本件業務提携により、トレンドの予測に基づいて精度高い需要把握・販売予測を行い、それにより在庫量の適正化を行うことで、業績悪化の原因の 1 つとなっていた余剰在庫を解消したいだろうことが伺える。

　ニューラルポケットは、「AI MD」のサービス向上のため他社との業務提携も実施している。2019 年 10 月に、TIS インテックグループのクオリカ株式会社との間で業務提携を開始した。クオリカは MD 支援システム「MDSS（Merchandising Decision Support System）」を提供しており、ニューラルポケットの「AI MD」との相互連携を行うために、合同でサービス・ソリューションの開発を行うことを発表した。

業績の状況

　第 2 期の業績を確認する。第 2 期は、売上高 3 億 1149 万円（第 1 期 6020 万円）・当期純損失△ 1 億 3939 万円（第 1 期△ 1 億 8262 万円）を計上して

いる。売上高の内訳は、ソフトバンクに対して1億7500万円、クロスプラスに対して5500万円、三陽商会に対して4800万円となっている。これら3社に対する売上高合計2億7800万円は、全体の売上高の90%を占めている。

　四半期ごとの業績を確認すると、毎四半期ごとに約6000万円ずつ四半期期間の売上高が増加している。サービスの状況で振り返った通り、ニューラルポケットは、三陽商会やソフトバンクなど大手クライアントと業務提携を伴う長期の大型案件を期中に開始しており、これらのプロジェクトが開始するに従い、売上高が増加している。

||| 機関・組織及び上場準備の状況

　上場直前期に該当する第2期は、上場準備に伴うガバナンスの強化として監査役を増員している。第1回定時株主総会があった2019年3月27日、第1期の取締役会組成時に監査役に就任していた真下氏が監査役を辞任し、公認会計士の竹村実穂氏が常勤監査役に就任。弁護士の若松俊樹氏が非常勤監査役に就任して、監査役2人体制となっている。上場直前期に監査役会を組成していないことは1つの特徴だろう。上場前に1年程度ガバナンス体制の運用を求められることが多く、監査役会を組成するタイミングを上場申請期に1年遅らせた点については積極的な理由が見当たらない。

　取締役の異動について確認しよう。2019年中に行った第三者割当増資の結果、投資を行った「未来創生ファンド」を運営するスパークス・アセット・マネジメント株式会社の取締役を務める秋田一太郎氏が2019年3月5日に社外取締役に就任している。

　また、2019年2月に入社し、3月に執行役員・CSO（最高戦略責任者）に就任していた周涵氏が2019年11月に取締役に就任している。周氏は上場時において取締役COO（最高執行責任者）・事業戦略部長に就任している。

　2019年3月、ミクシィの代表取締役兼CEOを歴任した朝倉裕介氏らが代表をつとめるシニフィアン株式会社と資本提携し、同社が顧問として就任したことを発表した。第2期が終了する2019年12月末日には従業員数が25人となっている。

資本取引（全 9 回）の解説

表6-5　株式数の情報・調達金額・Valuation の情報

解説 No.	日付	取引種類	発行済 株式総数	新規発行 株数	調達額 （千円）	株価 （円／株）	Post-Value （千円）	資本金 （千円）
06 まで			12,157 (12,627)		340,963			100,000
07	2019/02/27	新株予約 権③	12,157 (12,721)	— (94)	—	500,752	6,370,066	100,000
08	2019/03/04	株式種類 変更	12,157 (12,721)		—	500,752	6,370,066	100,000
09	2019/03/05	株式③	12,157 (13,933)	1,212	606,911	500,752	6,976,977	403,455
10	2019/03/27	新株予約 権④	13,369 (14,000)	— (67)	—	500,752	7,010,528	403,455
11	2019/05/15	新株予約 権⑤	13,369 (14,052)	— (52)	—	500,752	7,036,567	403,455
12	2019/06/19	新株予約 権⑥	13,369 (14,119)	— (67)	—	500,752	7,070,117	403,455
13	2019/08/08	株式譲渡	13,369 (14,119)	—	—	350,878	4,954,046	403,455
14	2019/09/18	新株予約 権⑦	13,369 (14,357)	— (238)	—	500,752	7,189,296	403,455
15	2019/12/26	減資②	13,369 (14,357)	—	—	500,752	7,189,296	100,000
累計					947,875			

カッコ内は、新株予約権による潜在株式数を含めた株式数。
新株予約権による潜在株式数は、上場時まで在籍した者に対するもの。
Valuation は潜在株式数を含めて計算している。

‖ この期間における資本取引の情報

全 9 回（新株予約権 5 回、株式種類変更 1 回、第三者割当増資 1 回、株式
譲渡 1 回、減資 1 回）

　2019 年 3 月、上場前最後となる第三者割当増資による資金調達を実施し
ており、6 億 691 万円を調達している。資金調達の時期は、三陽商会との業
務提携を発表（2019 年 2 月）した直後になる。新株予約権を 5 回発行して
いるが、外部顧問向けに 2 回、役員・従業員向けに 3 回と、設計・意図の
異なる 2 タイプの新株予約権を発行している。

　デット・ファイナンスについて確認する。第 1 期は 6 〜 7 年の返済期限
が設定される長期借入を実施していた。それに対して、第 2 期は 1 年以内
返済の短期借入金を調達している。調達金額から期中返済金額を控除した借
入金の純増額は 2 億 6000 万円となっている。

資本取引の影響

株主	取引前株式数	増加株式数	取引後株式数	取引後割合	割合変化
創業者　合計	10,000	—	10,000	82.3%	—
	(10,000)	—	(10,000)	(78.6%)	(△ 0.6%)
その他役員・従業員　合計	—	—	—	—	—
	(470)	—	(470)	(3.7%)	(△ 0.0%)
外部協力者・顧問　合計	—	—	—	—	—
	—	(+94)	(94)	(0.7%)	(+0.7%)
機関投資家　合計	1,074	—	1,074	8.8%	—
	(1,074)	—	(1,074)	(8.4%)	(△ 0.1%)
個人投資家　合計	1,083	—	1,083	8.9%	—
	(1,083)	—	(1,083)	(8.5%)	(△ 0.1%)

増加株式数内訳

株主名	種類	増加数	取引後株式数	取引後割合
シニフィアン株式会社	第 3 回新株予約権	+94	94	—
				(0.7%)
合計	第 3 回新株予約権	+94		

カッコ内は、新株予約権による潜在株式数を含めた計数。
新株予約権数は、上場時まで在籍した者に対するもののみ記載している。

取引概要

手法　無償新株予約権（第 3 回新株予約権）

取得者　外部協力企業 1 社

目的となる株の種類および数　普通株式　94 株

行使価額　500,752 円 / 株

行使請求期間　2019 年 2 年 27 日から 2029 年 2 月 26 日

⫶ 取引の解説

　　顧問に就任したシニフィアンに対する無償新株予約権の付与（対象となる株式数は 73 株、持分比率 0.74％に相当）を行っている。法人向けに発行し

た新株予約権であり、第1回・第2回新株予約権の設計上考慮されていた税制適格となるための要件は省略されている（法人に対して発行される新株予約権は税制適格ストックオプションの対象外）。

　内部向けインセンティブと同様の設計ではなく、外部顧問に対するインセンティブ設計を新たに行っている。設計上（上場前でも）10年以内であれば行使価額でいつでも行使できるようになっている。行使価額（500,752円/株）は、ほぼ同時に実行した第三者割当増資における株価を参照して決定されている。そのため、「付与時点から（関与により）Valuationが上昇した場合に、シニフィアンが新株予約権からリターンを享受できる設計」と言える。

No.08　2019年3月4日―普通株式から種類株式への変更

取引内容詳細

株主名	種類	増加数	取引後株式数	取引後割合
UTEC4号投資事業有限責任組合 （株式会社東京大学エッジキャピタル）	普通株式	△ 1,074	—	8.8% (8.4%)
	A1 種類優先株式	+459	459	
	A2 種類優先株式	+615	615	
Dmitry Mishustin	普通株式	△ 242	—	2.0% (1.9%)
	A1 種類優先株式	+229	229	
	A2 種類優先株式	+13	13	
株式会社オフィス千葉 （千葉 功太郎）	普通株式	△ 485	—	4.0% (3.8%)
	A1 種類優先株式	+459	459	
	A2 種類優先株式	+26	26	
篠塚 孝哉	普通株式	△ 242	—	2.0% (1.9%)
	A1 種類優先株式	+229	229	
	A2 種類優先株式	+13	13	
合計	普通株式	△ 2,043		
	A1 種類優先株式	+1,376		
	A2 種類優先株式	+667		

カッコ内は、新株予約権による潜在株式数を含めた計数。
新株予約権数は、上場時まで在籍した者に対するもののみ記載している。

手法　普通株式の種類株式への変更

▎取引の解説

　後述する優先株式（「B 種優先株式」）を用いた第三者割当増資に伴い、みなし優先株式として調達した普通株式を優先株式に変換している。創業直後の 2018 年 3 月 1 日に行われた第三者割当増資において発行された普通株式は「A1 種優先株式」、2018 年 8 月 17 日に発行された普通株式は「A2 種優先株式」と命名されている。

　詳細な設計については第三者割当増資（No.09）の解説で述べるが、残余財産分配権等各種条件における優先順位は「B 種優先株式」と「A1 種優先株式」「A2 種優先株式」はすべて同順位となっている。

No.09 2019 年 3 月 5 日―第三者割当増資

資本取引の影響

株主	取引前株式数	増加株式数	取引後株式数	取引後割合	割合変化
創業者　合計	10,000	—	10,000	74.8%	△ 7.5%
	(10,000)	—	(10,000)	(71.8%)	(△ 6.8%)
その他役員・従業員　合計	—	—	—	—	—
	(470)	—	(470)	(3.4%)	(△ 0.3%)
外部協力者・顧問　合計	—	+199	199	1.5%	+ 1.5%
	(94)	(+199)	(293)	(2.1%)	(+1.4%)
機関投資家　合計	1,074	+965	2,039	15.3%	+ 6.4%
	(1,074)	(+965)	(2,039)	(14.6%)	(+6.2%)
個人投資家　合計	1,083	+48	1,131	8.5%	△ 0.4%
	(1,083)	(+48)	(1,131)	(8.1%)	(△ 0.4%)

増加株式数内訳

株主名	種類	増加数	取引後株式数	取引後割合
シニフィアン・アントレプレナーズファンド投資事業有限責任組合（シニフィアン株式会社）	B 種優先株式	+199	199	1.5% (1.4%)
Deep30 投資事業有限責任組合（Deep30）	B 種優先株式	+69	69	0.5% (0.5%)
SMBC ベンチャーキャピタル 4 号投資事業有限責任組合（SMBC ベンチャーキャピタル）	B 種優先株式	+99	99	0.7% (0.7%)
みずほ成長支援第 3 号投資事業有限責任組合（みずほキャピタル）	B 種優先株式	+99	99	0.7% (0.7%)
未来創生 2 号ファンド（SMBC 信託銀行投資運用金外信託）	B 種優先株式	+698	698	5.2% (5.0%)
Dmitry Mishustin	A1 種優先株式	—	229	2.0% (1.9%)
	A2 種優先株式	—	13	
	B 種優先株式	+24	24	
篠塚 孝哉	A1 種優先株式	—	229	2.0% (1.9%)
	A2 種優先株式	—	13	
	B 種優先株式	+24	24	
合計	B 種優先株式	+1,212		

カッコ内は、新株予約権による潜在株式数を含めた計数。
新株予約権数は、上場時まで在籍した者に対するもののみ記載している。

┃取引概要┃
手法　第三者割当増資

発行株数　1,212 株

株種類　B 種優先株式

株価　500,752 円 / 株

調達額　6 億 691 万 1424 円

時価総額　Pre 63 億 7007 万円 /Post 69 億 7698 万円

株主　外部協力者 1 社、機関投資家 4 社、個人投資家 2 名

||| 取引の解説

　2019 年 3 月 5 日、SeriesB ラウンドの資金調達を実施し 6 億 691 万円を調達している。スパークス・アセット・マネジメントが運営する「未来創生ファンド」がリード投資家となっている。株価は、2018 年 8 月に行った SeriesA ラウンド（406,520 円 / 株）から 23％高い 500,752 円 / 株。Post-Money Valuation（投資後時価総額）は 69 億 7698 億円となっている。リード投資家の未来創生ファンドが当該ラウンドにおいて発行した株式の約 6 割にあたる 698 株（持分比率として 5.02％）を引き受け、3 億 4952 万円を出資している。

　リード投資家以外の投資家について確認する。資本提携を発表したシニフィアンが運営する「シニフィアン・アントレプレナーファンド投資事業有限責任組合」から 9965 万円の出資を受けている。新株予約権と合わせて、シニフィアン及びシニフィアンが運営するファンドが 2.103％の持分を持つ形となる。また、深層学習領域の研究で著名な東京大学の松尾豊研究室の関係者により構成された Deep30 投資事業有限責任組合から、3455 万円の出資を受けている。なお、本件に伴い、2019 年 6 月に松尾豊教授がニューラルポケットの顧問に就任している。

　個人投資家 2 人についてもプロラタ権の行使による追加出資を行っている。当該取引についても前回ラウンド同様、個人投資家による追加出資はエンジェル税制の対象となる可能性がある。

B 種優先株式の設計について

SeriesB ラウンドでは優先株式である「B 種優先株式」を新たに設計し、それを用いて資金調達を行っている。当該優先株式の発行に伴い、みなし優先株式であった SeriesA ラウンド・シードラウンドで出資された普通株式は優先株式に転換されている。このラウンドで設計された優先株式について設計内容を確認する（表 6-6）。

表6-6　ニューラルポケットの優先株式の設計

	発行日時	3/5/2019
	種類株式名	B 種優先株式
優先配当		設定なし
優先残余財産分配	倍率	× 1.0 倍
	順位	A1 = A2 = B
	優先分配後	参加型（AND 型）
	優先分配後倍率	× 1.0 倍
	優先分配後上限	なし
金銭と引き換えにする取得請求権		設定なし
普通株式と引き換えにする取得請求権	株主行使権	いつでも可
	取得比率	× 1.0 倍
希薄化防止条件	対象取引	低廉発行（ストックオプション発行含む）
	調整方法	ブロードベース
	その他	株式総数の 15% を上限としてインセンティブ報酬として発行する場合を除く
取得条項	条件	取締役会適格上場（売出価格が 1 株あたり 1,001,504 円以上となることが合理的に見込まれる普通株式の上場）決議
	取得比率	× 1.0 倍
議決権		有
種類株主総会		会社法第３２２条第１項の規定による種類株主総会の決議を要しない。

まず、優先残余財産分配権を確認する。同時に作られた「A1 種優先株式」「A2 種優先株式」「B 種優先株式」は等しく同順位で、普通株式より優先して払込金額と同額まで残余財産分配される。この分配を行った後に分配可能な残余財産がある場合は、3 種類の優先株式と普通株式を同順位で残余財産分配を行う（× 1.0 倍参加型）。この優先残余財産分配権の設計は、未上場企業が調達するうえで発行される優先株式として、最も多く見られる設

計となっている。

　ニューラルポケットが発行した優先株式についてユニークな点は、上場する際の時価総額の目線を設計上に織り込んだ点だ。優先株式の設計上、普通株式の上場のため金融商品取引所に上場申請を行う機関決定を行った場合、優先株式を普通株式に転換する旨の条項を入れる。ニューラルポケットが発行した優先株式の設計上で、この「普通株式の上場」について要件を定めており、普通株式の売出価額が1株当たり1,001,504円（SeriesBラウンド株価の2倍に相当する）以上となることが見込まれる上場（表6-6ではこの条件を満たした上場を指して「適格上場」と記載している）申請したときのみ優先株式を普通株式に転換可能と設定している。

　資金調達に伴う交渉時に会社側から上場時にめざす時価総額のレンジを提示する場合はあるが、このように種類株式の設計まで踏み込んで上場時の時価総額を明記する点はユニークだ。なお、希薄化防止条項上の設計を見る限り、会社が投資家と合意した発行可能な新株予約権数（ストックオプション・プール）は発行株式数の15％と設定されている。

資本取引の影響

株主	取引前株式数	増加株式数	取引後株式数	取引後割合	割合変化
創業者　合計	10,000	—	10,000	74.8%	—
	(10,000)	—	(10,000)	(71.4%)	(△ 0.3%)
その他役員・従業員　合計	—	—	—	—	—
	(470)	(+67)	(537)	(3.8%)	(+0.5%)
外部協力者・顧問　合計	199	—	199	1.5%	—
	(293)	—	(293)	(2.1%)	(△ 0.0%)
機関投資家　合計	2,039	—	2,039	15.3%	—
	(2,039)	—	(2,039)	(14.6%)	(△ 0.1%)
個人投資家　合計	1,131	—	1,131	8.5%	—
	(1,131)	—	(1,131)	(8.1%)	(△ 0.0%)

増加株式数内訳

株主名	取引日役職	上場時役職	種類	増加数	取引後株式数	取引後割合
周 涵	執行役員 CSO	取締役 COO	第 4 回新株予約権	+67	67	—
						(0.5%)
合計			第 4 回新株予約権	+67		

カッコ内は、新株予約権による潜在株式数を含めた計数。
新株予約権数は、上場時まで在籍した者に対するもののみ記載している。

取引概要

手法　無償新株予約権（第 4 回新株予約権）

取得者　従業員 1 名

目的となる株の種類および数　普通株式　67 株

行使価額　500,752 円 / 株

行使請求期間　2021 年 3 月 28 日から 2029 年 3 月 27 日

⦀取引の解説

　2019 年 3 月 27 日、同年 2 月入社後 CSO（最高戦略責任者）に就任した周涵氏に対して、第 4 回新株予約権を発行している。対象となる株式数は 67 株であり、これは持分比率として 0.479％相当となる。

　氏は入社後 1 カ月経過した 3 月に執行役員に登用されており、第 1 回・第 2 回同様、CXO のタイトルが付く幹部候補に対して就任直後に付与した

形になる。なお、新株予約権の設計は、内部向けに発行した第1回・第2回
と同様の設計となっている。

No.11　2019年5月15日—第5回新株予約権

資本取引の影響

株主	取引前株式数	増加株式数	取引後株式数	取引後割合	割合変化
創業者　合計	10,000	—	10,000	74.8%	—
	(10,000)	—	(10,000)	(71.2%)	(△0.3%)
その他役員・従業員　合計	—	—	—	—	—
	(537)	(+52)	(589)	(4.2%)	(+0.4%)
外部協力者・顧問　合計	199	—	199	1.5%	—
	(293)	—	(293)	(2.1%)	(△0.0%)
機関投資家　合計	2,039	—	2,039	15.3%	—
	(2,039)	—	(2,039)	(14.5%)	(△0.1%)
個人投資家　合計	1,131	—	1,131	8.5%	—
	(1,131)	—	(1,131)	(8.0%)	(△0.0%)

増加株式数内訳

株主名	取引日役職	上場時役職	種類	増加数	取引後株式数	取引後割合
山本 正晃	—	執行役員	第5回新株予約権	+15	15	— (0.1%)
従業員（新規）4名			第5回新株予約権	+37	37	— (0.3%)
合計			第5回新株予約権	+52		

カッコ内は、新株予約権による潜在株式数を含めた計数
新株予約権数は、上場時まで在籍した者に対するもののみ記載している

取引概要

手法　無償新株予約権（第5回新株予約権）

取得者　従業員5名

目的となる株の種類および数　普通株式　52株

行使価額　500,752円/株

行使請求期間　2021年5月16日から2029年5月15日

▌▌取引の解説

　第1回・第2回・第4回の新株予約権についで、4回目の新株予約権の発行を行っている。2019年4月に入社した山本正晃氏（2020年2月から執行役員）ら5人の従業員に対して6〜15株（持分比率0.043%〜0.107%）の範囲で新株予約権を発行している。入社直後の幹部候補である社員の他、2018年から所属していた従業員に対しても付与している。

　これまで3回の新株予約権は、入社直後に経営幹部（取締役・執行役員）に就任したことをトリガーとして発行している。それに対して、この回は新たな経営幹部就任者がいない状況で新株予約権を発行している。新株予約権の設計は、内部向け発行であった第1回、第2回、第4回と同様の設計となっている。

No.12　2019年6月19日—第6回新株予約権

資本取引の影響

株主	取引前株式数	増加株式数	取引後株式数	取引後割合	割合変化
創業者　合計	10,000	—	10,000	74.8%	—
	(10,000)	—	(10,000)	(70.8%)	(△0.3%)
その他役員・従業員　合計	—	—	—	—	—
	(589)	—	(589)	(4.2%)	(△0.0%)
外部協力者・顧問　合計	199	—	199	1.5%	—
	(293)	(+67)	(360)	(2.5%)	(+0.5%)
機関投資家　合計	2,039	—	2,039	15.3%	—
	(2,039)	—	(2,039)	(14.4%)	(△0.1%)
個人投資家　合計	1,131	—	1,131	8.5%	—
	(1,131)	—	(1,131)	(8.0%)	(△0.0%)

増加株式数内訳

株主名	種類	増加数	取引後株式数	取引後割合
M1株式会社	第6回新株予約権	+67	67	—
				(0.5%)
合計	第6回新株予約権	+67		

カッコ内は、新株予約権による潜在株式数を含めた計数。
新株予約権数は、上場時まで在籍した者に対するもののみ記載している。

取引概要

手法　無償新株予約権（第 6 回新株予約権）

取得者　M1 株式会社

目的となる株の種類および数　普通株式　67 株

行使価額　500,752 円 / 株

行使請求期間　2019 年 6 月 19 日から 2029 年 6 月 18 日

||| 取引の解説

　M1 株式会社（代表取締役坂本尚子氏）は Deep30 有限責任事業組合の代表者として名前を連ねる（「プロ向けファンド届出者等の状況」参照）。同社は、人工知能に関する研究及び開発を行っており、ニューラルポケットと顧問契約を締結している。新株予約権の目的となる株数は 67 株で、持分比率の 0.475％に相当する。

　設計は、シニフィアンに対して発行した第 3 回新株予約権と同様、SeriesB ラウンドの株価でいつでも普通株式を取得可能な設計になっている。

資本取引の影響

株主	取引前株式数	増加株式数	取引後株式数	取引後割合	割合変化
創業者　合計	10,000	—	10,000	74.8%	—
	(10,000)	—	(10,000)	(70.8%)	—
その他役員・従業員　合計	—	—	—	—	—
	(589)	—	(589)	(4.2%)	—
外部協力者・顧問　合計	199	—	199	1.5%	—
	(360)	—	(360)	(2.5%)	—
機関投資家　合計	2,039	—	2,039	15.3%	—
	(2,039)	—	(2,039)	(14.4%)	—
個人投資家　合計	1,131	—	1,131	8.5%	—
	(1,131)	—	(1,131)	(8.0%)	—

譲渡取引詳細

株主名	種類	増加数	取引後株式数	取引後割合
上野山　勝也	普通株式	△ 114	—	—
				(—)
Dmitry Mishustin	普通株式	+28	28	
	A1 種優先株式	—	229	2.2%
	A2 種優先株式	—	13	(2.1%)
	B 種優先株式	—	24	
篠塚　孝哉	普通株式	+43	43	
	A1 種優先株式	—	229	2.3%
	A2 種優先株式	—	13	(2.2%)
	B 種優先株式	—	24	
佐藤　裕介	普通株式	+43	43	0.3%
				(0.3%)
合計	普通株式	± 0		

カッコ内は、新株予約権による潜在株式数を含めた計数。
新株予約権数は、上場時まで在籍した者に対するもののみ記載している。

取引概要

手法　株式譲渡

譲渡人　上野山勝也氏

譲受人　佐藤裕介氏、篠塚孝哉氏、Dmitry Mishustin 氏

株数　合計 114 株

株価　350,878 円 / 株
取引金額総額　40,000,092 円

||| 取引の解説

　上野山勝也氏が保有していた 114 株全株の譲渡を行っている。既存株主である篠塚孝哉氏および Dmitry Mishustin 氏、新規株主として hey 株式会社代表取締役の佐藤裕介氏が譲受人となっている。

　譲渡価額（1 株 350,878 円）について、「直近の第三者割当増資（B 種優先株式）の価格と、当該譲渡株式は普通株式であることを総合的に勘案して、当事者間での協議の上、決定」した旨 1 の部に開示されている。上野山氏が譲渡した普通株式は、創業後最初の資金調達時に出資をしたことにより 1 株 43,500 円で取得したものであり、譲渡益として 3504 万円が上野山勝也氏個人に生じている。

　これまでの資本取引上の解説でも述べた通り、上野山氏は「出資により獲得した優先株式への転換権・優先的引受権（プロラタ権）を、同時に出資した株主の中で 1 人だけ行使しない」か「当該権利を 1 人だけ獲得していない」という特殊な立場であることが推測されていた。第三者の立場から本件取引内容の事情について伺いしれないが、同業種の先行者である PKSHA Technology の代表取締役としての立場もあり、出資した際にある程度当事者間で保有株を上場前に手放すことも視野に入れていたのかもしれない。

資本取引の影響

株主	取引前株式数	増加株式数	取引後株式数	取引後割合	割合変化
創業者　合計	10,000	—	10,000	74.8%	—
	(10,000)	—	(10,000)	(69.7%)	(△ 1.2%)
その他役員・従業員　合計	—	—	—	—	—
	(589)	(+238)	(827)	(5.8%)	(+1.6%)
外部協力者・顧問　合計	199	—	199	1.5%	—
	(360)	—	(360)	(2.5%)	(△ 0.0%)
機関投資家合計	2,039	—	2,039	15.3%	—
	(2,039)	—	(2,039)	(14.2%)	(△ 0.2%)
個人投資家合計	1,131	—	1,131	8.5%	—
	(1,131)	—	(1,131)	(7.9%)	(△ 0.1%)

増加株式数内訳

株主名	取引日役職	上場時役職	種類	増加数	取引後株式数	取引後割合
佐々木 雄一	取締役 CTO	同左	第 1 回新株予約権	—	230	—
			第 7 回新株予約権	+35	35	(1.6%)
染原 友博	取締役 CFO	同左	第 2 回新株予約権	—	122	—
			第 7 回新株予約権	+35	35	(0.8%)
周 涵	執行役員 CSO	取締役 COO	第 3 回新株予約権	—	67	—
			第 7 回新株予約権	+35	35	(0.5%)
山本 正晃	—	執行役員	第 5 回新株予約権	—	15	—
			第 7 回新株予約権	+15	15	(0.1%)
竹村 実穂	監査役	同左	第 7 回新株予約権	+20	20	— (0.1%)
従業員（新規）12 名			第 7 回新株予約権	+98	98	— (0.7%)
合計			第 7 回新株予約権	+238		

カッコ内は、新株予約権による潜在株式数を含めた計数。
新株予約権数は、上場時まで在籍した者に対するもののみ記載している。

取引概要

手法　無償新株予約権（第 7 回新株予約権）

取得者　取締役 2 名、従業員 14 名、監査役 1 名

目的となる株の種類および数　普通株式　238 株

行使価額　500,752 円 / 株

行使請求期間　2021 年 9 月 19 日から 2029 年 9 月 18 日

||| 取引の解説

第 1 回、第 2 回、第 4 回、第 5 回に続き、5 回目の内部向けの新株予約権を発行している。この回の特徴は、①就任時に新株予約権を付与した経営幹部（取締役・執行役員）に対して、2 回目の付与を行っていること、②対象者を広くして、在籍している社員（12 人）に付与を行っていることだ。

経営幹部の付与に関して、当該付与を行ったことにより経営幹部（取締役、執行役員）3 人の持分比率が 3.0％から 3.7％に増加している。従業員向けの発行について対象者の数を鑑みると、評価制度等に基づく広範な付与を行ったように見える。

新株予約権の設計は、過去発行した内部向け発行（第 1,2,4,5 回）と同様となっている。

No.15　2019 年 12 月 26 日―減資

取引概要

手法　減資（減額した資本金はその他資本剰余金に振り返る）

||| 取引の解説

資本金を 4 億 345 万 5712 円から 1 億円まで減資した。第 1 期末に行った減資と同様に、仮に減資を行わなかった場合、同会社は税務上の大法人として外形標準課税の対象となり、資本金の金額に応じた「資本割」が資本金等（資本金＋資本準備金）の 0.525％（2,118,142 円、％は当時の税率）が生じた。減資により税務上の中小法人となったことで、少なくとも当該金額以上の節税が行われたことになる。

第2期資本取引のまとめ

調達の特徴

未来創生ファンドをリード投資家として上場後最後の資金調達を実施。当該資金調達上、優先株式を用いたことにより、みなし優先株式が優先株式に変換された。新たに設計した優先株式の設計上、適格上場の定義を設けていることが特徴的だ。

新株予約権の使い方

外部協力者（顧問）に対する新株予約権の発行を2回、内部向け発行を3回行っている。第7回新株予約権では、経営幹部に対する2回目の付与を行っている。

その他

第1期同様減資を実施している。仮に第1期・第2期に減資を行わない場合、会社法上の大会社（資本金5億円以上または負債200億円以上）に該当した形になる。非公開企業であっても会社法上の大会社に該当する場合、ガバナンス・開示に関する要求事項が厳しくなる。ただし、ニューラルポケットはスピード上場を果たしたため、この影響は受けない。しかし、仮にスピード上場が実行できなかった場合を想定すると、減資による減税以外の効用（＝規制事項の緩和）もあっただろう。

第3期の資本政策

会社の状況
‖ サービスの状況

上場申請期に該当する第3期について、上場日までに発表された取り組みを確認する。2020年6月3日、室蘭市に対してニューラルポケットの画像解析技術並びに観光施設の利用状況の可視化ソリューションを提供開始したことを発表している。この取組は「デジタルサイネージ広告関連サービス」と「スマートシティ関連サービス」に関連しており、室蘭市内の観光施設（「道の駅 みたら室蘭」）に設置したデジタルサイネージ型のカメラ筐体を

用いて、同施設に対する来訪者の属性分析・動線の可視化を実施する。その後も、他の観光施設への導入の他、インフラ整備・福祉・交通等の各分野でも室蘭市と提携した取り組みを実施する方針を発表している。

業績の状況

第3期の業績を確認する。売上高は7億6278万円（第2期3億1149万円）、当期純利益1億4735万円（第2期△1億3939万円）を計上している。第2期に引き続きソフトバンクに対する売上高の依存度が高く、総売上高の47.3%に当たる3億6108万円が同社に対する売上高となっている。第2期中には売上高を計上していない「スマートシティ関連サービス」領域で、第3期中に官公庁・地方自治体・顧客企業に対してサービスの提供を開始したことが明らかになっており、同分野における新規売上が増収につながっている。

機関・組織の状況

監査役として新たに公認会計士の白井元氏が就任しており、監査役会を組成している。第2期「機関・組織の状況」で述べた通り、上場直前期には監査法人を設置しておらず、上場申請期に監査役会を設置している。同時に、会計監査人を設置しており、有限責任監査法人トーマツが就任している。

第1期から社外取締役を務めていたUTECの坂本教晃氏が、上場申請の決議を行った2020年4月27日に取締役を退任している。公認会計士の山岸洋一氏が2020年3月27日に行われた第2期定時株主総会時に社外取締役に就任している。上場時の役員構成は、取締役6人（内、社外取締役2人）と監査役3人（全員社外監査役）となっている。

資本取引（全4回）の解説

表6-7　株式数の情報・調達金額・Valuation の情報

解説 No.	日付	取引種類	発行済株式総数	新規発行株数	調達額 （千円）	株価（円/株）	Post-Value （千円）	資本金（千円）
15 まで			13,369 (14,357)		947,875		0	100,000
16	2020/03/23	株式譲渡	13,369 (14,357)	—	—	500	7,178	100,000
17	2020/04/15	株式分割	13,369,000 (14,357,000)	13,355,631 (14,342,643)	—	501	7,189,296	100,000
18	2020/04/24	株式種類変更	13,369,000 (14,357,000)	—	—	501	7,189,296	100,000
19	2020/04/27	新株予約権⑧	13,369,000 (14,590,500)	0 (233,500)	0	1,394	20,339,157	100,000
累計					947,875			

カッコ内は、新株予約権による潜在株式数を含めた株式数。
新株予約権による潜在株式数は、上場時まで在籍した者に対するもの。
Valuation は潜在株式数を含めて計算している。

‖‖ この期間における資本取引の情報

全4回（株式譲渡1回、株式種類変更1回、株式分割1回、新株予約権1回）

　上場申請期の第3期中に実施した資本取引は、主として上場申請に伴うものになっている。上場申請に備えて、株式分割並びに種類株式の普通株式への変更を実施している。また、上場前に、代表取締役の重松氏の持分の一部を、重松氏の資産管理会社に移動している。

　第3期第1四半期において金融機関からの新規借入は実行していない。第2期に借入した短期借入金（第2期末残高2億6000万円）のうち1000万円を返済している。

資本取引の影響

株主	取引前株式数	増加株式数	取引後株式数	取引後割合	割合変化
創業者　合計	10,000	—	10,000	74.8%	—
	(10,000)	—	(10,000)	(69.7%)	—
その他役員・従業員　合計	—	—	—	—	—
	(827)	—	(827)	(5.8%)	—
外部協力者・顧問　合計	199	—	199	1.5%	—
	(360)	—	(360)	(2.5%)	—
機関投資家　合計	2,039	—	2,039	15.3%	—
	(2,039)	—	(2,039)	(14.2%)	—
個人投資家　合計	1,131	—	1,131	8.5%	—
	(1,131)	—	(1,131)	(7.9%)	—

増加株式数内訳

株主名	取引日役職	上場時役職	種類	増加数	取引後株式数	取引後割合
重松 路威	代表取締役社長	同左	普通株式	△ 3,920	6,080	45.5% (42.3%)
オフィス重松株式会社（重松氏の資産管理会社）			普通株式	+ 3,920	3,920	29.3% (27.3%)
合計			普通株式	—		

カッコ内は、新株予約権による潜在株式数を含めた計数。
新株予約権数は、上場時まで在籍した者に対するもののみ記載している。

取引概要

手法　株式譲渡

譲渡人　重松路威

譲受人　オフィス重松株式会社

株数　3,920 株

株価　500 円 / 株

取引金額総額　1,960,000 円

取引の解説

　代表取締役である重松路威氏が保有する持ち株のうち、約 3 の 1 にあた

る3,920株を、自身の資産管理会社であるオフィス重松株式会社（ニューラルポケットに出資している千葉功太郎氏の資産管理会社と同様の命名規則となっている）に譲渡している。

　譲渡価額500円/株は重松氏が設立出資したときの薄価となっている。この価額は「純資産法と移動前所有者の取得価額を勘案して決定」していることがⅠの部内で説明されている。税務上の計数と会計上の計数の違いはあるが、会計上の純資産額を確認すると2019年12月末時点で普通株式に帰属する1株当たり純資産額は△30.85円/株（値は、後述の1:1000で行う株式分割考慮後）とマイナスになっている。これにより、税務上、純資産法で普通株式を評価することを正とするならば、上場直前に低廉な価額での資産管理会社への譲渡が可能になっている。

No.17　2020年4月15日—株式分割

資本取引の影響

株主	取引前株式数	増加株式数	取引後株式数	取引後割合	割合変化
創業者　合計	10,000	+9,990,000	10,000,000	74.8%	—
	(10,000)	(+9,990,000)	(10,000,000)	(69.7%)	—
その他役員・従業員　合計	—	—	—	—	—
	(827)	(+826,173)	(827,000)	(5.8%)	—
外部協力者・顧問　合計	199	+198,801	199,000	1.5%	—
	(360)	(+359,640)	(360,000)	(2.5%)	—
機関投資家　合計	2,039	+2,036,961	2,039,000	15.3%	—
	(2,039)	(+2,036,961)	(2,039,000)	(14.2%)	—
個人投資家　合計	1,131	+1,129,869	1,131,000	8.5%	—
	(1,131)	(+1,129,869)	(1,131,000)	(7.9%)	—

取引概要

手法　株式分割
割合　1:1000

取引の解説

上場に備えて 1:1000 の株式分割を行っている。当該株式分割により、有価証券届出書提出時における想定発行価格 1,320 円／株を用いた最小売買単位（100 株）の取引金額は 13 万 2000 円となり、東証が求めている最小投資単位 5 ～ 50 万円のレンジに収まった形となる。

上場までに行う株式分割について

ニューラルポケットが設立から上場に至るまでの期間中に行った株式分割は本取引の 1 回のみとなっている。一般的にこの期間に行う株式分割は、上場後の最小投資単位を調整する目的で実行される他にも、内部向けインセンティブの設計や外部からの資金調達などの各種資本取引に先立ち行われる。取引時点における発行済株式総数の数が少なければ 1 株分の持分比率は大きくなり、持分比率の細かい調整が難しくなる（第 1 章 No.01 の解説参照）。

会社設立時の発行済株式総数と、上場までに行われる株式分割の回数は、ある程度関係性があるように見える。本書で取り扱っている 6 社のうち、設立時の発行株式総数が 100 株だったプレイド、15 株だった Gunosy、1,000 株だった UUUM は上場までに株式分割を 2 回実施している。これに対して、設立時発行株式総数が 10,000 株以上であったニューラルポケットとスペースマーケットの 2 社は、上場直前に株式分割を 1 回だけ行っている。

設立時の発行株式総数が 1,400 株だった Sansan は、内部向けのインセンティブを本格的に配布する前に 10000 倍の株式分割を実行した（第 4 章 No.23）。Sansan の会社設立時における発行済株式総数は多いと言えないが、分割倍率を高めに設定したことで、2 回目の株式分割を行わずに上場を迎えている。

本書で取り上げた企業を参考にする限り、上場を視野にいれて会社を設立した場合は、設立時から 10,000 株以上を発行することが推奨されるだろう。

資本取引の影響

株主名	種類	増加数	取引後株式数	取引後割合
シニフィアン・アントレプレナーズファンド投資事業有限責任組合（シニフィアン株式会社）	B 種優先株式	△ 199,000	―	1.5%（1.4%）
	普通株式	+199,000	199,000	
UTEC4 号投資事業有限責任組合（株式会社東京大学エッジキャピタル）	A1 種優先株式	△ 459,000	―	8.0%（7.5%）
	A2 種優先株式	△ 615,000	―	
	普通株式	+1,074,000	1,074,000	
Deep30 投資事業有限責任組合（Deep30）	B 種優先株式	△ 69,000	―	0.5%（0.5%）
	普通株式	+69,000	69,000	
SMBC ベンチャーキャピタル 4 号投資事業有限責任組合（SMBC ベンチャーキャピタル）	B 種優先株式	△ 99,000	―	0.7%（0.7%）
	普通株式	+99,000	99,000	
みずほ成長支援第 3 号投資事業有限責任組合（みずほキャピタル）	B 種優先株式	△ 99,000	―	0.7%（0.7%）
	普通株式	+99,000	99,000	
未来創生 2 号ファンド（SMBC 信託銀行投資運用金外信託）	B 種優先株式	△ 698,000	―	5.2%（4.9%）
	普通株式	+698,000	698,000	
Dmitry Mishustin	普通株式	+266,000	294,000	2.2%（2.0%）
	A1 種優先株式	△ 229,000	―	
	A2 種優先株式	△ 13,000	―	
	B 種優先株式	△ 24,000	―	
株式会社オフィス千葉（千葉 功太郎）	A1 種優先株式	△ 459,000	―	3.6%（3.4%）
	A2 種優先株式	△ 26,000	―	
	普通株式	+485,000	485,000	
篠塚 孝哉	普通株式	+266,000	309,000	2.3%（2.2%）
	A1 種優先株式	△ 229,000	―	
	A2 種優先株式	△ 13,000	―	
	B 種優先株式	△ 24,000	―	
合計	普通株式	+3,255,000		
	A1 種優先株式	△ 1,376,000		
	A2 種優先株式	△ 667,000		
	B 種優先株式	△ 1,212,000		

カッコ内は、新株予約権による潜在株式数を含めた計数。
新株予約権数は、上場時まで在籍した者に対するもののみ記載している。

取引概要

手法　種類株式の普通株式への転換

||| 取引の解説

　株式上場の申請を行う旨取締役会の決議を行ったことに伴う、優先株式の普通株式の転換を行っている。転換に伴い、優先株主に対して保有する優先株式1株に対して普通株式1株の交付を行っている。

資本取引の影響

株主	取引前株式数	増加株式数	取引後株式数	取引後割合	割合変化
創業者　合計	10,000,000	—	10,000,000	74.8%	—
	(10,000,000)	—	(10,000,000)	(68.5%)	(△ 1.1%)
その他役員・従業員　合計	—	—	—	—	—
	(827,000)	(+233,500)	(1,060,500)	(7.3%)	(+1.5%)
外部協力者・顧問　合計	199,000	—	199,000	1.5%	—
	(360,000)	—	(360,000)	(2.5%)	(△ 0.0%)
機関投資家　合計	2,039,000	—	2,039,000	15.3%	—
	(2,039,000)	—	(2,039,000)	(14.0%)	(△ 0.2%)
個人投資家　合計	1,131,000	—	1,131,000	8.5%	—
	(1,131,000)	—	(1,131,000)	(7.8%)	(△ 0.1%)

増加株式数内訳

株主名	取引日役職	上場時役職	種類	増加数	取引後株式数	取引後割合
佐々木 雄一	取締役 CTO	同左	第 1 回新株予約権	—	230,000	(2.0%)
			第 7 回新株予約権	—	35,000	
			第 8 回新株予約権	+23,000	23,000	
染原 友博	取締役 CFO	同左	第 2 回新株予約権	—	122,000	— (1.2%)
			第 7 回新株予約権	—	35,000	
			第 8 回新株予約権	+20,000	20,000	
周 涵	取締役 COO	同左	第 3 回新株予約権	—	67,000	— (0.9%)
			第 7 回新株予約権	—	35,000	
			第 8 回新株予約権	+33,000	33,000	
種 良典	執行役員 CSO	同左	第 8 回新株予約権	+67,000	67,000	(0.5%)
山本 正晃	執行役員	同左	第 5 回新株予約権	—	15,000	(0.3%)
			第 7 回新株予約権	—	15,000	
			第 8 回新株予約権	+20,000	20,000	
従業員（持分保有者）3 名			第 7 回新株予約権	—	22,000	— (0.3%)
			第 8 回新株予約権	+16,000	16,000	
従業員（新規）12 名			第 8 回新株予約権	+54,500	54,500	(0.4%)
合計			第 8 回新株予約権	+233,500		

カッコ内は、新株予約権による潜在株式数を含めた計数。
新株予約権数は、上場時まで在籍した者に対するもののみ記載している。

取引概要

手法　無償新株予約権（第 8 回新株予約権）

取得者　取締役 CTO 佐々木雄一氏、取締役 CFO 染原友博氏、取締役 COO 周 涵氏、執行役員 CSO 種 良典氏、執行役員山本正晃氏、その他従業員 15 名

目的となる株の種類および数　普通株式　233,500 株

行使価額　1,394 円 / 株

行使請求期間　2022 年 4 月 28 日から 2030 年 4 月 27 日

||| 取引の解説

　上場前に行った最後の新株予約権発行となる、第 8 回新株予約権の発行を行っている。付帯されている諸条件は第 1 回から第 7 回と同様の設計となっている。

　付与対象者は上場時取締役・執行役員の 5 名全員と、従業員 15 名となっている。当該付与により、幹部層（取締役・執行役員）の持分比率が、3.859% から 4.914% に増加している。付与時点で在籍している幹部層の全員に対して、第 7 回・第 8 回の両方で付与を行っている。

　従業員 15 人に対して付与を行っており、第 7 回新株予約権と同様に評価制度等に基づいて広く機械的な付与を行っていることが伺える。2019 年 12 月末時点における執行役員含めた従業員数は 25 名であるが、第 7 回・第 8 回新株予約権を発行したことにより、2020 年中に入社した社員含め 31 名に付与を行っている。人数を見る限り社員の大半にエクイティ・インセンティブを付与した姿勢が伺える。

第 3 期資本取引のまとめ

新株予約権の特徴

　上場前最後となる新株予約権の発行を実施している。上場時の経営幹部（執行役員・取締役）について第 7 回・第 8 回が付与されている。

株式譲渡について

代表取締役の重松氏が保有する株式を、創業当初の株価で自身の資産管理会社に対して譲渡する取引を上場前に実施している。

まとめ　全取引から何を学ぶべきか

図6-2　創業から上場までの資本構成の変化

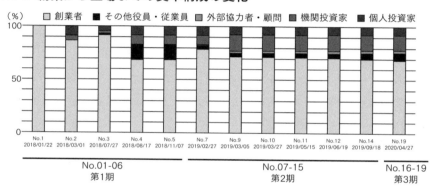

（1）共同創業者・設立メンバーに対する比率・分配

共同創業者・設立メンバーに対するエクイティ・インセンティブの付与方法について会社による特色が現れる。ニューラルポケットの共同創業者・設立時メンバに対する付与について、設立時や株価が上がる初回調達前に行わなかったことは1つの特色だろう。

代表取締役を担う人物が設立時に100％を保有し、資金調達を行い2回目の出資を受けるタイミングで初めて、設立時のメンバに対して新株予約権の付与を行っている（No.03）。

（2）キーマン（幹部候補）に対する新株予約権の付与

キーマンに対する新株予約権の付与動向について、一定のルールがあったことが伺える。新たに取締役・執行役員に就任した者に対して、就任時に即

時に新株予約権を発行している。

　第1回（No.03）・第2回（No.04）の新株予約権についてその傾向は顕著だ。新任取締役となる者が入社したタイミングで、見極め期間のような期間を設けずに（ただし、両者とも見知った関係だった可能性は相当程度高いだろう）取締役に就任すると共に新株予約権を付与している。

　執行役員についても近い傾向がある。ただし、候補者が入社したとしても就任させるまで最低1カ月見極め期間をおいている（No.10、No.11）。候補者が執行役員に就任した直後に、各人に新株予約権を付与している（周氏No.10、山本氏・種氏No.19）。

（3）従業員向けの新株予約権の付与

　第1回から継続して、内部向け発行を行う場合参画した社員・既存の社員宛に新株予約権の発行を行っている（例外はNo.10で発行した第4回新株予約権）。第5回新株予約権（No.11）から徐々に1回で発行する際に付与する人数が増加しており、10名以上に対して付与を行っている第7回・第8回新株予約権（No.14,No.19）においては、ある程度配布する個数のルールを定め、広範に配布したことが推測される。

（4）全体を通しての所見
‖‖ 良かった点

　第1期から、デットファイナンスを活用している（第1期会社の状況「資本取引・資金調達の概要」参照）。創業当初から期間6〜7年の長期借入を行っており、その資金を活用している。

　優先株式や新株予約権の設計について（No.03、No.09参照）、残余財産優先分配権や税制適格の条件などの基本的な設計を参照にしつつも、初期に定めたベスティング条項を全ての新株予約権に入れる・優先株式の設計上、上場時の目線を入れるなど、設計者の思想が垣間見える。特に優先株式に組み込まれた上場時時価総額の目線についての文言は、高いValuationで投資判断に迷っている投資家がいた場合、その後押しをする可能性があるだろう。

‖ 悪かった点

みなし優先株式を多用したため、普通株式の時価が早期に上がったことにより、内部向けに発行する新株予約権の行使価額が初期から高くなっている。種類株式の設計を後ろに引き伸ばす目的や株主総会の実務簡略化目的であれば、J-KISS など他の調達手段により調達実行することも 1 つの手だっただろう。

‖ 興味深かった点

シードラウンドの個人投資家が上場 1 年前に株式譲渡（No.11）を行った点は興味深い。興味深い点はその判断ではなく、投資後からの動きだ。プロラタ権の未行使・優先株へ転換しないことなど、同一ラウンドに出資した別の個人投資家と異なる動きを見せており、ある程度上場前に譲渡することを初期から視野に入れていたのかもしれない。

第 2 部
資本政策の定跡

　第1部「資本政策の感想戦」では、新規株式公開（IPO）を行った6社を題材に、創業から上場に至るまでの資本取引について、取引の背景を踏まえてその狙いを考察した。

　第2部「資本政策の定跡」は、第1部の事例を横断的に確認することで、実際に資本政策を検討する際に利用できる学びを得ることをめざしている。各章ごとに、特定の種類の資本取引に取り得るパターンを解説し、取引を類型化を行う。検討する内容は、外部投資家やサービスの状況など外部要因や個別の企業ごとの要因が資本政策の選択に影響を及ぼしにくい、社内へのインセンティブ設計を中心としている。

第 7 章

共同創業者や創業メンバーに対するエクイティ付与

「初手」創業メンバー間持分比率をどう決めたか?

　本章では、創業初期の資本取引について解説する。

　複数の人間で創業する会社は数多いが、創業メンバー間の持分比率を決めることは非常に難しい。共に起業するために集まった人たちであっても、エクイティに対する価値観は人によって異なる。

　「適正な持分比率」を検討するうえでの判断基準をどうするか（"適正"と呼べるものがあると仮定しての話だが）。創業者間の持分比率は、経済的利益の分配率であり、会社の意思決定に対する比重でもある。

　経済的利益は会社に対する貢献度に比例して分配されるべきだ、という視点はあるだろう。これは言い換えると、「会社への貢献に対する期待値」が創業者間の持分比率で表現されるべきであるという考え方になる。経営上の意思決定が事業に対して大きな影響を与えるという視点からすると、会社の意思決定に対する比重である持分比率は、経営上の意思決定を行う人に集中させた方が良い。

　とはいえ、実際にはどちらの視点に立ったとしても、共に起業する間柄で持分比率を決めるのは難しい。創業段階では、すべての共同創業者は会社に貢献するつもりだ。持分比率を決める作業は、全員貢献したいと考えているところに、その貢献度合に対して優劣をつける作業に他ならない。ある人に持分比率を集めれば、それ以外のメンバーの持分比率は低下する。複数人で起業する会社で、共同創業者全員が納得する持分比率というのは存在するのだろうか。

　第1部では将棋の感想戦になぞらえて、各企業の資本政策を振り返った。創業時の持分比率の決め方は、いわば将棋でいう「初手」に相当する。上場を果たした企業はどのようにこの初手を指したのか。

事例から

代表者が78%のSansan

　意思決定の面から判断すると、代表者に対して持分比率を集めた方が良い。この観点から、複数人で起業したとしても、共同創業者間で持分比率について偏りをもたせた企業の1つが2019年6月19日に上場したSansanだ。同社は、2007年に寺田親弘氏の手によって設立された。設立前に起業準備期間が1年半あり、その期間中に4人の共同創業者を引き入れている。寺田氏含めて5人の創業時取締役がいるが、設立時において寺田氏が設立時株式の78%を引受けている。寺田氏を除く4人についても、7.5%〜1.6%と共同創業者間で持分比率にばらつきがある。安易に同じ割合を選んでなるものか、という強い思想がSansanの初期資本政策から感じられる。

　意思決定の観点や会社貢献度の観点から持分比率に偏りを持たせる方法を選択する会社は、一見合理性を重視する会社に見える。この点、Sansanの資本政策の面白い点として、1人目と2人目の社員に対して新株を引き受ける機会を設けたことを紹介したい。それ以降入社した社員と明確に機会の提供の観点で区別しており、初期に参加してくれたメンバーに対して報いる合理性のみでは説明できないエモーショナルな取引も行っている。

100%のニューラルポケット

　複数人で起業した企業の中には、創業時には共同創業者間の持分比率の割合を決めず、代表取締役を担う人が100%の持分で設立し、その後期間を開けて共同創業者や初期メンバーに対して持分を付与するケースもある。代表者が明確に定まっている場合にとり得る手段であり、共同創業者の事業的、組織的影響力を見極めることができる点で優れた手法と言える。

　2020年8月20日上場のニューラルポケットは、創業者である重松路威氏とエンジニアにより共同創業されたが、CTOを務める当該エンジニアに対して、創業時に持分を付与していない。

　創業メンバー・初期メンバーに対する持分の付与は、外部からの資金調達を行い、創業から株価が上昇した後に実施している。この取引は新株予約権を付与することで行っている（付与割合は3人に計2.5%）。ニューラルポ

ケットは、内部の従業員・役員に対して株式の発行や株式の譲渡を行っておらず、首尾一貫して新株予約権により内部向けのエクイティ・インセンティブの付与を行っている。なお、共同創業者だった CTO はこの持分の付与の前に組織を後にしており、結果的に上場時まで所属する人を見極めてから持分を付与した形になる。

持分比率の決定を先延ばししたスペースマーケット

ニューラルポケットと同様の付与方法を取っている企業が、2019 年 11 月 15 日に上場した株式会社スペースマーケットだ。スペースマーケットは、代表を務める重松大輔氏と CTO を務める鈴木真一郎氏により共同創業された。両者とも創業時取締役に就任している。重松氏が 100% 出資して会社を設立している。創業メンバー・初期メンバーに対する割当は外部からの資金調達実施前に行っており、創業時株価で鈴木氏と 1 人目の従業員に対して普通株式を新規発行（付与割合は計 7.1%）している。創業期に参画した従業員に対して普通株式を発行する手法は、Sansan も同様の取引を実施している。

外部調達時の株価を用いて初期メンバーへの割当を行ったニューラルポケットの事例と異なり、創業時株価で取引を実施していることを踏まえると、スペースマーケットが行った取引は、持分比率の意思決定を純粋に先延ばしすることに成功したと言える。

持分等分型の Gunosy

これまで確認した企業ではいずれも、代表取締役とそれ以外の共同創業者の間で持分比率について大きな偏りがあった。代表取締役に持分を集中させるべき、という主張に対して、共同創業者間で持分を等分すべきだという観点から創業された会社もある。

共同創業者間では持分を等分すべきだということを、米国のシード・アクセラレーターである Y Combinator が主張している（東大卒業生向けシードアクセラレータである Found X が彼らのブログを邦訳して公開している）。彼らの主張に基づくと、起業後共に事業拡大に貢献できる人を共同創業者として選んでいる以上、会社に対する貢献度合は拮抗することになるため、持分比率は等分になる。

2015年3月24日上場のGunosyは、3人の共同創業者が3分の1ずつ株式を保有する形で設立された。ニュース・キュレーション・サービス「Gunosy」を、会社を設立する1年以上前から個人として開発・運営しており、そのサービス運営期間を経てGunosyが設立された。設立後のGunosyの資本政策はやや特殊であり、設立から4カ月後に、共同創業者3人の持株のうち7割を個人投資家である木村新司氏（2021年9月現在、Gunosy代表取締役会長）に売却している。設立時に持分の売却まで見据えていたのか、設立後何らかの理由により売却したのか定かではない。この取引により3者の持分比率が低下したこともあり（第1期終了時3人合計で15％強。上場時には10％強）、上場時まで3人の持分は等量で保たれている。

なお、創業第1期に、竹谷祐哉氏（同、代表取締役社長）と上場時取締役CTOだった石橋雅和氏が従業員として入社しており、両者に対して入社後に、第三者割当増資を実施している。初期に入社した社員に対して新株を割り当てる点は、Sansanやスペースマーケットと共通している。

等分型の識学、AppBank、ツクルバの事例

本書で取り上げていない企業から実例を紹介する。

共同創業者間で等分することと別の論理で、複数人で創業時の持分比率を等分した企業が2019年2月22日に上場した株式会社識学だ。識学は、事業考案者である福冨謙二氏と創業者である安藤広大氏の両名で、創業時の持分比率を等分して設立されている。

識学は、「識学」という独自の組織マネジメント論を用いた組織コンサルティングを実施する企業だ。理論の考案者は福冨氏だったが、当該理論に基づくコンサルティング事業を拡大させる役割は創業時代表取締役であった安藤氏が担っていた。第2期開始後から、共同創業者間の持分比率について是正を行っており、安藤氏の持分比率を高く、福冨氏の持分比率を低くするように調整がなされている。上場時には安藤氏と福冨氏の持分比率は2:1程度まで修正されている。

共同創業者間では持分比率を等量にすべきというY Combinatorの提案の背景には「（アイデアではなく）設立後の貢献度を基準として持分比率を決める」という考えがあった。識学におけるアイデア創出者と事業推進者の間

の持分比率の調整は、設立後の組織への貢献度を踏まえたものであることが伺える。

　なお、識学はその後、設立時の両者の持分比率を上場までの期間に時間をかけて是正したが、設立時において両者の持分比率に偏りをつける意思決定は難しかっただろう。「事業アイデアや事業の核となる技術の開発者」と「代表取締役」を別の人物がつとめる実例は稀だ。例えば、大学の研究結果をベースに組成された研究開発型スタートアップなどがこのような事例に該当すると考えられるが、上場している研究開発型スタートアップは概ね事業考案者が代表取締役を務めている。そのため、識学が設立に際して、持分比率を決定するとき、参照するケース例を探すことは極めて困難だった。この点、今後に代表取締役と事業考案者が明確に分離されている形で起業する会社にとって、識学における両者の上場時の持分比率は参考になるだろう。

　これまで紹介した共同創業者間・複数の当事者間で持分比率を等量にして創業した会社は、共同創業者のうち1人以上の者が、上場時までに持分を手放すことになった。ただし、共同創業者間で持分比率を等量にして設立された企業が、すべて上場時までに持分を是正することになっているわけではない。

　例えば、宮下泰明氏・村井智建氏（「マックスむらい」の名前で知られている）によって共同創業された株式会社AppBankは2015年10月15日に上場するまで両者の持分は是正されることなく保持されていた。2019年7月31日に上場した株式会社ツクルバは、村上浩輝氏と中村真広氏により共同創業された会社だ。代表取締役である村上氏が相対的にやや持分を持つ資本構成（51：49の比率となっている）となっており、Ⅰの部開示期間（2016年8月以降）において両者間の持分比率は概ね変わっていない。

独自のアプローチをとったプレイドとUUUM

　第1部で取り上げたプレイドは、第二創業期に新たに加わった共同創業者に対して、創業者と近い持分比率の株式を割当している。プレイドは、創業当初に立ち上げたサービス「foodstoQ」をクローズした後に一度チームが解散している。その後「KARTE」を生み出すチーム組成時に、共同創業者と呼ばれる柴山直樹氏が入社した。柴山氏に対して、創業時と同一の株価で新

株を発行している。発行後の持分比率は、創業者の倉橋健太氏と柴山氏の比率は概ね60:40の比率となった。Gunosyのように完全な等量ではないが、共同創業者間であまり持分比率の差異をつけない方針と言えるだろう。創業時ではなく、創業時から2年経過した後に共同創業者間の持分比率の決定をした点で、これまで振り返った企業と比較すると独自のポジションとなっている。

UUUMは、創業者である鎌田和樹氏の単独創業となっている。設立時に個人投資家の2人（但し、1人は他社と兼業の役員に就任している）に対して、創業時株価にて計25％の持分を与えている。共同創業者や初期メンバーではない外部株主に対して、設立時株価で株主として迎い入れている形となっている。

定跡その1

複数人で共同創業する会社における初期の持分比率について、「代表者に持分を集中させる」「共同創業者間で、持分を等分で持ち合う」という2つの考え方に大別される。創業後に行われた修正を踏まえて以下に初期の打ち手をまとめた。

複数人で起業する場合の打ち手

‖ 代表者に持分を集中させる
（1）該当する企業——Sansan、スペースマーケット、ニューラルポケット
（2）比率
- ・代表者が8割程度保有——Sansan
- ・代表者が9割以上保有——スペースマーケット、ニューラルポケット
（3）代表者以外に割当する時期
- ・創業時——Sansan
- ・創業後外部調達前——スペースマーケット
- ・外部調達後——ニューラルポケット

⦀ 共同創業者間で、持分を等分で持ち合う

（1）該当する企業——プレイド、Gunosy

（2）比率

- 共同創業者間で完全に等量——Gunosy（3人で共同創業。創業時から等量）

- 共同創業者間でやや差をつける——プレイド（創業者と共同創業者で60:40。設立から2年経過後に、第三者割当によりこの持分比率となる）

事業上のキーマンに対する
エクイティ・インセンティブの設定

事業上のキーマンにどの程度エクイティを渡すか？

　創業時メンバーの持分比率を決定したあとに、次に組織内部に対する持分比率について検討すべきは、事業上のキーマンに対してどの程度エクイティ・インセンティブを設定するかについてだ。事業を成長させるに伴い、その成長のため必要不可欠な人材や経営陣に加わる人材を新たに組織に向かい入れる状況が生じる。強い営業組織を組成・運営できる営業責任者の入社や、競争力の源泉だった企業のデータ活用方法やサービス、アルゴリズムを一新させる CTO の入社によって、事業が格段に成長することがある。このような「事業上のキーマン」と呼べる人たちに対するエクイティ・インセンティブはどのように設定すれば良いのだろうか。

給与・賞与の代わりとしてのエクイティ・インセンティブ

　まず、エクイティ・インセンティブの経済的利益に関する側面について述べる。事業上のキーマンが入社する際、組織の財務状況によっては、「前職給与から金額を下げて入社する」「他の会社に就職した方がより高い給料を貰える」状況になることがある。このとき、給料を上げる代わりとして、何らかのエクイティ・インセンティブ（多くの場合無償ストックオプション）を付与することがある。

　付与されたエクイティ・インセンティブから付与対象者が実際に利益を得るまでに、現実的には数年経過することになる。それまでの期間の間、付与対象者には、本来受け取れるだろう金額に比べて低い給与金額に不満を感じず働いて貰いたい。会社が事業上のキーマンにエクイティ・インセンティブを付与する目的の１つは、付与対象者に対して会社が経済的利益を与えていると、付与対象者に感じてもらうことになる。

では、どのような場合に付与対象者が「経済的利益を与えられている」と感じるのだろうか。

未上場企業でエクイティ・インセンティブの代表例である無償ストックオプションを付与した場合を想定しよう。その企業が将来に無事上場した場合、付与された時点の株価と上場後の株価（正確には行使により得た株を売却した時点の株価）の差分について、ストックオプションを付与された事業上のキーマンはキャピタルゲインを得ることができる。これに対して、その企業が上場できなかった場合、付与対象者がストックオプションから得られる経済的利益はゼロになる。このように、企業が上場するか否かで付与対象者がストックオプションから得る経済的利益は大きく異なることから、上場する可能性が低いと思われている企業の場合、付与されたストックオプションの持分比率が高かったとしても、付与対象者はストックオプションを付与されたことにより経済的利益が与えられていると感じないだろう。

また、付与された時点の株価に対して、上場以降に株価が上がると実感されている企業（言い換えると、会社が成長する実感がある企業）ほど、高い持分比率のストックオプションを付与せずとも、付与対象者はストックオプションを付与されることで経済的利益が与えられていると感じるだろう。

議論をまとめると、付与対象者が付与されたと感じる経済的利益は、「上場に対する期待度」×「企業成長への期待度」×「持分比率」で表現される。ある程度の組織規模になり、上場することが期待できる状況で参画した人に対しては、低い持分比率のストックオプションが付与される傾向がある。同様に、会社の成長期待度を醸成できている組織状態（KPIの成長率という事業それ自体が好調な時以外にも、マスメディアに積極的に出ているなど露出度が高いときがそれに該当する）において参画した人に対して、低い持分比率が付与される傾向がある。

対価が必要なエクイティ・インセンティブについて

主として、有償ストックオプションを付与する時など、付与対象者にエクイティ・インセンティブを付与する時点で対価を払って貰う手法がある。付与に伴い本人に振込を行って貰う行為は、エクイティ・インセンティブが有する経済的利益の側面を強く意識させる。付与時の負担額に対するサンクコ

スト効果（支出を取り戻そうとする心理的効果）が付与対象者に働く場合、付与対象者である事業上のキーマンはより組織に貢献しようと意識するだろう。エクイティ・インセンティブを付与する状況において、無償ストックオプションではなくあえて有償ストックオプションを積極的に活用する企業は、本人が対価を払うことにより「より組織に貢献してもらう意識」を持つことを期待しているように見える。

　付与に伴い対価を払って貰う場合、エクイティ・インセンティブが実現しない場合、付与対象者は経済的損失を被る。そのため、実現が遅れそうなイベント（例えば、上場が延期した場合）が発生した時に、よりモチベーションを下げる一因にもなるだろう。

経営参画意識に関する論点

　エクイティ・インセンティブを付与することで、付与された本人の経営参画意識が高くなる要因となる。エクイティ・インセンティブから本人が得られる経済的利益は、企業価値に連動する。そのため、付与された事業上のキーマンが会社に貢献した結果として企業価値を高めることができれば、キーマン自らの経済的利益も向上することになる。言い換えると、エクイティ・インセンティブを付与することで会社の利害と本人の利害が一致することになる。会社と本人の利害が一致している場合、エクイティ・インセンティブを付与されたキーマンは、会社の成長に一層集中しやすくなるだろう。

　新任の役職者が就任した際に必ずエクイティ・インセンティブを付与する企業は、この「会社の利害と本人の利害が一致する」ポジションを作ることを重要視しているように見える。

事例から

　給与を下げて入社してもらう代わりにストックオプションを付与する場合や、入社条件としてストックオプションを確約することがある。この場合、その待遇で入社した人に対して、入社後速やかにストックオプションを付与が行われることが多い。これは、ストックオプションを付与することで付与対象者に対して経済的利益を与える側面を重視した付与方法だ（「給与・賞

与の代わりとしてのエクイティ・インセンティブ」の項を参照）。

入社後、速やかに無償ストックオプションを付与する Gunosy

　役職に就任しているか否かを問わず、キーマンが入社した後に速やかに無償ストックオプションを付与している企業の１つが Gunosy だ。創業第１期（2013 年５月期）中の 2013 年１月に入社した竹谷氏、石橋氏を含めた３人に対して、入社後３カ月経過した 2013 年４月、それぞれに対して１〜２％の持分比率相当の無償ストックオプションを発行している。３人とも上場時、または上場後に CXO に就任しているが、無償ストックオプション付与時点では役職に就任していない。

　上場まで同様の取引が２回あり、2013 年 12 月に上場時に CFO を務める伊藤光茂氏が入社したことに伴い、同月に 0.6％の持分相当の無償ストックオプションを発行している。伊藤氏は入社後半年経過した 2014 年４月に取締役に就任しており、就任に先んじて新株予約権の発行を行った形になる。2014 年 10 月には、経営戦略室室長を務める従業員の入社に伴い、同月に持分比率 0.26％相当の無償ストックオプションを発行している。いずれの取引についても、役職に就任しているか否かを問わず、入社後速やかに無償ストックオプションの付与を行っている。

役職就任時に無償ストックオプションを付与するニューラルポケットと UUUM

　キーマンに対して入社した際ではなく、その人が役職に就任した時にはじめてエクイティ・インセンティブ（多くの場合無償ストックオプション）を付与する会社がある。当然ながらこれらの会社においても、キーマンとなる人が入社する際に前もって、入社後に要職につくことやストックオプションを付与することを確約していることもある。このような場合であっても、役職就任まで当人への付与を遅らせることを徹底する会社は、エクイティ・インセンティブを付与することで当人の経営参画意識が向上することを期待しているように見える（「経営参画意識に関する論点」の項を参照）。役職に就任するタイミングで初めてエクイティ・インセンティブを付与することで、経営参画できる立場と経営参画のインセンティブを同時に本人に与えている。

ニューラルポケットは、新たに就任した取締役・執行役員に対して無償ストックオプションを付与することを徹底している企業の1つだ。上場時において取締役は4人、執行役員は2人いるが、いずれも役職に就任する際に無償ストックオプションを付与している。初回の付与後、主として外部投資家から外部調達することで本人の持分が希薄化した後に、各役職者に対して複数回無償ストックオプションの発行を行っている。各取引の実行後に取締役については1〜2%、執行役員については0.3〜0.5%程度の持分比率を有するようにストックオプションを発行していることから「職責に対して各人はこの程度の比率は持っていてほしい」という価値観があるように見える。

　ニューラルポケットと同様、新たな役職者が就任する際にエクイティ・インセンティブ（無償ストックオプション）を付与する会社がUUUMだ。YouTuberのマネジメント事業で知られるUUUMは、代表取締役の鎌田氏によって創業された。第2期から事業上のキーマンになる役職者を採用し始めている。上場時取締役は鎌田氏を含めて5人いるが、鎌田氏を除いた4人全員が第2期に入社している。第2期には、入社後3人が取締役に就任しており、就任時にそれぞれに対して1〜2%の持分比率相当の無償ストックオプションを付与している。執行役員についても同様に、就任直後に0.3〜0.9%の持分相当の無償ストックオプションを発行しており、取締役および執行役員に対して無償ストックオプションを発行する方針があったことが伺える。

　事業の特徴上、UUUMがマネジメントをしているYouTuberも「事業上のキーマン」に該当するだろう。UUUMの初期のブランド構築に貢献した、初期に加入（具体的には、2014年6月までに加入）したYouTuber10人に対して、上場直前期中の2015年11月30日、それぞれ0.1%の持分相当の無償ストックオプションを付与している。なお、UUUMのファウンダーとして紹介される開發光（HIKAKIN）氏に対して、上場直前々期中の、2014年12月31日、氏1人に対して1%の持分相当の無償ストックオプションを別途付与している。

有償ストックオプションを用いたSansan

　Sansanは、ニューラルポケットやUUUM同様、事業上のキーマンが入社

した後、役職に就任するに伴い、エクイティ・インセンティブを与えている企業だ。Sansan がユニークな点は、エクイティ・インセンティブとして有償ストックオプションを用いたケースがあることだ。

Sansan は創業以降上場までに、経営管理部門の責任者もしくは CFO を務めた者 3 人に対して、役職に就いたタイミングでエクイティ・インセンティブの付与を行っている（持分比率は 0.1% ～ 0.6%）。

原則としてインセンティブの付与について、無償ストックオプションを用いている。例外として、それまで CFO を務めていた田中潤二氏（2013 年から 2018 年まで）の後任として入社した田中陽氏に対して、有償ストックオプションを付与している。このとき発行した有償ストックオプションの設計上、有償ストックオプションを選択したことで可能になる特殊な設計（例えば、業績達成条件）は付されていない。

キーマンに対して発行した全 3 回のストックオプションのうち、2 回目に実施した本取引のみ有償ストックオプションを活用している。したがって、有償ストックオプションはこの回に限定した実験的な取り組みであった可能性もある。しかしながらこの回については、付与対象者に対価を支払ってもらうことを重視していたように見える。

上場スケジュールに合わせたプレイドとスペースマーケット

入社時・役職就任のタイミングではなく、上場準備の状況に合わせてキーマンに対するエクイティ・インセンティブの付与を行う会社がある。エクイティ・インセンティブは概して上場後に実現する。そのため、会社が上場準備を開始し、全社的に上場を意識するタイミング（つまり、上場の確度が上がったタイミング）でインセンティブ設計を行うことについて、一定の合理性がある。

プレイドは、当初上場予定年の 1 年前に、キーマンに対するインセンティブの付与を開始している。プレイドは、実際に同社が上場した 2020 年より 1 年前の、2019 年中に上場申請に備えた決議を行っていた。キーマンに対するインセンティブの付与は、2018 年 2 月 28 日に行った第 3 回新株予約権の発行、2019 年 1 月 12 日に行った第 4 回新株予約権の発行と 2 回行われている。これに加えて、再上場申請前である 2020 年 8 月 12 日に第 6 回新株

予約権を発行している。

　キーマン向けの新株予約権の付与割合について、無償新株予約権の税制適格要件を意識した割合となっている。税制適格要件の1つである年間権利行使価額（1200万円／年）に近い金額を、権利行使期間（9年間）に亘り、毎年行使すると全量税制適格として行使可能な量を上限として、各キーマンに付与している。

　具体的な付与割合について確認しよう。第3回新株予約権の発行に際して、上場時執行役員であり Customer Success を担当する清水博之氏に対して1.6％、上場時執行役員 CTO の牧野祐己氏に 1.2％の持分を付与している。第4回新株予約権の発行に際して取締役である高柳慶太郎氏に 0.4％、執行役員である武藤健太郎氏に 0.5％に相当する新株予約権を付与している。

　同様にスペースマーケットは、上場スケジュールに合わせてキーマンに対するエクイティ・インセンティブ設計を行っている。スペースマーケットは、上場直前期にあたる 2018 年 12 月期末（2018 年 12 月 28 日）に、取締役・監査役・一部の従業員（おそらく役職者と思われる）を対象とした新株予約権を発行している。上場時取締役 CFO を務める佐々木正将氏に対して 0.5％、その他の従業員に対して 0.05％〜 0.15％の持分相当の新株予約権を発行している。

　キーマン向けのインセンティブを設計・付与する前に、社員全員を対象としたインセンティブ設計を先んじて行っていることが、スペースマーケットのインセンティブ設計の特徴となっている。2016 年 1 月 27 日に付与した第1回新株予約権は、取締役含む組織に所属する者全員に対して付与したものと推定される。2017 年 10 月 10 日には、時価発行新株予約権信託を設定している。これらの組織の全員が享受可能なエクイティ・インセンティブを設定した後に、キーマンに対して別途付与した形となっている。

　上場時における代表取締役以外の役員・従業員が保有する持分（新株予約権も含む）は 15.3％となる。このうち、創業メンバーであり創業期に普通株式の割当を受けている取締役 CTO の鈴木氏が 6.4％を保有するため、残りの持分（8.9％）が他の役員・従業員に割当られたものとなる。この点、時価発行新株予約権信託に 6.3％の持分相当の有償ストックオプションを発行しているのに対して、取締役・執行役員個人が有する持分は最大でも

0.6％となっている。個人に対して高い持分比率のエクイティ・インセンティブを付与せず、経済的利益は時価発行新株予約権信託を通じて与える姿勢が伺える。

定跡その2

　創業後に入社してくる「事業上のキーマン」に対してどのようにエクイティ・インセンティブを付与するかについて、各企業の動向をまとめた。

　類型化すると、「入社後速やかに付与する」「役職就任後に付与する」「上場準備の状況に合わせて付与する」といういずれかの方法が選択されている。今回取り上げたどの企業も原則として無償ストックオプションを用いて、役職者（取締役・執行役員）に対してインセンティブを付与している。打ち手をまとめると、以下となる。

事業上のキーマンに対するエクイティ・インセンティブ付与の打ち手

⫼ 入社時に付与する

（1）該当する企業──Gunosy

（2）手法──無償ストックオプション

（3）付与割合の目安──0.2 〜 2％

⫼ 取締役・執行役員就任時に付与する

（1）該当する企業──ニューラルポケット、UUUM、Sansan

（2）手法──無償ストックオプション（但し、Sansan は有償ストックオプションも）

（3）付与割合の目安──取締役：1 〜 2％（Sansan は 0.5％も）

　　　　　　　　　　　執行役員：0.3 〜 0.9％

⫼ 上場準備状況に合わせて付与する

（1）該当する企業──プレイド、スペースマーケット

（2）手法──無償ストックオプション

（3）時期──上場直前期

（4）付与割合の目安──取締役：0.4％〜 0.5％

　　　　　　　　　　　取締役：0.5％〜 1.6％

第 9 章
従業員に対する
エクイティ・インセンティブの付与
統計情報から確認する相場観

　本章では、上場をめざすスタートアップ企業が従業員のエクイティ・イン
センティブ設計をどのように行うか、その考え方を解説する。キーマンと呼
べる、個人の力で事業成長を促進する者に対するインセンティブ設計方法に
ついて前章で述べた。キーマンにインセンティブを付与し終わった後、組織
に属するその他の従業員に対して、企業がどのように振る舞うのか解説する。

　事業上のキーマンと呼べる役員や一部の従業員に対するエクイティ・イン
センティブに付与を実施した後に、キーマンではない従業員（本章ではキー
マンである従業員と区別するために、「一般社員」と呼ぶ）に対するエクイ
ティ・インセンティブが検討されることが多い。

　このトピックについて論じる前に、一般社員に対してエクイティ・インセ
ンティブを付与することは企業の義務ではないことを強調したい。薄給の印
象が強かったスタートアップにおける給与水準は年々改善しており、転職者
に母集団を限定すれば上場企業平均より高いと主張するデータも存在する
（記事）。各人の働きに見合うように適切に給与水準を設定し、それ以上のイ
ンセンティブを付与しないとする方針を取ることも、1つの合理的な企業行
動と言えるだろう。

　しかしながら、IPOした企業の上場時の資本構成を確認すると、給与水準
が改善している背景がありながらも、未だ多くの企業が所属している従業員
に対して何らかのエクイティ・インセンティブを付与している。

　2019年から2020年にかけて東証マザーズに上場した企業127社のうち、
従業員向けエクイティ・インセンティブを設けなかった会社は1社のみであ
り、残りの126社は何かしらのインセンティブを従業員向けに付与している
（図9-1）。

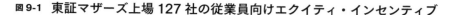

図9-1 東証マザーズ上場127社の従業員向けエクイティ・インセンティブ

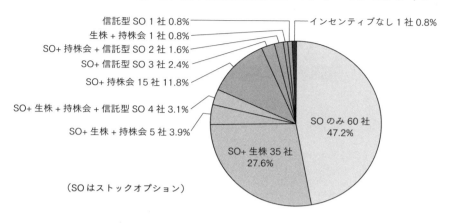

信託型 SO 1 社 0.8%
生株 + 持株会 1 社 0.8%
SO+ 持株会 + 信託型 SO 2 社 1.6%
SO+ 信託型 SO 3 社 2.4%
SO+ 持株会 15 社 11.8%

SO+ 生株 + 持株会 + 信託型 SO 4 社 3.1%

SO+ 生株 + 持株会 5 社 3.9%

（SOはストックオプション）

インセンティブなし 1 社 0.8%

SO のみ 60 社 47.2%

SO+ 生株 35 社 27.6%

　本章では、企業が、従業員に対してどのような視点から従業員向けインセンティブを設計しているか解説する。

企業はどの範囲まで配っているか

　従業員向けのエクイティ・インセンティブを付与するか検討する際に、どの範囲の従業員まで付与を行うか決める。このときに取り得る選択肢を、①全員に付与する、②全員には付与しないが、役職者や評価上位者など一定基準に沿って一部に付与する、③キーマン以外には付与しない、の3つに分けて検討しよう。

‖ 企業の行動

　2019～2020年にマザーズに上場した127社（テクニカル上場を除く）を対象として、企業のエクイティ・インセンティブの付与方針を分類した。

　新規上場申請のための有価証券報告書（Ⅰの部）に記載されている①上場直前期末の従業員数②【株主の状況】内の従業員の株式（潜在株式含む）保有状況から、エクイティ・インセンティブプランの状況を図9-2にまとめた。定義したカテゴリーごとの企業数を確認すると、従業員に対する付与範囲が広いカテゴリーほど、より多くの企業が選好していることが伺える。

図9-2 東証マザーズ上場127社の従業員向けエクイティ・インセンティブのタイプ別割合

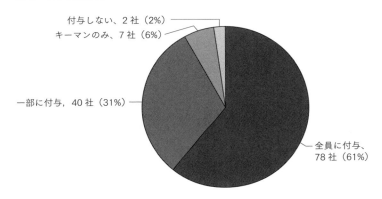

付与しない、2社（2%）
キーマンのみ、7社（6%）
一部に付与，40社（31%）
全員に付与、78社（61%）

各行動がどのような影響を産むか

||| 全員に付与する（127社中78社）

　エクイティ・インセンティブの設計時期に所属している全従業員を対象としてインセンティブの付与を行っている会社が、このカテゴリーに分類される。調査上、上場時に上場直前期末従業員数の70％以上に対して付与した企業をこのカテゴリーに分類した。従業員持株会や、時価発行新株予約権信託（「信託型ストックオプション」と呼ぶ）など、設計により全従業員がインセンティブの対象となり得る制度を設計した企業も、このカテゴリーに分類した。

（1）ストックオプションについて

　所属する従業員全員に対してインセンティブを付与する際、最も使われる手法がストックオプションの付与だ。約7割（78社中53社）の企業がストックオプションを用いて、従業員全員に対するインセンティブ付与を行っている。

　ストックオプションのような、経営陣が付与対象者を選んで付与を行なう手法を用いたインセンティブ設計をする場合、全員に付与をする方針に一定の合理性がある。付与の基準日時点で所属している従業員全員を対象として

図9-3　全員に付与する企業のインセンティブ設計（対象78社）

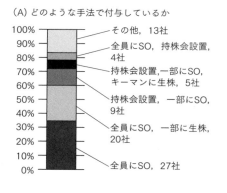

（A）どのような手法で付与しているか

- その他、13社
- 全員にSO，持株会設置、4社
- 持株会設置，一部にSO，キーマンに生株，5社
- 持株会設置，一部にSO，9社
- 全員にSO，一部に生株、20社
- 全員にSO，27社

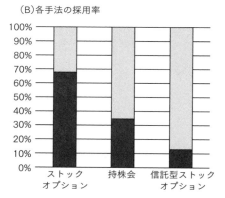

（B）各手法の採用率

ストックオプション　持株会　信託型ストックオプション

ストックオプションの付与を行うことにより、その時点で「ストックオプションが付与された人」と「ストックオプションが付与されなかった人」の間で暗黙的に生じる社員間の分断を作らなくて済む。

　上場前のスタートアップに勤務する人は、何らかのエクイティ・インセンティブが付与されることを期待していることは多い。ストックオプションに対する期待値が高い人ほど、（例えば）隣の席の人がストックオプションを付与されたのに自分が付与されていない現状を知れば、不満を覚えるだろう。IPOを前にして強固な組織形態や組織文化を構築する段階にあり、意図しない組織内の分断を作りたくない場合、全員に付与を行うことは合理的だ。

　加えて、所属する全員にストックオプションを定期的に付与する方針を決定をした会社は、ストックオプションを従業員向けに付与する会社だと採用上宣伝しやすくなる。新たに入社する人にとって、入社前後においてストックオプションが付与されることについての期待ギャップも生じにくく、採用活動と採用後の従業員の定着に対してストックオプションを付与することの宣伝は有利に働くだろう。

　勿論、全員に対して付与をすることについて課題もある。上場後も継続して全従業員に対して定期的にストックオプションを付与し続ける会社はほとんど存在しない（株式会社マネーフォワードなど、従業員への付与を継続する会社はある）。そのため、必ず、ある時点以降入社した従業員は全員「ストックオプションが付与されなかった人」となる。したがって、付与時点に

おける組織内分断は回避するものの、時系列的な分断からは避けられない付与方法と言えるだろう。

（2）従業員持株会について

従業員持株会は、組織内の分断も時系列的な分断も回避する、全従業員を対象としたエクイティ・インセンティブ手法といえるだろう。従業員持株会について、従業員全員に対してエクイティ・インセンティブを付与しようとした企業のうち35%（78社中27社）が採用している。

　ストックオプションを付与する場合、付与対象者とその付与割合を決めるに際して（仮に全員に付与したとしても）経営陣による人事評価が影響する。合理的な人事評価制度が組み上がっていることが少ないスタートアップにとって、人事評価結果が意図しない悪影響を組織に及ぼさないように、人事評価と切り離してエクイティ・インセンティブの設計を行うことについて一定のニーズがあるだろう。従業員持株会を導入した場合、従業員が各月拠出する金額は従業員に選択権があるため、その金額は人事評価結果と独立する。

　拠出することを選んだ従業員は毎月の給与支払を通じて、拠出金額を意識する。金銭授受が行使時まで生じない無償ストックオプションと比較すると、付与されていることが従業員に意識されやすいエクイティ・インセンティブといえるだろう。その一方で、事業の成長が想定より遅れてしまったことなどネガティブな要因により上場が延期した場合、従業員が身銭を切って金額を積み立てている分、従業員の不満が強くなるだろう。その点、上場に対する確度が高くなってから導入したほうが良い制度とも言える。

▐ 一定基準に沿って一部に付与する

　ストックオプション（もしくは他のインセンティブ）を従業員の全員には付与をせず、一定層に対してストックオプションの付与を行なう会社がこのカテゴリに属する。付与対象者は、人事評価制度による評価結果や職位・職階に応じて選定されることが多いだろう。上場時に、上場直前期末従業員数の30〜70%、もしくは10名以上に対してインセンティブを付与した企業をこのカテゴリーに分類した。

　2019年〜2020年の2年間でマザーズに上場した企業を対象として、この

図9-4 一部の従業員に付与する企業のインセンティブ設計（対象40社）

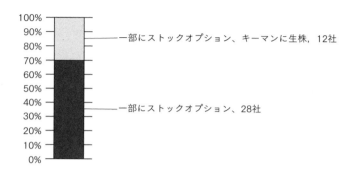

カテゴリーに分類される付与方法を行った企業が採用した手法を確認する（図9-4）。従業員の一部の層にのみエクイティ・インセンティブを付与する企業は、原則としてストックオプションを活用しているが、従業員の少数に普通株式を割り当てている企業も存在する。

　全従業員のうち、ストックオプションを付与された人数の割合を確認する（図9-5）。

　「一定基準に沿って一部に付与する」に分類した企業は、概ね所属人数の40％前後の従業員に対してストックオプションを付与している（中央値40％）。

「全員に付与する（127社中78社）」の項で言及したが、ストックオプションは、その付与対象者と付与割合を決めるに際し、経営陣による人事評価が影響する。したがって、付与対象者を限定してストックオプションを付与する企業はその付与対象者を限定することで、何らかのメッセージを出したいと考えている。

　採用時の評価基準を確立しないまま人数を急拡大したスタートアップ企業の場合、従業員の実際の入社後のパフォーマンスと給与金額が不均衡になるケースがある。パフォーマンスが高く割安で入社した従業員は、適切に人事評価を行なった場合高評価を得るだろう。パフォーマンスと給与金額の不均衡さを是正するために、高評価者に対してのみストックオプションを付与することは合理的だ。

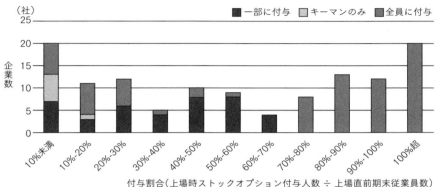

図9-5 全従業員の何割にストックオプションを付与しているか

（社）

凡例：■ 一部に付与　■ キーマンのみ　■ 全員に付与

企業数

付与割合（上場時ストックオプション付与人数 ÷ 上場直前期末従業員数）

　上場準備を開始する前後から、人事評価制度を本格的に導入する企業が多い。評価者も被評価者も、日常の業務に加えて評価プロセスを実施することになる。評価制度導入直後であれば、導入された評価軸に対して納得感を形成できない従業員もいる。その状態で、その評価結果に基づいてストックオプションの付与を行なうことは、未成熟な人事評価制度を正しく機能させるためのある種の理由付けにもなるだろう。

||| キーマン以外に付与しない（127社中7社）

　取締役や従業員のうち事業上のキーマンと呼べる者に対してのみエクイティ・インセンティブを付与、その他の従業員に対してエクイティ・インセンティブを付与しない企業がこのカテゴリに分類される。上場時に、上場直前期末従業員の30％未満かつ10名未満の従業員対してエクイティ・インセンティブを付与した企業をこのカテゴリーに分類した。

　エクイティ・インセンティブは企業価値（より正確には株主価値）に連動して経済的価値が生まれるインセンティブだ。事業上のキーマンと呼べるものにのみ付与することは、企業価値に連動したインセンティブを企業価値に直接影響を及ぼすことができる人にのみ付与したという点で合理的だ。

事例から

スペースマーケット

　スペースマーケットは、性格の異なる複数種類のエクイティ・インセンティブを従業員に対して用意した企業だ。設立から2年経過した2016年1月に、初期に参画した従業員に対して、その時点で所属していた（おそらく）全従業員を対象として無償ストックオプションを付与している。

　同社が提供するサービス「スペースマーケット」内における成約金額が伸長し、上場準備を開始する時期に差し掛かってから、再度従業員向けエクイティ・インセンティブを設計している。
同社は、2017年10月には信託型ストックオプションを、2018年12月までに従業員持株会を組成している。信託型ストックオプションについて、2020年6月20日に信託期間満了に伴い、各従業員に新株予約権が交付されている（変更報告書より）。有価証券報告書等に交付基準は明記されていないが、スキームの性質上、上場前から上場後半年の間の期間の人事評価に応じて交付がされていたと考えられる。

　会社が成長フェイズに入り、組織人数が増加する時期にあわせて、常に所属する従業員全員が享受可能な、異なる性質の2つのエクイティ・インセンティブを用意している。

Sansan

　Sansanも、スペースマーケットと同様、従業員向けのエクイティ・インセンティブを異なるタイミングで複数回設計している。

　1つ目のエクイティ・インセンティブとして、遅くとも2014年5月までに、従業員持株会を組成している。組成後、従業員持株会による第三者割当増資の引受を定期的に実施している。また、共同創業者の1人である角川氏が徐々に同社に対する関与度合を低下させたことを背景として、2017年8月以降角川氏から従業員持株会に対して株式譲渡を実施している。両取引における取引額から推定すると、未上場期間中に全従業員合計（上場直前期2018年5月期末で400名）で最低でも5億円以上を拠出している計算になる（表9-1）。

表9-1 Sansanの従業員持株会による普通株式取得価額

	株数 (分割考慮後)	金額 (円)	取得単価 (円)
(1) 取引・時期特定分			
2014/5/29　第三者割当増資	170,000	38,288,284	225
2017/8/25　株式譲渡	160,000	134,510,304	841
2018/1/31　株式譲渡	80,000	67,255,152	841
2018/6/28　株式譲渡	30,000	25,230,000	841
計	440,000	265,283,740	
(2) 時期不明	1,030,000	不明※	
(1) + (2)	1,470,000		

※ 2014年5月29日時点の取得単価で計算すると2.3億円。

従業員持株会に加えて、上場直前（上場申請期）の2019年1月31日に2つの従業員向けエクイティ・インセンティブを設計している。在籍しているほぼすべての従業員（397人）に対して税制適格となる無償新株予約権（第3回新株予約権）を合計1.0％程度付与している。加えて、信託型ストックオプション（第4回新株予約権）を組成している。信託型ストックオプションは付与から2年後に全体の60％、3年後に20％、4年度に20％を人事評価結果に基づいて交付する設計となっている。無償新株予約権は上場直前まで在籍したことに報いる目的で、信託型ストックオプションは上場直前から4年間の働きに報いる目的で、それぞれ設計されたことが伺える。

UUUM

UUUMも上場前に従業員持株会を組成した会社だ。上場直前期（N-1期）中の、2016年1月12日に、既存株主から従業員持株会への譲渡を行っている。譲渡取引により、2332万円で発行済株式総数の0.74％にあたる1060株（上場前に1:40の株式分割を行っている）を従業員持株会が取得している。取引金額（2332万円）から推計すると、取引時点の1、2年前にすでに従業員持株会を組成していただろうことが推測される。

従業員持株会に加えて、従業員向けに税制適格となる無償新株予約権を付与している。従業員を対象とした新株予約権の付与は、設立から上場まで6

回行われている。これらは、①要職に新任した人（記事内では「キーマン」
と記載している）に対するものと、②所属している従業員向けに対して定期
的におこなっているもの（「従業員向け発行」と記載している）の2つの性
質のものがある。

**表9-2　UUUMが非上場時に行った従業員を対象としたストックオプショ
ンの付与**

| 回数 | 日付 | 事業年度 | 従業員数 | | 新株予約権 | | | 備考 |
			期首時点	期末時点	名称	対象人数	対象株式数（分割考慮後）	
1	2014年12月31日	2015年5月期	14	46	第2回新株予約権	9	48,000	従業員向け発行
2	2015年7月30日	2016年5月期	46	74	第3回新株予約権	32	102,400	従業員向け発行とキーマン向け発行を同時
3	2015年10月30日	2016年5月期	46	74	第4回新株予約権	3	51,600	キーマン向け発行
4	2016年2月29日	2016年5月期	46	74	第6回新株予約権	3	12,000	キーマン向け発行
5	2017年2月24日	2017年5月期	74	144	第7回新株予約権	107	92,400	従業員向け発行
6	2017年6月23日	2018年5月期	144	234	第9回新株予約権	1	20,000	キーマン向け発行

326,400

　表9-2の通り、UUUMが発行した従業員向けの新株予約権を分類した。
所属している従業員に対して、第2回新株予約権・第3回新株予約権・第7
回新株予約権の計3回新株予約権を発行していると推定される。回数を重ね
るに従って付与対象範囲を拡大しており、上場申請期に発行した第7回新株
予約権は、そのとき所属していた概ねすべての従業員を対象として発行した
だろうことが伺える。

ニューラルポケット

　ニューラルポケットは、設立からわずか2年6カ月で上場した企業とし
て知られている。上場直前々期（N-2期）にあたる設立初年度から、従業員
向けエクイティ・インセンティブとして税制適格となる無償新株予約権を発

行している。

初めて従業員向けに付与した新株予約権である第1回新株予約権は、2018年7月末に発行している。そこから2020年4月末に発行した第8回新株予約権まで、21カ月で計6回の従業員向け新株予約権付与を実施している。

表9-3 ニューラルポケットが発行した従業員向けストックオプション

事業年度	付与回数	付与対象人数	付与済人数	期末人員数	備考
2018年12月期（N-2期）	2	3	3	7	
2019年12月期（N-1期）	3	17	20	25	
2020年12月期（N期）	1	16	31	38	2020年6月末：34名

事業年度ごとに、新株予約権の付与対象人数並びに各期末時点での付与済従業員数を確認する（上記）。上場直前期・上場申請期の状況をみると、上場前に所属した全従業員に対して新株予約権を付与しようとしたことが推察される。

従業員の中には入社時期によらず複数回付与された者・1回のみ付与された者もおり、毎回全員宛に発行を行ったわけではない。したがって、人事評価や職階などの一定の基準を設け、それらが前回の付与時から上がった人に対して付与割合を増やす調整を行っていたことが伺える。

プレイド

ニューラルポケットと同様、上場準備過程で段階的に全従業員に対して新株予約権を付与したのがプレイドだ。

初回のエクイティ・インセンティブの付与は、創業第4期にあたる2015年9月期に行われている。従業員14人に対して第1回新株予約権を発行している。第4期末従業員（16人）を踏まえると、この時点で所属従業員の全員に対して新株予約権を発行したことが推定される。

当初上場直前期と見込んでいたと考えられる第7期から（実際には、上場申請を1期遅らせたため上場直前々期）、再度全従業員向けの無償新株予約権の付与を再開している。毎年1回程度従業員新株予約権の発行を行っている。

　・第7期（2018年2月）　第3回新株予約権　従業員63人対象

・第 8 期（2019 年 1 月）　第 4 回新株予約権　従業員 36 人対象
・第 9 期（2020 年 8 月）　第 6 回新株予約権　従業員 115 人対象

第 3 回新株予約権は、第 1 回新株予約権の付与対象者全員に再度付与されている。対して第 4 回新株予約権以降の 2 回の付与では、新たに入社した社員を中心として付与が行われている。第 3 回以降に行われた 3 回の付与タイミングのうち、複数回付与された従業員は少数にとどまる。

したがって、創業第 4 期に付与した第 1 回新株予約権は「初期のプレイドに参画した人」を対象としたものであり、第 3 回新株予約権以降に付与された新株予約権は「上場時までにプレイドに所属した人」を対象としたものだと思われる。

Gunosy

ニューラルポケット同様に設立から 3 年以内に上場した企業である、Gunosy の、従業員向けエクイティ・インセンティブの設計方法について確認しよう。Gunosy の従業員向けエクイティ・インセンティブの特徴の 1 つは、初期に参画した従業員に対して新株引受の機会を複数回設けたことだ。

創業第 1 期（上場直前々期）に、入社前の従業員含めて 3 人に対して新株引受の機会を与えている。設立時に参画した最初期の従業員 1、2 人に対して新株引受の機会を与えた企業（Sansan やスペースマーケット）は珍しくないが、入社前の従業員含めて広く機会を与えたことは特徴的だ。

従業員向けエクイティ・インセンティブとして、新株予約権も活用している。税制適格となる無償新株予約権を執行役員含めた従業員向けに、2013 年 4 月から 2014 年 10 月までの期間、合計 6 回発行している。上場時点で、従業員のうち 30 人が新株予約権を保有している。未上場の段階での新株予約権の発行は、上場申請期の上期が最後となるが、その時点で所属していた従業員のほぼ全員に対して新株予約権を付与しただろうことが推定される。

定跡その3

　従業員向けのエクイティ・インセンティブについて、第1部で取り上げた企業がとった打ち手について以下にまとめた。

対象範囲
‖ 全員を対象

　　スペースマーケット──新株予約権/従業員持株会/信託型ストックオプション

　　Sansan──新株予約権/従業員持株会/信託型ストックオプション

　　UUUM──新株予約権/従業員持株会

　　ニューラルポケット──新株予約権

　　プレイド──新株予約権①上場準備前/新株予約権②上場準備中

　　Gunosy──普通株式/新株予約権

‖ 一定基準に沿って一部に付与する

　　なし

‖ 時期

（A）上場準備前に実施

　　スペースマーケット──新株予約権

　　プレイド──新株予約権①上場準備前

（B）上場準備前から上場準備期間まで継続して実施

　　Sansan──従業員持株会

　　UUUM──従業員持株会

（C）上場準備期間に実施

　　スペースマーケット──従業員持株会/信託型ストックオプション

　　UUUM──新株予約権

　　ニューラルポケット──新株予約権

　　プレイド──新株予約権②上場準備中

Gunosy──普通株式（創業期であるN-2期のみ）/ 新株予約権
（D）上場申請期に実施
Sansan──新株予約権 / 信託型ストックオプション

‖‖ スキーム

（A）新株予約権（無償ストックオプション）

スペースマーケット

Sansan

UUUM

ニューラルポケット

プレイド

Gunosy

（B）従業員持株会

スペースマーケット

Sansan

UUUM

（C）信託型ストックオプション

スペースマーケット

Sansan

（D）その他

Gunosy──普通株式

おわりに

本書の位置づけと活用方法

　本書は、起業する際の資本政策について検討する立場にいる人が、適切な検討ができるような指針を示すことをめざして執筆した。その目的を達成するために、資本政策のケーススタディ分析を行える環境を作りたいと考えた。

　すなわち、実際に起こった具体的な企業事例を用いて複数例検討することで、帰納法的に他社でも使える抽象化された一般解を得て、それを利用することで最適な資本政策が検討できるのではないかと考えている。

　したがって、資本政策について学習したいと考えている方々に推奨したい本書の活用方法の1つは、各章の具体的な検証箇所ごとに「記載されている背景を踏まえると、他にどのような手段があったのか」について検討いただくことだ。

　また、本書における検討に際して、取引背景の分析は各社が公表したプレスリリースを基礎として Web メディアに掲載された記事や起業家自身が書いたブログなど誰しもがアクセスできる情報を元として行っている。取材などに基づいた検証は行っていないため、本書を参考にして外部情報を調べれば、全く同水準の検討を行うことは可能だ。

　したがって、自らが興味を持つ企業や自社の状況に近い企業の情報にアクセスして、本書同様の手法でケース例を作成して分析することが本書の2つ目の活用方法となる。これらの事例研究を通じて、適切な企業分析や資本政策立案能力が向上する人が増え、最終的に起業しやすい社会ができることの一助となることを願っている。

背景知識として読むべき書籍・サイト

　取引そのものの逆算や取引背景の調査を行った後に、具体的に検討するに際して必要な知識をどのように獲得すべきかについて補足する。

‖ 資本政策に関する基礎知識
磯崎哲也著『起業のファイナンス　増補改定版』（日本実業出版社）

磯崎哲也著『起業のエクイティ・ファイナンス』（ダイヤモンド社）

　磯崎哲也氏の「起業のファイナンス」シリーズの2作は、資本政策をこれから学ぶ者が最初に読む代表的な本と言っていい。起業に関するエクイティ・ファイナンスについて初心者・中級者に対して幅広く知識を与える内容だ。本書第1部でも、磯崎氏の書籍に書かれている概念をいくつか紹介している。

‖ 周辺の専門知識を学ぶ本

プルータス・コンサルティング著『新株予約権等・種類株式の発行戦略と評価』（中央経済社）

　本書第1部において、新株予約権や種類株式の内容について、設計についても解説している箇所がある。『起業のエクイティ・ファイナンス』にも各種設計について詳細な説明が記載されているが、知識を補うための本としてこの本を紹介したい。上場企業・未上場企業のどちらも対象にしているため、『起業のエクイティ・ファイナンス』より解説されているスキームが多岐に亘っている。『起業のエクイティ・ファイナンス』に解説が記されていない事項（種類株式の評価方法など）についても解説があるため、組み合わせて活用したい。

神田秀樹著『会社法』（弘文堂）

　各種資本取引について手続を定めている法律が会社法であり、資本取引の検討に際して会社法の存在は無視できない。この本は、会社法に関して判例などを交えながら会社法で定めてある内容を網羅的に解説している。株式の発行箇所についても適確に説明がされており、細かい論点含めて把握することができる。決して初学者向きではなく、専門家や初学者用の学習を終えた方向けの内容だ。

戸部良一他著『失敗の本質 日本軍の組織論的研究』（ダイヤモンド社）

　最後に、本書のようなケーススタディ形式の事例研究を行っている書籍を1つ紹介する。日本軍の失敗事例を呼べる戦闘を取り上げ、日本型組織の課題点について掘り下げた名著だ。本書第1部で採用した、ケーススタディを用いて学びを得る姿勢は本書による影響が強い。

‖ 具体的な事例を調べるためのサイト

日本取引所グループ HP（https://www.jpx.co.jp/）

新規上場会社情報欄に、新規上場する企業が一覧可されている。Ⅰの部についても本サイトに掲載されている。

登記情報提供サービス（https://www1.touki.or.jp/）

未上場の企業の情報を調べるに際して、当該企業の登記簿謄本を取得して内容を確認することは有用だ。当サイトを利用すれば、電磁的な登記簿謄本が即時に取得可能だ。

官報情報検索サービス（https://search.npb.go.jp/kanpou）

未上場企業が決算公告を行う場合、官報に提示する方法を選ぶことが多い。その場合官報情報検索サービスを介して決算内容を見ることができる。

筆者により提供する情報

VisionaryBase（https://visionarybase.com/）

筆者並びに筆者が設立した株式会社シクミヤによって運営されているブログサイトだ。本書は、当該ブログに投稿した有料記事をベースにしている。他の企業の資本政策や資金調達の解説記事を不定期的に投稿している。

山岡佑 TASUKU YAMAOKA

公認会計士 / 株式会社シクミヤ代表取締役
1986年生まれ。東京工業大学工学部経営システム工学科卒業、同大学院社会理工学研究科経営工学専攻修士課程修了。有限責任監査法人トーマツ、ITベンチャー企業を経て独立。株式会社エフ・コード監査役など、複数社で取締役・監査役を務める。現在、スタートアップ企業向けのIPO支援や経営コンサルティングを業務としている。

実践
スタートアップ・
ファイナンス

資本政策の感想戦

2021年10月12日　第1版第1刷

著者	山岡 佑
発行者	村上広樹
発行	日経BP
発売	日経BPマーケティング
	〒105-8308　東京都港区虎ノ門4-3-12
	https://www.nikkeibp.co.jp/books

装丁	新井大輔
カバーイラスト	ビオレッティ・アレッサンドロ
製作	アーティザン・カンパニー
印刷・製本	中央精版印刷

本書の無断複写・複製（コピー等）は、著作権法上の例外を除き、禁じられています。購入者以外の第三者による電子データ化および電子書籍化は、私的使用を含め一切認められておりません。

©Tasuku Yamaoka　2021　　Printed in Japan

ISBN978-4-296-00033-3

本書籍に関するお問い合わせ、ご連絡は下記にて承ります。
https://nkbp.jp/booksQA